吳墉祥戰後日記

(1948)

The Post-War Diaries of Wu Yung-hsiang, 1948

民國日記｜總序

呂芳上

民國歷史文化學社社長

人是歷史的主體，人性是歷史的內涵。「人事有代謝，往來成古今」（孟浩然），瞭解活生生的「人」，才較能掌握歷史的真相；愈是貼近「人性」的思考，才愈能體會歷史的本質。近代歷史的特色之一是資料閎富而駁雜，由當事人主導、製作而形成的資料，以自傳、回憶錄、口述訪問、函札及日記最為重要，其中日記的完成最即時，描述較能顯現內在的幽微，最受史家重視。

日記本是個人記述每天所見聞、所感思、所作為有選擇的紀錄，雖不必能反映史事整體或各個部分的所有細節，但可以掌握史實發展的一定脈絡。尤其個人日記一方面透露個人單獨親歷之事，補足歷史原貌的闕漏；一方面個人隨時勢變化呈現出不同的心路歷程，對同一史事發為不同的看法和感受，往往會豐富了歷史內容。

中國從宋代以後，開始有更多的讀書人有寫日記的習慣，到近代更是蔚然成風，於是利用日記史料作歷史研究成了近代史學的一大特色。本來不同的史料，各有不同的性質，日記記述形式不一，有的像流水帳，有的生動引人。日記的共同主要特質是自我（self）與私密（privacy），史家是史事的「局外人」，不只注意史實的追尋，更有興趣瞭解歷史如何被體驗和講述，這時對「局內人」所思、所行的掌握和體會，日記便成了十分關鍵的材料。傾聽歷史的聲音，重要的是能聽到「原音」，而非「變音」，日記應屬原音，故價值高。1970 年代，在後現代理論影響下，檢驗史料的潛在偏見，成為時尚。論者以為即使親筆日記、函札，亦不必全屬真實。實者，日記記錄可能有偏差，一來自時代政治與社會的制約和氛圍，有清一代文網太密，使讀書人有口難言，或心中自我約束太過。顏李學派李塨死前日記每月後書寫「小心翼翼，俱以終始」八字，心所謂為危，這樣的日記記錄，難暢所欲言，可以想見。二來自人性的弱點，除了「記主」可能自我「美化拔高」之外，主觀、偏私、急功好利、現實等，有意無心的記述或失實、或迴避，例如「胡適日記」於關鍵時刻，不無避實就虛，語焉不詳之處；「閻錫山日記」滿口禮義道德，使用價值略幾近於零，難免令人失望。三來自旁人過度用心的整理、剪裁、甚至「消音」，如「陳誠日記」、「胡宗南日記」，均不免有斧鑿痕跡，不論立意多麼良善，都會是史學研究上難以彌補的損失。史料之於歷史研究，一如「盡信書不如無書」的話語，對證、勘比是個基本功。或謂使用材料多方查證，有如老吏斷獄、法官斷案，取證求其多，追根究柢求其細，庶幾還原案貌，以證據下法理註腳，盡力讓歷史真相水落可石出。是故不同史料對同一史事，記述會有異同，同者互證，異者互勘，於是能逼近史實。而勘比、互證之中，以日記比證日記，或以他人日記，證人物所思所行，亦不失為一良法。

從日記的內容、特質看，研究日記的學者鄒振環，曾將日記概分為記事備忘、工作、學術考據、宗教人生、游歷探險、使行、志感抒情、文藝、戰難、科學、家庭婦女、學生、囚亡、外人在華日記等十四種。事實上，多半的日記是複合型的，柳詒徵說：「國史有日歷，私家有日記，一也。日歷詳一國之事，舉其大而略其細；日記則洪纖必包，無定格，而一身、一家、一地、一國之真史具焉，讀之視日歷有味，且有補於史學。」近代人物如胡適、吳宓、顧頡剛的大部頭日記，大約可被歸為「學人日記」，余英時翻讀《顧頡剛日記》後說，藉日記以窺測顧的內心世界，發現其事業心竟在求知慾上，1930 年代後，顧更接近的是流轉於學、政、商三界的「社會活動家」，在謹厚恂恂君子後邊，還擁有激盪以至浪漫的情感世界。於是活生生多面向的人，因此呈現出來，日記的作用可見。

晚清民國，相對於昔時，是日記留存、出版較多的時期，這可能與識字率提升、媒體、出版事業發達相關。過去日記的面世，撰著人多半是時代舞台上的要角，他們的言行、舉動，動見觀瞻，當然不容小覷。但，相對的芸芸眾生，識字或不識字的「小人物」們，在正史中往往是無名英雄，甚至於是「失蹤者」，他們如何參與近代國家的構建，如何共同締造新社會，不應該被埋沒、被忽略。近代中國中西交會、內外戰事頻仍，傳統走向現代，社會矛盾叢生，如何豐富歷史內涵，需要傾聽社會各階層的「原聲」來補足，更寬闊的歷史視野，需要眾人的紀錄來拓展。開放檔案，公布公家、私人資料，這是近代史學界的迫切期待，也是「民國歷史文化學社」大力倡議出版日記叢書的緣由。

導言

馬國安、林弘毅

一

中國近代歷史讀物，時代雖近，卻往往仍予人一股難以親近的距離感。現代讀者大多無法想像，在巨變頻生、戰亂進逼的時空環境，身為一個「人」的個體，究竟是如何去面對、看待，又如何真正生活其中。

戰爭的爆發，哪股勢力推進到哪裡，只是一段記載；物價的漲跌，這個月米的價格多少，只是一個統計數據；交通線的推展，哪條鐵路銜接哪個港口，只是地圖上的一條線……。

這些與那些，是如何伴隨我們的曾祖父母輩、祖父母輩，甚或是父母輩的人生？在政府檔案裡找不到的解答，日記則提供了另一種更有「人味」的指引視角。

民國歷史文化學社出版一系列的民國日記，包括本次的吳墉祥戰後日記，就是為了要讓逝去的時代影像鮮活起來。為家屬留紀念，也為歷史留痕跡。

二

吳墉祥（1909 年 4 月19 日—2000 年11 月18 日），字茂如，生於山東省棲霞縣第五區吳家村。曾祖父吳亞元，祖父吳愷運，父親吳庚吉。1914 年入私塾，後因吳家村新式小學成立，轉入就讀，其後再升煙台模範高等小學、私立先志中學。

1924 年，在于洪起（前國會議員、先志中學校長）與崔唯吾（國民黨膠東黨部特派員、先志中學教師）的介紹下，於該年10 月加入國民黨。惟因北伐期間，各地軍閥頑抗，又適寧漢分裂，國民革命軍不知何時可以攻克山東，遂毅然決定南下，投考中央黨務學校，並獲派赴北伐前線與山東省黨部工作。俟大局底定，中央政治學校（國立政治大學前身）成立，復申請回校，畢業報告為與姜啟炎、許餞儂、楊書家等三位同學合編的「安徽財政」（其負責第一冊，洋洋灑灑三百餘頁），為1933 年第二期財政系第一名畢業，也埋下日後前往安徽服務的伏筆。

畢業後以優秀成績留校擔任會計助教，1936 年起轉赴安徽地方銀行任職，先自安慶分行副理、經理做起（一年），再任總行總稽核（四年），繼任副總經理（四年），時值對日抗戰，安徽淪為各方勢力角逐之地（國、共、日汪），地方銀行身處敵後，調劑地方金融，業務繁重，對穩定地方與戰區，功勞不小。總統府人事調查表中並記載，其「自26 年至34 年，始終在皖省從事敵後金融工作，參加大小戰役九十餘次」。

雖即如此，身為山東籍人士，仍隔閡於桂系所掌握的核心之外。適逢山東省主席何思源有意重建省銀行，便於1945 年前往投效，任常務董事兼總經理，復受邀至齊魯公司擔任常務董事兼董事會秘書長，在國共兩軍爭奪戰後山東控制權的複雜情況下，致力為山東服務，且因在共軍圍攻濟南期間，維持市面金融得力，獲得省府嘉獎，連晉兩級。其間，並取得高考會計師合格證明，於日後得以會計師專業執業。也曾參選棲霞區第一屆國民大會代表，名列第二，而為國民大會列席代表。

山東陷共後，於南京、上海、廣州等地處理齊魯公司業務。1949 年7 月以國民大會代表證件獲得赴臺許可，舉家遷移臺灣臺北。於煙台聯中案時，多方聯繫山東籍人士，為營救張敏之校長而努力。之後齊魯公司職務解除，其便以會計師執照維生。1956 年應美國國際合作總署（International Cooperation Administration）駐華安全分署之聘任，為高級稽核，跑遍全臺灣，查核受援單位之會計收支。1965 年美援結束，改任中美合營之台達化學工業公司財務長，1976 年退休。其後活動多為列席國民大會，於大法官釋字第261 號解釋公布後，1991 年退職。在動盪時局中，仍嚴謹持家，與妻子共同撫育六名子女長大成人，都各有所成，為其晚年生活最感快慰之處。

其一生戮力於財政、金融、會計之研究與工作，在中央政治學校就學時即發表期刊論述多篇，畢業後出版

《中國貨幣問題論叢》一書，抗戰時仍筆耕不輟，來台後在《臺灣合作金融》、《國民大會憲政研討委員會年刊》、《稅務旬刊》等發表文章數十篇，皆有關於財金問題者。

三

吳墉祥自1927 年赴南京考取中央黨務學校起，便有記載日記的習慣，可惜於戰亂過程中，1944 年以前日記亡佚不可得。本次出版雖取名為戰後日記，實則起自1945 年1 月1 日，終於1950 年12 月31 日，以戰後復員為核心，至來臺灣後稍微安定時止。

其內容包含抗戰末期敵後第十戰區情形、戰後重慶、復員、接收、抗共被圍於濟南、競選國民大會代表、濟南淪陷、遷徙臺灣、澎湖煙台聯中案等，按日記載，逐日不斷。但因戰爭或工作繁忙的關係，或有隔數日後補記日記，致日期有所錯置，也屬時人撰寫日記的正常情形。

在這六年的日記中，我們可以看到一個忠黨、愛鄉、為國的知識分子，在1945 年8 月如何欣喜於戰勝日本，「晚八時街市鞭炮聲大作，聞係日本投降，至半夜有報紙號外發行，報僮索值一百元，實則僅數十字，為日本已提出接受波茨坦宣告，無條件投降，八年抗戰，至此已與盟國共獲大勝。」又在1946 年如何慨歎於剿共之不得人心，「中心工作為與共產黨在收復區內爭取人心，其中最重要者為不報復，不得因自己為地主，阻礙耕者有其田之實行，但執政者多為地主階級，含有內在矛盾，如何貫澈，非無問題，此舉實為國民黨存立與失敗之關鍵，以目前人心之絕對自私，恐非有強有力之克服工作，實未能使一切新政令不為之變質。」「政府能否掌握民心，此不失為重要關鍵，聞益都縣府進城後屠殺附共青年甚多，與政府大政方針相背。」

另一方面，也因為他的財金專業與工作，日記中也大量記錄了職務上的各種事項，包含安徽地方銀行與山東省銀行的營運等問題，可望有助於戰後初期的金融史研究。

至於1949 年的山東煙台聯中案，因校長張敏之與吳墉祥本為先志中學同學，且一同加入國民黨，抗戰與戰後復員時期亦多有聯繫。在煙台聯中案發生後，其與山東各界在臺有力人士多方營救的過程，於日記中鉅細靡遺，則是當事人口述歷史與政府檔案之外，相當重要的側面資料。

四

關於這份日記，編輯的方式依照年、月、日的順序編排，原先日記中所分類的小標題，如「師友」、「職務」、「娛樂」、「體質」、「家事」、「看書」等，皆有所保留，便於讀者閱讀。至於部分記載有僅止涉及親人的私密內容，則予以刪除，容我們為家屬保留一點隱私。

最終仍是希望，這份日記能為戰後的歷史留下一點痕跡，一天一天的記錄，像是一則一則的故事，呈現的不只是吳墉祥一個人的人生，而是一個時代裡的芸芸眾生。

編輯凡例

一、吳墉祥日記現存自1945 年至 2000 年，本次出版為 1945 年至 1950 年部分。

二、古字、罕用字、簡字、通同字，在不影響文意下，改以現行字標示。

三、難以辨識字體，以■表示。

四、部分內容涉及家屬隱私，略予刪節，恕不一一標注。

附圖

1948 年相關城市位置圖

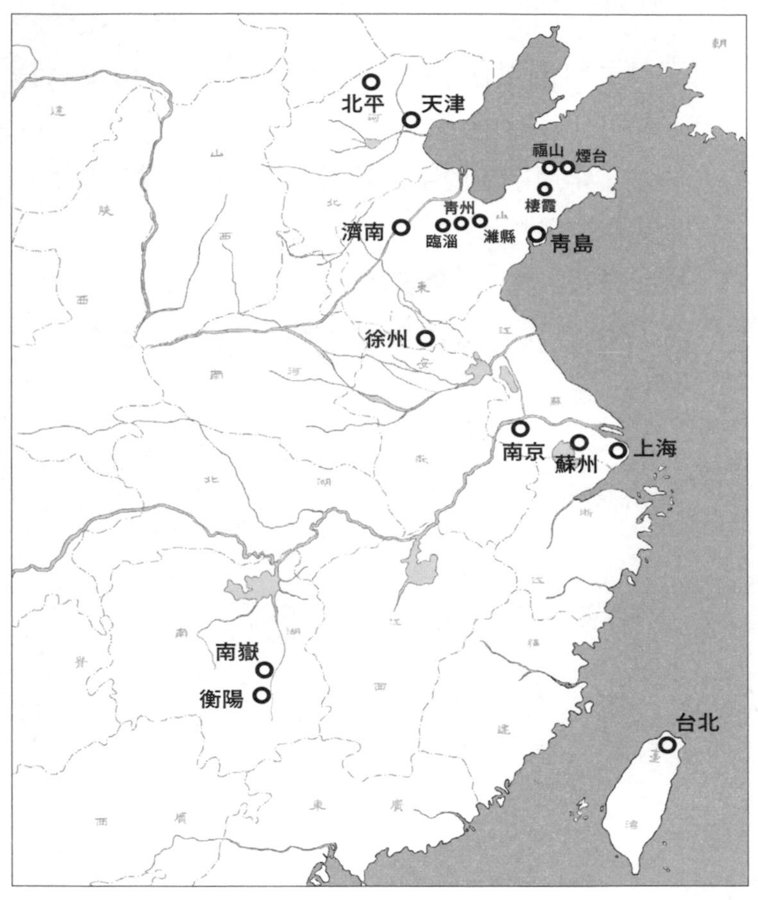

（溫心忻、盤惠秦／繪製）

日記原稿選錄

一九四八年小引

余已行年四十矣。由人生歷程言，一生已去其大半，傳統謂四十為不惑，西方人則恆視四十為一生事業之開始，然則此年為人生之轉捩点也明矣。回憶自束髮受教，迄茲半生，實無十分坎坷之路程，亦無可歌可泣之事蹟，有之，惟讀書生活之斷而復續，乃得之於一己之意志，而自服務社會，賴祖宗德蔭，師長訓迪，尚能於污濁之風氣中屹立不阿而已。余讀書就業，常過分用功，而能有小成，得以應世，則天賦為之，余治事初未嘗故為名譽著想，而遇事輒以理智定是非與善惡，不為世俗之見所搖惑，則本乎自然之性，實無刻苦自制之痛苦備嘗，故余之能自己勇處，與於其名節，均非勉強而行之，換言之，於治事修身工夫上言之，實已幼稚淺薄也。

準是吾今後當知自勉之道矣。余已往既出於天然素質者為多，則今後刻苦自勵之工夫為不可苟。余之得有今日，可謂水到渠成，至於今後拂逆之境，恐將紛至而沓來，設無卓越不拔之意志與修養，其能不為驚濤駭浪所捲沒者幾希！吾今後與世搏鬥，應以自有

自由日記

自由日記

之努力，爭取世界之勝利，而不能自安於優偉境遇之後乃，則下半世之生命史將更發出燦爛之光輝也。

以言身外，則家庭雖甚複雜，實已日趨於單純，余之配偶在事業上能為協力之忠挺身，子女亦逐漸長成，而其成人與否，則當待其於今後之教育。兄弟姊妹均能自愛自勉，不致衰墮家業，不損人利己，有此良好之德性，余預知手足間之必可契合也。丁此艱亂時代，雖舉家嗷嗷，一無恆產，但退一步想，今日能乃有此，則國家社會於吾為不薄矣。今後應發揮吾固有之服務信念，堅貞自持，獻其偉薄於此動亂之國家社會，輝煌吾未來之半生，則吾之志也。

四月一日補作。

自由日記

一月一日 星期四 晴

職務。今日元旦，上午偕嶽泉、畢天德、黎超海等委員同至曹春甫氏處拜年，又分別到省市黨部主委、葛學本市長、市書記長郭常甫、司令丁治磐及駐軍長官范漢傑等處拜年，但均不遇。下午，參加行轅召開黨政代表大會，到二十餘人，連受委代表共四十餘席，首由畢天德報告籌備處田姻經營情形，繼由本市長葛主委分別致詞，通過章程，確定資本為一千二百億，并照章選舉名單選出董監事，攝影散會，接開董事會，討論業務計劃，咸認為團體性質，應工商并營，繼通過組織規程，并由曹春甫氏以新任董事長資格指定總協理，畢天德列名一番謙遜即照通過，旋由曹氏宣布翌日赴台養病，董事長職務由譚嶽泉代理，余亦駐公司，并兼主任秘書，又提出各處長廠長之人選，亦均照通過，最後散會，會前并在門前攝影留紀念。

師友。今日來拜年者有張敬之及公司行書各行同人十餘人，又有公司各廠長朱梅麓、殷宏、張履賢會計處李副處長，及許俊千、于更新科長等。上午訪孫雪兄未晤，訪曹春甫調香姻務，無甚談。于永之、劉作三兩君來訪，商量國大選舉競選人林萬秋不肯放棄之，擬如何處理，此事須嚴密布置云。

自由日記

六月三日 星期四 晴

師友：上午，到太平巷十九號訪陳以靜經理，不遇。到中央合作金庫訪汪茂慶兄，詢濟南分庫既已由高希正兄負責，可否設法留其經理，據談陳以靜君雖不回濟，但仍保持請假方式，故尚不能發生調動問題云。到中央合作金庫訪楊天佳兄，閒談。遇化文兄來談將謀齊魯公司協理職，向我[illegible]。

參觀：下午，到中山門中央博物院籌備處參觀該院與北平故宮博物院合辦之展覽會，計分四大部分，即歷代書畫，商周銅器，漢代文物，歷代瓷器，此外尚有歷代帝后像與少數民族標本，計分七室陳列，最精采者為書畫銅器，書畫內之精品美不勝收，畫幅太多，書法有王右軍快雪時晴，顏魯公祭侄文，褚河南倪寬贊，蘇黃米蔡及趙孟頫朱[illegible]等真蹟多種，懷素真自敘帖則其最長之卷也，銅器有安陽大鼎，銘文只數字，毛公鼎散氏盤則有拓了詳[illegible]，此外大小銅器尚多，漢代文物則有居延簡及若干石器或其拓片，帝后像則多為大幅，畫筆頗佳，惜乎價值似不甚高，瓷器因余完全不能了解，故僅瀏覽而過，於此所費時間亦小，時將畢，觀眾極擠，長卷難平鋪，遂不容細細之玩賞矣，但即此收穫已多，眼福大快也。

自由日記

十二月三十日 星期四 雨

師友：上午，到中央銀行訪崔唯吾先生，因昨日山東省府主席已經行政院通過為秦紹文氏，自前年余以常務董事資格維持魯省行之行務，自可告一段落，對今後行內事無論當局者有無信任之意，決計不再過問，請稍緩代為探聽，崔氏則以為若秦氏自動有此誠懇表示，亦不妨決定，余仍謂決不參加，因在當前時局中，省府毫無意義也，余又與談鴻有展見有意請副從往謁，聯合以促其成，崔氏首肯，又集意省行說行條例係孫氏遺制，而本行說者直當為部派，至若後來修正前，恐只能維持過渡矣。

十二月三十一日 星期五 陰

交際：中午，到安樂廳參加旅京立監委及國大代表與留京同鄉聯誼會各界之歡迎新主席秦紹文氏宴會，到者在百人左右，被邀者尚有新任省黨部主委裴鳴宇，青市黨部主委郭君某，及新由美國回國之李祝官氏諸人，席間雷爾氏致歡迎辭，秦繼致孔多有致詞，秦氏揭櫫其治魯要旨為同鄉以無，故用人行政唯公意是從，據以掌聲不少，繼秦氏之後演說者有張志安、楚瘤夫、楊展青、胡過遜諸人，其中有吳體提議請秦氏兼青島市長，及請吳儀魯公司事，頗得一般同情云。

收支一覽表

月	日	收入要目	收入數額	月	日	支出要目	支出數額
5	1	上月結存	22 120 000	5	1	米30斤	1 200 000
		續收四月份待遇	25 530 000			佛化家庭	240 000
	11	續收四月份待遇	11 497 500			永安,銀行用報	110 000
						無線電原理	270 000
						家常巧作	210 000
					2	詩韻全璧	400 000
					4	唐詩三百首詳析	330 000
						國史要義	400 000
					5	濟南家用	10 000 000
						詩,詞詞概論	280 000
					6	理髮	130 000
						歸世元嫁妹喜儀	1 040 000
					8	洗衣	340 000
						童襪四双	700 000
						香烟	60 000
					10	葡萄乾二斤	250 000
						小報	20 000
					11	看電影	70 000
						稅,印花	437 500
						飲藥缺牧	250 000
					12	書刊十一冊	710 000
						約友觀劇	1 620 000
						小報	20 000
		過次頁	59 147 500			過次頁	19 087 500

目　錄

1948年（40歲）

1948年小引

余已行年四十矣。由人生歷程言，一生已去其大半，傳統謂四十為不惑，西方人則恆視四十為一生事業之開始，然則此年為人生之轉捩點也明矣。回憶自束髮受教，迄茲半生，實無十分坎坷之路程，亦無可歌可泣之事蹟，有之，唯讀書生活之斷而復續，乃得之於一己之意志，而自服務社會，賴祖宗德蔭，師長訓迪，尚能於污濁之風氣中矻立不阿而已。余讀書初未嘗過分用功，而能有小成，得以應世，則天賦為之，余治事初未嘗故為名譽著想，而遇事輒以理智定是非與善惡，不為世俗之見所炫惑，則本乎自然之性，實無刻苦自制之痛苦修養，故余之能自己開展與持其名節，均非勉強而行之，換言之，於治學修身工夫上言之，實至幼稚淺薄也。

準是吾今後當知自勉之道矣。余已往既出於天然秉賦者為多，則今後刻苦自勵之工夫為不可少。余之得有今日，可謂水到渠成，至於今後拂逆之境，恐將紛至而沓來，設無卓越不拔之意志與修養，其能不為驚濤駭浪所捲沒者幾希！吾今後與世搏鬥，應以自有之膂力，爭取必然之勝利，而不能自安於僥倖境遇之獲得，則下半世之生命史始克發出燦爛之光輝也。

以言身外，則家庭雖甚複雜，實已日趨於單純，余之配偶在事業上能為協力之處極多，子女逐漸長成，而其成人與否，則當注意於今後之教育。兄弟輩均能自愛自勉，不頹喪暴棄，不損人利己，有此良好之德性，余預知手足間之必可契合也。丁此離亂時代，雖舉家嗷嗷，一無恆產，但退一步想，今日能得有此，則國家社會於吾為不薄矣。今後應發揮吾固有之服務信念，堅貞自持，獻其綿薄於此動亂之國家社會，輝煌吾未來之半生，則吾之志也。

（四月一日補作）

1月1日　星期四　晴

職務

今日元旦，上午譚嶽泉、畢天德、黎超海等來約同至曾養甫氏處拜年，又分別到市省黨部主委葛覃、市長李先良、警備司令丁治磐及駐軍長官范漢傑等處拜年，但均不遇。下午，舉行齊魯公司黨股代表人大會，到二十餘人，連受委代表者共四十餘席，首由畢天德報告籌備處時期經營情形，繼由李市長、葛主委分別致詞，通過章程，確定資本為一千二百億，並照中央財委會名單選出董監事，攝影散會。接開董事會，討論業務計劃，咸認為困難特多，應工商並營，繼通過組織規程，並由曾養甫氏以新任董事長資格指定總協理，畢天德例有一番謙遜，即照通過，後由曾氏宣布渠不日赴台養病，董事長職務交譚嶽泉代理，余亦駐公司，並兼董會主任秘書，又提出各處長、廠長之人選，率仍照貫，聚餐後散會，會前並在門首攝影留紀念。

師友

今日來拜年者有張振玉兄及省行青分行同人十餘人，又有公司各廠長朱梅、廖毅宏、張履賢、會計處李副處長及許俊千、于子久兩科長等。上午謝松雪兄來訪，新由濟南調青服務，留午飯。于永之、劉作三兩君來訪，商量國大選舉競選人林萬秋不肯放棄之應如何應付，此事須嚴密布置云。

1月2日　星期五　晴

職務

下午，同隋玠夫、彭用儀、譚嶽泉三兄到玻璃廠視察，由孫廠長毅陪同至廠房，此廠開工已五十天，今日始開始有酒瓶生產，甚為粗糙，而機件之缺點尚在陸續發現，彭兄認為尚可試驗，而譚兄則直以為絕望，大可結束停辦云。又到登州路啤酒廠視察，僅見各項設備，未見工作情形，此廠歷史最長，原為德人所辦，日人接營，現歸齊魯公司，種種設備機件，均極精備，因為時已晏，未及詳觀，即至朱梅廠長家晚飯，所飲為該廠出品啤酒，在座尚有廖毅宏副廠長。

1月3日　星期六　晴

職務

上午，同隋玠夫兄到滄口齊魯公司橡膠廠參觀，由陳國瑲廠長及傅副廠長伴往，凡倉庫製胎部製鞋部及織布部均涉獵一過，凡費時兩小時，亦僅粗具輪廓，廠之生產力在遠東為第一，據云即置之美國橡膠廠中亦在前十位之內，現因原料動力等問題，閒置部分尚多，此廠為齊魯公司之骨幹，去年夏間因管理不善，發生工潮，損失頗鉅，午飯後返。

師友

下午，訪張志潔兄談選舉事，甚模糊，因彼與競選之林萬秋有關也。又同訪宮杜衡兄，不遇，留片。到市政府訪李市長先良不遇，託張敏之兄代達請其囑市南警察分局蕭漸逵局長協助一切。在市府時張敏之兄接雲南路小學張瑞五、孫寶真兩君電話，談選舉事，余亟往訪，在座尚有縣黨部委員楊德堂君，均對余選舉事甚關切，認為韓質生君以前簽署之部分彼本人既放棄，大可請其轉讓，乃與瑞五同到救濟院訪韓君，韓君不十分模稜，並告余當初其簽署關係人員姓名，以便進行。晚，到桓台路卅六號訪劉作三君，在座尚有數人，均為協助競選者，詳談進行辦法，因五日前為選民登記日期，第一步工作必須掌握並發動選民登記，在發動之時即須將余所印卡片予以分發，因將數目加以分配，明日即分頭進行，數日來林萬秋方面比較積極，故黨部政府方面均甚焦急，現準備以全力挽回，又此間選民不能逾千人，福山方面，可達兩千人，該方面已去電有所布置，林雖派兩人前往，但其力量已可預知，決可無慮，至林是否為黨員受有黨紀拘束，則暫置之不顧云。

交際

晚，赴畢天德兄約宴，余略坐即辭去。晚赴徐庶幾兄約宴於聚福樓，略坐即返。

體質

因參觀橡膠廠氣味太重，加以眼角膜發炎用藥，下午頭痛不支，至臨睡時猶未癒。

1月4日　星期日　晴

師友

上午，牟子美君來訪，談及選舉事，牟君因係高中時校友，甚表熱情，允出外奔走，乃同至市南警察分局等處聯繫，彼並將派人四出聯絡。到聊城路訪于海洲兄，請協助選舉，于兄將以全力發動，又同訪崔子健君不遇，訪范孟周君，告以韓質生兄放棄，請改為余張羅，范君乃以前為質生兄聯絡者，或能發動若干選民。訪李俊杰兄不遇，留字請發動選民。韓質生兄來訪，余再度囑託協助爭取選民，並交其卡片一百張，請分發。下午訪董雲樵兄於福山支路，不遇，留字請協助選舉。同德芳訪于可長夫婦於榮城路。下午到武定路訪省府辦理選務之倪視察榮培，不遇。到同鄉會為選舉人登記並訪姜香山、王銘齋兩君，詳談請協助之忱。晚，到高苑路于永之兄處商談今日各方奔走之結果，在座有六、七人，均認為今日情形良好，已可在青掌握半數以上，當時並商定明日活動途徑及七日投票時職員與交通工具之支配等，凡兩小時始散，聞煙台方面有絕對把握，故大勢可無慮云。

交際

中午，杜元信、龔祖遂、梁鶯兄請客，在座大致皆同學。晚，呂廣恩兄請客，尚有隋玠夫兄。

1月5日　星期一　晴

師友

上午，到直接稅局訪謝松雪兄，不遇，留字請速協辦選民登記。到吳淞路十九號訪王憲臣君，請協助選舉。到市政府訪張敏之兄，承告已與市南區警察分局蕭局長談過，同時李先良市長與張秀峯局長亦與彼談過，允對余選舉事協助，又與張兄約定後日雇用交通公司汽車事。到國華中學訪楊德堂君，請協助選舉，楊君本極同情，至此亦更無問題，余並將卡片留一部分備用。到河北路華昌大訪宮杜衡君，請協助選舉，宮君為此地商界中人，聞多患得患失之慮，一般認為恐不能違抗林萬秋之壓力者，渠今日對余亦殊模稜。到市南警察分局訪蕭漸逵局長，允對選舉事切實協助。下午，李俊杰兄與崔子健兄來訪，又省府民廳視察倪榮培君來答訪，對如何掌握選舉權證及後日投票是否不感迫促一點，從詳研究，旋與崔君同到于永之兄處研究，認為不必延期，而選票亦可有相當之掌握，又同崔君到商會訪蔣沐塵科長，此君老氣橫秋，謂由黨的立場願加協助，繼又表示對黨部種種之不滿，態度模糊。

交際

中午，應徐庶幾君之約到同慶樓吃飯，為東洋菜雞素燒，在座有八、九人，皆為同學。

1月6日　星期二　晴

師友

午後，到高苑路四號于永之兄處會談選舉事，決明日用大車一部、小車兩部指定接送人員分別接送選民，余即託市府張敏之兄代為雇車，明日應用。同振祥弟及于錫圭君到震寰行及益都路一帶聯絡選民，明日投票。到省銀行託李雲章君代辦競選標語，明晨在場外張貼，主要為余之姓名筆畫較多，此舉在加強選民印象。訪牟子美君，託代為糾合選民。蕭漸逵局長來訪，談除其本人及與林萬秋相識者外，其餘彼所拉來之票，均通知選余云。

1月7日　星期三　晴

選舉

上午，到遼寧路國華中學為本縣國民大會代表選舉投票，候選人計政黨為余與林毓祥兄，簽署提名為林萬秋、韓質生兩君，余投林毓祥兄之票，示立場也。今日發動選民之方式為雇用卡車及客車分別至選民所在地迎接，並在選舉場外張貼標語，對方亦然，迄晚約略統計結果，計共投將近八百票，林佔其半，余佔三百，韓、林佔其餘，照此地活動情形言之，林終未獲得其預期之結果，蓋彼估計絕不只佔其半數也，惟彼之選舉有若干法律問題尚須研究，一即其有無黨員身分，設在中央查有黨籍，其當選即為無效，又現任官吏不能在任所所在地競選，與彼在棲霞縣青島投票所能否競選一節有無適用之根據，亦大值研究，照此情形，彼之當選與否，並不全繫於票數問題也。晚，訪于永之、劉作三兩兄檢討今日之結果，咸認為有此成績已大為不易，蓋林萬秋利用職權，威脅利誘無所不用其極，而我方則完全採用合法之方式，尤重黨員應有之風度，所差僅一百票，亦堪以自慰，福山方面今日是否舉行，尚未得消息，設未舉行，應早圖補救，乃由劉作三兄擬稿於明晨去電致縣長劉安泰及第一辦事處主任宮香圃，請勿大意，至少應為本黨候選人爭取多三百票之結果，始可全勝，同時由振祥弟電煙台商界方面請與劉、宮兩氏接洽競選方式，務須爭取半數以上之選民，如煙台有此成績，福山更無疑可多三百票，則競選即可勝利矣。今日到場協助者有振祥、昆祥兩弟及李雲章、姜慧光女士等，又有族叔報告亦忙於接送，黨部支配同志奔走，亦熱烈可感也。

職務

上午，齊魯公司正式成立，到公司協助招待來賓，至午飯後始攝影散去。

1 月 8 日　星期四　晴

師友

上午，到葛副市長挹純寓早點，有頃隋玠夫兄亦至，所談有關於葛氏在青經營之事業者，計有中魯銀行、信用合作社、漁業銀團分團之籌備等事項，余又提出山東省銀行與民生銀行之運用縣參議會參加董事會一節，將分別加以運用，期能掌握，葛氏對王耀武主持省政之作風頗有微詞，大約一般所評王氏之虛偽應付與不能開誠布公缺點已成定評也。下午，廖毅宏兄來訪，談及公司內部人事問題，微妙處在於畢天德、黎超海等人以曾養甫氏為擋箭牌，自立藩籬，既不忠於財務委員會，亦並不忠於曾氏，照此情形，其問題不久將生於內部，故余今日在多觀察少主張，以期其內部自然演變也。晚，新任事務科長任君來談，主張山東人應在公司內樹立基礎，又談及總務處共十餘人，有處長、副處長、科長、股長共十四人，職員則幾無一人，總公司公事房勤工共六人，組織畸形，頭重腳輕，主事者多辦事者少，可怪也。

交際

晚，李市長先良兄請客，在座有逄化文夫婦及張敏之、王玉忱兩兄，石鍾琇兄，皆二十年前黨校同學，李兄對余選舉事極關心，決電煙台方面朋友切實予以協助云。

1月9日　星期五　晴

職務

下午四時在曾養甫氏公館舉行談話會並聚餐，到者為公司常務董事、總協理、各處正副處長及各廠正副廠長，首由各廠報告大概情形，繼由各處報告，曾氏指示頗強調財務調度關係之重要，有若干業務亦具獨特見解，但仍不能杜絕一二別有用心者之包圍游說，蓋半年來曾氏即在此種情形下以耳代目，寖致大權旁落，彼有意無意只發揮養癰貽患之作用也，最後由余提出董事會將來之運用問題，謂董事會乃公司正式成立後之新機構，過去在本公司並無成軌可循，此會之任務在處於財務委員會與公司本身之間，發揮其聯繫與管理之作用，在事業機構之董事會，事可極多，亦可極少，前者往往為董事長制，後者往往為總經理制，本公司將來如何運用，請曾氏指示云云。曾氏即謂本公司因畢總經理對外信用尚未樹立，故採董事長制，將來對外為董事會之職權，對內為總經理之職權，或可謂前者有權而後者有能，云云。此解釋亦殊奇特，蓋只言人事不言制度也，余亦唯唯，余所以特別提出者在使在座能瞭解董事會之地位及財務委員會之不容忽視，會後聚餐，凡兩席，二十餘人。

1月10日　星期六　晴

職務

上午，到滄口飛機場送曾養甫董事長赴京，曾氏此次南旋原因為不能適應青島冬日之氣候，故回青當在夏初也，今日往送者有十餘人，皆公司部分主管與各廠正副廠長。在飛機場遇楊天毅兄，甫自濟南返青，談濟南國大與監委選舉甚詳，楊兄交余匿名傳單數件，皆係乘參議會開會期間散發者，內容為攻擊財政廳長兼省銀行董事長尹文敬操縱舞弊者，其中最大問題為假借省銀行名義囤積麵粉一千袋一案，未知有無發展。中午，與徐望之副理及朱梅廠長到中國銀行訪關文晉兄不遇，因關氏約今日與二人午飯，乃又同至關氏之膠東貿易行亦不遇，乃應徐副理約到福源樓午飯，飯後復至中國銀行訪楊康祖副理，並訪王鳳山襄理，又訪可能到中行之關文晉氏，均相遇，楊兄談此次齊魯公司售加拿大油五百噸事雖受低匯率結售外匯之損失，但可立即取得中國銀行之低利打包放款，尚屬上算，余對此筆交易未有詳算，只憶及昨晚曾養甫氏召集談話曾對此事表示極端之躊躇，認為油售後不能原數補進，仍為損失，故究竟如何情形，尚待進一步之判斷也。晚，營業處橡膠科科長于子久兄來訪，談公司一般情形凡兩小時，渠係畢天德兄約請來公司服務者，但對於畢之遇事受黎超海提線一點深致憤慨，並謂公司內除一二人為向黎獻小殷勤尚無反感外，其餘皆印象惡劣，而自公司正式成立以後，黎將公司及各廠有關事項割裂十分零碎，任何人不能主辦任何完整之事務，結果即由黎操縱指使，於是凡事集渠一身，延誤或弊端即因之而起，關於過去黎之種種措施，已經斷定有弊之事極多，如上海辦事處更為黎所操縱，無論售貨、購料皆有可疑之點，因買貴賣賤乃其常軌也，又黎有時利用款項放款生利，乃至運轉黃金美鈔，亦有確據，而又有時利用山東民生企業公司之名義，向齊魯經營買賣，聞皆有涉及其私人之處，又有在青就地購料由畢、黎介紹交科辦理手續，其中竟有暗吃回扣之事，至於食油公司接收以後，連作買賣兩次，均不免有蝕本之虞，但彼等仍悍然為之，是否有假借洋行名義從中中飽漁利之事，亦甚可疑，又現在公司制度採集中制，則各廠資金調撥如何求其適當，無有曠廢與損失，殊無十分妥善之計，于兄認為畢尚不無事業心，黎則存心混水摸魚，昭然若揭，如此情形而謂公司有光明前途，其誰信之，故今日當以除內憂為急。

1月11日　星期日　晴

師友

上午，同德芳到省銀行訪張振玉兄夫婦，不遇。又到啤酒廠訪朱梅廠長夫婦、廖毅宏副廠長夫婦，並在廖兄處午飯，在座尚有橡膠廠張工程師夫婦。到萊蕪一路訪孫典忱兄，不遇。

交際

晚，應于振海、王秋圃、于永之、劉秉鈞四兄之約在順興樓吃飯，所請多為海陽、掖縣黨政人員，飯後並討論第四區立法委員選舉，此項選舉將於廿一日舉行，本縣應為牟尚齋兄活動，同縣之林鳴九兄已表示放棄，他縣能得多票者有即墨、福山等，因各該縣並無提名競選者也。

1 月 12 日　星期一　晴

師友

上午，劉秉鈞君來訪，談日內赴煙台為牟尚齋辦理選舉，但無船可乘，余允下午赴市府與李市長商洽有無海軍船可搭。下午訪張振玉兄，預支赴濟出席省行董事會旅費。下午訪劉作三兄，取來宴請本縣幫忙選舉者名單，明日酬客。下午訪張敏之兄並李市長先良，詢悉海軍船已開，今後只有勞軍團有機會可搭入，已將此情轉告劉秉均兄矣。

交際

中午，關文晉經理請客，在座尚有徐望之副理與朱梅廠長，余代洽社會局關氏辦髮網事。

1 月 13 日　星期二　晴、夜雪

職務

下午，到齊魯公司與畢天德總經理談將來公司與董事會之連繫問題，余就公司章程指出各點請其注意，其中最稱為經常者為對外重要契約與各種章程及業務報告、人事任免等，關於營業報告余主每星期須有送會者，畢則謂一個月，最後仍定為一星期，由其漫無準備及不能認識董事會職權一點言，可謂糊塗，此等人一種把持排斥觀點，殊可哂也。余因日內須赴濟南出席省銀行董事會，乃著總

務處設法購票搭乘飛機，便中該處告余不久為曾董事長太夫人八十大慶，函飭上海辦事處代辦金杯，謂已代余列名，余審其次序，以畢天德為首，黎超海次之，余則列三，此等人辦事不能有序，又何怪其然，縱謂畢亦為常董，然黎則何物，如此不知輕重。視察新辦公室，指示布置，尚漫無頭緒。訪中央銀行奚勉之經理，為普通拜會。

師友

晚訪于永之兄談省銀行董事縣參會初選提名事，表示立場，請協助。訪交通銀行劉歡曾副理。

交際

晚，在青島咖啡歡宴此次競選協助奔走之同鄉，到有于永之、劉作三、劉文國、劉秉鈞、姜香山、牟子美、于自平、張以田、張可嘉、林書堂、王文玉等，未到者張瑞五、楊德堂、牟子謄等，飯後並由作三兄擬電稿由余與于永之兄等聯名致在煙台、福山關係方面，請務須將本縣國大代表選票加以掌握，希望余能當選，聞林萬秋已親赴煙台活動，難免不發生作用，故諸兄均甚焦慮，現在煙、福兩處何日投票尚無確訊，劉秉鈞兄為立委牟尚齋兄競選事須赴煙一行，後日始能動身，誠恐對國大代表事之補救緩不濟急也，又聞林萬秋情急於必要時將不惜以金錢活動，此實勁敵也云。

1月14日　星期三　晴

家事

上午，德芳乘善後救濟總署飛機回濟，係該署薛技正介紹，辦公處所雜亂無序，手續亦簡單而鬆懈，紹雄、紹寧兩女同行，雄女上機時遙見有野馬式小飛機，堅欲乘坐，哭鬧至上機為止，童心天真可愛。

師友

到中央合作金庫訪杜元信兄，遇楊天毅兄，託為進行余赴濟飛機，並應元信兄約至其寓所便飯，元信兄曾代昆弟進行銀樓服務，據談因業務清淡，未有成效。下午，訪中國紡織公司梁騖兄，不遇，渠晚間來答訪，余託其代振弟進行入中紡事。晚，廖毅宏兄來訪，詳談公司內部情形，力主先將總稽核機構成立，配合現有之會計處切實樹立制度，發覺以往弊端，以期公司不至隳敗。

1月15日　星期四　雪

飛行

上午，由齊魯公司接洽飛機赴濟，移時洽妥中國航空公司班機，下午一時起飛，二時四十五分抵濟，因今日朔風怒號，乘客多半嘔吐，余幸未暈，下機後搭鐵路局周文欽便車回經九路寓所。

師友

上午，在青遇中國農民銀行戴翹霖經理，渠甫由滬回青，余託其在該煙台行為昆弟謀一職位，據答可有臨時雇員加以按插云。晚，省行庶務股主任程允迪來訪，談因總務科長處事不近人情，希望託人予以調動。晚，洪岳主任來訪，談今日參議會對財政廳長尹文敬詢問情形甚詳。

1月16日　星期五　晴

師友

上午，到中央銀行訪崔唯吾先生及劉振東先生，均不遇，後於北洋書社遇崔先生，閒談其競選立委與此次董監會開會事。同德芳到大華醫院訪華子修李淑英夫婦，並留午飯。訪楊孝孺經理不遇。下午，訪趙季勳兄，詳談此次省銀行召開董監會議與新省行條例中之地方選舉董事問題，並及日昨省參議會對尹文敬財政詢問案中之有關省銀行問題等事。晚，訪劉振東先生於中央銀行，所談多半為選舉事，座間有省政府辦公廳主任平君亦在，余託其代陳主席約定會見時間。晚，前省行總務科李科長琴軒及城內辦事處張主任鵬萬來訪。

交際

晚，應同業東萊銀行之約參加聚餐於上海銀行，各經理皆相別數月，重聚皆感親切。

1月17日　星期六　晴

師友

晨，司徒副總經理履光及省行同仁耿成焜、程謙、陸小松、李允莊等來訪。到飛機場送劉振東先生及林鳴九兄赴青，余面請林兄對於將來縣參議會選舉省行董事候選人事予以協助，蓋余知渠亦有意於此，而自忖余之條件較渠為合適也。訪隋玠夫兄於中央合作金庫，並同至興濟公司訪邵季平兄，與邵兄聯名電京朱國材兄歡迎來濟。到交通銀行訪王慕堂副理及宓汝祥、姚智千兩襄理。晚，訪張景文會計長，閒談本年度省預算等情形。晚，訪李參議員書忱於尚志里，不遇，遇城防司令李杏村，閒談移時即返。

職務

下午，到省銀行出席董監聯席會議，由董事長尹文敬主席，報告此次開會為歡迎由京青來濟之董監事，繼報告常務董事會之工作，繼由代理總經理田叔璠報告業務，係照預擬之報告書讀其摘要，名詞用語均極生疏，且無一語詳細解釋，聞者味同嚼蠟，報告畢，即就中央公布之新省行條例加以交換意見，尹謂此條例多有牽掣，省府尚未慮及何時及如何實行，且新條例之董事有十人由省縣參議會產生，現在省參會正開會，下次開會須半年後，則在此期間只能維持現狀，在座董事有主張須顧及民意機關之意見者，實甚中肯，因尹縱欲戀棧而不可能也，最後尹報告其此次在參會受攻擊情形，並提出財政部公文一件，令董事會查復，余即報告謂此事到濟後見報始知，其中有涉及余任內用人周公彥、王延覲之經過，乃將尹如何介紹二人到行經過詳細報告，最後推定三人調查尹案，今日之會無議案無議程，別開生面也。

1 月 18 日　星期日　晴

師友

上午，到中央銀行會同劉縵卿副理赴飛機場送崔唯吾先生赴青，便中並談及黎超海在民生企業公司及齊魯公司之種種弊端，崔氏準備在民生方面有所發動。到裴議長鳴宇處談此次尹文敬在參議會答覆詢問之不圓滿處，及省行董事會將加調查，希望余供給資料。到東關淨居寺弔祭孔令瑢主任太夫人之喪。到東華街訪趙季勳兄。訪趙副理季澄及宋主任委員正軒。晚，洪岳、馮有辰、趙榮孝、李琴軒、王菊泉諸君來訪，閒談行務，對是日之雜亂無序均多喟嘆。又研究尹文敬買麵粉一千袋事，咸認為只須詳查帳目，弊端即可昭彰。

交際

中午，中央銀行劉縵卿副理夫婦、劉健夫夫人及費、邵兩襄理、趙玉璟主任請客，在座除余與德芳外，尚有白峯兄，白兄將於日內啟程出國，劉健夫則因事赴京尚未回濟云。

1 月 19 日　星期一　晴

師友

下午，崔伯堅君來訪，談此間民生企業公司過去常有代中國製鋼公司買賣貨物之事，其實中鋼早已無此機構，且根本不應作普通買賣，一般皆知為畢天德、黎超海之所為，崔君又將自齊魯公司配售予民生之橡膠品開一詳單，據推測兩公司之數額未必相符，其差額應即為中飽數云。

體質

旬日以來眼角膜發炎，忽重忽輕，點蛋白銀及沃古林等，並用硼酸水洗滌，今日復服用消治龍數片，又前夜脖子失枕，不能轉動，為向來未有之重，今日靜養，終日未能出門。

1月20日　星期二　晴

師友

下午，到省黨部訪楊兆允、牟采庭，談縣參會產生省行董事事。到省黨部訪龐主委鏡塘及劉委員霜橋，又訪高注東、劉明順二兄不遇。到華東印刷局訪于笑山兄，不遇。訪中央信託局吳松生兄託為陳相魯兄謀事。訪中農行顧聿頤兄。到省府訪劉廳長鳳軒，談選舉事。訪張棨門、韓華斑、韓延爽、丁基實、孫化鵬及省府平主任等。訪王文甲、李公藩、宋志先、司徒履光等。

交際

晚，應交通銀行王慕堂副理夫婦及季獻之太太之約在該行吃飯，在座有俞物恆夫婦等。

1月21日　星期三　晴

師友

上午，洪主任小東來談省行麵粉舞弊案之種種漏洄。下午，到祭壇巷訪劉鏡洲兄閒談選舉事，同學中國大代表已經當選者有渠與宋志先兄云。到南新街訪陳雪南先生，據談曾函余接洽買黑市外匯補助其少君在美留學，函致南京未復，實則余未能收見此信也，因洽定在青代為洽購一千元美金云。到高等法院訪胡院長章甫，面達接信未復之意。

交際

晚，交行姚智千、宓汝祥兩兄夫婦在石泰岩約宴。飯後到七大馬路訪裴鳴宇議長不遇。

1 月 22 日　星期四　大風雪

師友

上午，曲聲德兄來訪，復於下午親送來醬油及香煙等物。下午，同德芳到空軍招待所訪王樹法兄，閒談。到防守司令部訪李司令杏村，不遇。到仁愛街訪林毓祥兄不遇。到禹城中學訪李子駿，慰問其夫人葉劍華女士之喪，葉女士乃德芳至友，死時竟未相見。到恆祥銀號訪楊經理孝孺。

交際

晚，王主席耀武約便飯，承詳詢齊魯公司情形及一般經濟情況，又詳告關於當前軍事政治上之癥結所在，又談及選舉事，王氏謂余之圈定為希望金融方面人士多有入選機會，余即提出林萬秋競選事，彼實為任所所在地競選，王氏深為注意，謂將通知省選所，余謂另有公文致省選所，希望王氏多予關照，王氏已四閱月不見，談鋒較前更健，但所談話似乎有非必須與余談及者，可見其精神有過度興奮後之過分緊張現象，今日談話僅余一人，余初以為必有涉及省行風波者，但概未垂詢，余亦即未予提出，綜合今日會見印象，亦只普通交際而已。

1月23日　星期五　雪

交際

晚，王文甲兄在清真公共食堂約宴，吃羊肉涮鍋，在座尚有龐主任鏡塘及李文齋、鄭希冉等。

師友

晚，訪中央銀行經理劉健夫兄於其寓所，渠甫由南京返濟，閒談數月來濟南各方動態，並談及此次參議會質詢尹文敬案，據云現任省銀行總經理田叔璠今日相遇，談及此事，言外之意有此事乃余所策動者，劉兄已知其不確，因余對此類事向所不為也，但余乘便向其解釋在上週亦董事會席上余所報告關於任用周公彥、王延覲二人之經過，又說明尹文敬動用公款購麵粉一千袋為此次質詢之最重要之點，蓋劉兄為董會所推調查人之一，不容其受尹有所蒙蔽也，談至十時借該行車回寓，因兩日來風雪連天，路上有飄雪塞途之處，車陷凡兩次，挖之始出，此大雪乃數年所無。

1月24日　星期六　晴

選舉

昨晚接史紹周、劉秉鈞兩兄由煙台來電，謂林萬秋競選棲霞國大代表，挾權賄選，得票較多，望於選後十日內提起訴訟云，選舉揭曉日為十五日，今日殆已滿期，此時赴煙起訴，勢已不及，下午到省政府由韓華珽兄介紹往訪省選舉事務所亓希和科長，研討補救辦法，據云林雖為青島投票所之任所所在地，但非屬於選舉區，現任官吏不得在任所所在地競選之規定恐不能援用，但內政部有解釋謂軍警不得利用職權競選，與林在青之所為，實有抵觸，又如賄選亦自無效，此外應注意其黨籍，設無黨部提名，亦屬無效云，以上各點除黨籍問題已向省黨部轉請中央黨部調查外，此外與行政有關者，余備呈文先送省選所以作根據，至於司法問題，據亓談係以呈文發出之日為準，今日亦尚不遲，惟以余觀察，行政方面似較司法為重要，司法固亦有關也。

師友

上午，高等法院胡院長章甫來訪，約後日晚飯。上午，劉健夫經理來訪，閒談關於近來各方動態。下午到第一監獄訪劉子旌兄，並參觀獄內設備情形，大致尚稱完善也。

交際

晚，恆祥銀號張慎修、楊孝孺兩經理請客，在座尚有劉健夫夫婦、司徒履光夫婦等。

1 月 25 日　星期日　晴

師友

今日為休假日，來訪友人特多，上午有省銀行行員鄭嗣崇君，又有宋志先夫婦、張槃門兄、李公藩夫婦等，下午來者有華子修李淑英夫婦、劉子旌夫婦，又有曲聲德兄，並留晚飯。下午，譚漢東科長來訪，余託其辦理黨員登記。下午，于笑山兄來訪，余與研討此次本縣國大代表選舉據報林萬秋在煙台賄選事，研究結果認為起訴徒使曠日持久，最好尚為請黨部政府予以補救，于兄以為林十之八九有黨籍或團籍，如能設法查明，彼即無資格當選，此法最為自然云。

1 月 26 日　星期一　晴

選舉

所擬呈省黨部及省選舉事務所申述林萬秋利用職權競選賄選請取消其當選資格之呈文，於今日送出，呈省黨部者並請將該員黨籍、團籍予以查明處理，此兩文件並均提明設須有涉及司法之部分，並請函轉高等法院依法檢查審判，因余本人起訴之時限已經過去也。

交際

晚，高等法院胡院長章甫請客，在座尚有陳雪南先生等，陳氏擬請王慕堂兄將已經購到桂未谷跋之清初絹本孫夫人碑轉讓，託余設計辦到，此實為一特殊難題也。

1月27日　星期二　晴

師友

下午，洪岳君來訪，談及中統局方面對於尹文敬貪污案及參議會方面均不欲放鬆，又謂外傳王主席對人表示決將尹更換，以劉振東、崔唯吾及余三人中選一接充，此實為和緩事態之空氣作用，完全無稽也，就參議會表面言之，閉幕後實已大見鬆減，又關於董事會及監察人會互推董監三人調查尹案，謂其中趙季勳、郭金南二人已經交換意見，尚須視劉健夫態度為斷云。

交際

晚，趙季勳兄在寓約宴，在座尚有劉道元、王金祥、劉孝先、劉汝浩、劉心沃、宋正軒、劉幼亭等人，席間趙兄語余，棲霞國大代表投票結果已呈報到省選舉事務所，依程序應先送省黨部調查有無黨籍及其他情形，加具按語呈送中央以憑核定，余之呈文當為重要參考云。

1月28日　星期三　晴

交際

中午，省銀行譚漢東兄請客，所請皆余家人，飯後承贈賈使君碑拓片及另兩種拓片，一種似為馬鳴寺，餘一種未知係何碑，須俟圖書陳開時，始能查對，以上三種，據稱均係二十年前在兗州、青州等地擔任教育局長時所得，雖非舊拓，但均非贗品，故尚有保藏價值云。

師友

下午，訪李書忱兄於崇育里，並遇郭存泰律師，便中請教關於選舉訴訟之時效問題，余所涉及者為本縣競選人林萬秋之賄選問題，依條文時效為選後十天，現在業已經過，聞無法在司法上獲得補救，而行政上種種措施則多活動伸縮不可捉摸，故此事甚感困難云。談次留晚飯，食雞素燒，在座尚有趙國棟參議員，余又提及關於參議會所提詢尹文敬一案之情形，並向其說明新省銀行條例已奉令發實施，其中關於地方選舉權一節不容忽視云。

1 月 29 日　星期四　晴

師友

晨，同住經九路一三一號之白峯秘書動身赴京，辦理出國手續，與劉健夫兄夫婦及羅蘭神父到津浦東站相送，白君自余移入此屋後，仍續住半年，中間感覺莫大不便，至是始稍稍寬敞，惟在此期間因彼係軍人，對於保障屋宇圍牆樹木等，亦頗有幫助之處焉。洪岳主任來訪，談參議會攻擊尹文敬事絕不令其終止，故將另辦正式公文向監察院呈遞，主要弊端為其一千袋麵粉之貪污事，余對此事毫無意見，蓋尹照理應受法律之制裁，但在當前之行政環境內，恐尚能維持一時，又洪君談去年省行盈餘二十餘億，未按正當轉帳手續解送省府，亦難免中央追究云。

1 月 30 日　星期五　晴

師友

上午，到交通銀行訪王慕堂副理，與商陳雪南先生所託轉讓桂未谷跋本孫夫人碑事，余甫詢其有無此碑，王兄即謂已知余來意，因以前陳氏曾託胡章甫院長洽讓，而龐鏡塘主任委員亦頗思此物，二人且揚言此物不能為山東以外之人取走，用意不善，故已回復業經託人帶滬贈友，此意至今不變云。李書忱氏來訪，對余所住房屋之構造備極讚美，略談即去。

交際

中午，到青年食堂為崔藩五、王淑芸兩同事道其結婚之喜，因事未及觀禮而返。

1 月 31 日　星期六　晴

交際

中午，滕梅五、洪岳兩兄召宴，在座尚有高注東、宋志先、李書忱兄等五、六人，三時散。

師友

上午，隋玠夫兄來訪，談在合作金庫十分苦悶，余詢其是否仍有意進行齊魯公司總稽核事，據稱仍有此意。中午，邵季平兄來訪，不遇，晚復來，乃事先約定到津浦站接趙葆全、朱國材兩兄者，乃於途中約隋玠夫兄同往，八時五十分車到後，二人竟未來，想已改至明日矣，邵兄談趙兄之來，想係為解決興濟公司總經理事，因伊與擬定人選有舊云。

2月1日　星期日　晴

師友

因昨日約定如今日趙葆全、朱國材兩兄到濟，仍到車站迎接，至晚八時半，邵季平、隋玠夫兩兄來約同前往，到車站時知今日津浦車建國號誤點一時五十分，乃同折回興濟公司，閒談至十時，因余等均無防守司令部之通行證，十一時戒嚴後即無法通行，邵兄則在鐵路北，路上無若干阻撓，故決定余與玠夫兄仍分別回寓，僅留邵兄在車站等候，後始知車已提早，頃刻即至也。

體質

自由青島即患眼角膜炎，至今時作時輟，酒後尤然，時用沃古林，而其效力殊為輕微也。

2月2日　星期一　晴

師友

上午，約借中央銀行劉健夫兄之汽車由余門前繞過，伊到行，余即搭至官紮營興濟公司訪昨晚來濟之朱國材兄，即與邵季平兄同出到中農行約同趙葆全兄到第一造紙廠及釀造廠參觀，余利用空餘時間與朱兄談齊魯公司之危機，渠亦略知，並強調人事之不健全云。

交際

午，邵季平兄在石泰岩宴客，在座有朱國材、趙葆全兄及此間黨務方面人員等。下午，中國農民銀行李祖道經理、顧聿頤副理及四襄理在石泰岩約宴，在座者與午間略同。

2 月 3 日　星期二　晴

交際

　　晚，與隋玠夫兄合請朱國材、趙葆全兩兄於中央合作金庫，被請作陪者有裴議長鳴宇、楊書記長展雲、中國農民銀行李經理祖遂、顧副理聿頤，又同學宋志先、劉孝先等，八時始散。

師友

　　晚，訪趙葆全兄於石泰岩飯店，在座並有宋志先及隋玠夫兩兄，又有朱國材兄，此次朱、趙兩兄來濟視察興濟公司，所得結論為不容邵履均兄繼續擔任其事，將向中央建議由宋志先兄接辦，謂在京時曾與陳果夫氏研討此問題，咸以為由余兼辦最為相當，但顧此即失齊魯，與派余到齊魯公司之初衷大相逕庭，故不取焉。與朱兄談齊魯公司癥結為黎超海之把持利用，此人不除，則前途堪慮，而畢天德則以黎為靈魂，其去就將相共，朱兄認為非去不可，並謂徐堪氏亦極不滿其事，故將來可由彼以第三者立場發動改造，余目前主要任務不在枝節吹求，而在洞明其缺點與弊端，俟資料充分，即可下手，又談及公司總稽核問題，余認為隋玠夫兄可充任，又提及張振玉恐終被軍需人員擯斥不能不離行，此人最為相當，彼亦即贊同，又關於戴鍾衡兄有意調濟南興濟事，朱兄認為此刻尚不適宜云。

2月4日　星期三　晴

師友

中午，約朱國材、趙葆全、宋志先、隋玠夫四兄在寓便飯，屆時僅趙兄於飯後始至，開飯時因遣衍訓到肆上買酒未攜身分證被軍警拘阻，至延誤甚久始至，散席時已三時矣。飯後劉茂華、趙葆全兩兄相繼至，余與劉兄閒談時，彼提及尹文敬與參議會間之問題，對尹頗為輕視，並謂余彼時離開省銀行甚好，如拖至現在亦必焦頭爛額矣。余詢其興濟公司延彼為總經理事之經過，據談伊志趣本為實業，不願做官，故甚願就，但不知邵履均對其既成局面將如何云云，察其語氣似與昨日朱國材兄所談王主席堅留其在省府任職不能脫身一節又有出入焉。晨，宋志先兄來訪，承贈由鐵路局取來花卉兩盆，均甚鮮豔，宋兄對昨日朱國材兄所提請其接主興濟公司事頗有興致，詢余見解如何，余亦然其見解，渠託余在旁多敲邊鼓，余允之，同時又商洽副席人選，渠主高希正兄，余甚贊同，但今日又聞高兄已發表此間合作金庫副理，則未必捨彼為此矣。

游覽

下午，同朱國材、趙葆全、劉茂華三兄外出游覽，計到趵突泉、珍珠泉、黑虎泉及大明湖內之張公祠、北極廟、歷下亭等地，珍珠泉為舊省府，已傾圮不堪，余十年前觀之，今則非昔之比矣。

2月5日　星期四　晴

交際

中午，劉秘書主任茂華在齊魯大學與楊教授勉齋合宴趙葆全、朱國材兩兄，被邀作陪者除余以外為齊大文學院長吳金鼎、化學系劉主任、興濟公司邵主任等，因係兩人合併舉辦，故菜餚特豐，今日余所乘車為合作金庫者，在入校後因尋覓地址，誤入雪堆，欲拔不能，此係旬日前積雪至今未融，亦因該校面積太大，清除不易也，飯後陪同朱、趙兩兄到曲水亭、布政司大街、布政司小街一帶買字畫古玩，又至萬字巷買水果。晚，洪岳兄來談關於尹文敬事渠絕不甘休。

2月6日　星期五　晴

師友

上午，到津浦車站送朱國材、趙葆全兩兄回南京，余並託朱兄帶古畫文徵明作品一幀贈送陳果夫先生，到站送行者為農民銀行及興濟公司同人，此外即為二人之友人，車於九時開行。朱、趙兩兄談及興濟延請劉茂華為總經理事，劉表示願就，但王主席認為此刻其部下皆以黃埔居多，彼本人深願不分畛域，因劉不是黃埔中人，故不願其離去，王氏既有此表示，咸認為不可再勉強，故將與陳果夫先生陳明劉議即作罷，但此刻人選亦殊困難云。

2月7日　星期六　晴

交際

晚，比鄰之宋正軒兄約宴，在座有裴議長鳴宇、鐵路局陳局長舜畊、新任省政府委員張天佐、保安處王副處長、省黨部趙委員季勳等十人，席間裴鳴宇議長發表其開礦籌款救濟難民及充裕黨費計畫，極豐於理想，又談及省銀行民選董事一案，省府答覆參議會之詢問謂因中央股份尚未提出，目前尚難實行，余當告以此全係遁詞，蓋中央股份財部限於一個月內由董事會決定退繳辦法，此事在技術上無何困難，所謂困難蓋一種延宕之藉口也。

2月8日　星期日　晴

師友

上午，省銀行會計主任湯人絜來訪，談甫請假由京滬診病回濟，將來仍將南返工作，此間在省行所任之事，責任甚大而一般作風又不類銀行所應有，因已將重心置於儲信部，該部之事務非會計室所能過問也，又行內自今年起益屬有虧無盈，照此情形開支且將無著，根基堪慮，又上海成立通匯處，無事可做，煙台、濰縣亦非有收益之地，如此長期賠貼，殊非善計也。韓兆岐、孫化鵬兩兄連袂來訪，談亦將有南旋之意。曲聲德兄來訪，贈白糖若干。

2月9日　星期一　晴、夜雪

家事

今日為陰曆除夕，房屋已完全騰出，可以布置，為使兒輩有崇敬先人之觀念，故於此節設定祖先牌位，以供新年參拜，因堂屋設客座，遷動不易，書房比較清靜，故即供於書房之內，除香燭之外，參和東府及當地習慣，另有碗菜五色、糕饃兩色、水果兩色、水餃兩盌、老酒三杯，牌位所寫為吳氏祖先之位，旁寫樂亭公呂太君於左，王太君於右，示近祖與遠宗並重也。今日電燈公司澈夜送電，但惜用戶使用太甚，反不光明，家人皆以馬將為戲，余不諳，靜坐讀報至夜分。

2月10日　星期二　晴

交際

今日為舊曆新年，因昨夜降雪，大地一片銀白，有豐年之兆，惜乎兵戈之未息也，晨起先至比鄰趙季澄、宋正軒兩寓賀年，然後友朋中前來賀年者踵至，計有宋正軒、趙季澄公子、劉子旌、隋玠夫夫婦、牟吉祥、牟采庭、林毓祥、呂學勛、曲聲德及省行同仁洪岳、李琴軒、耿成琨、譚漢東、李允莊、張國華、程謙、祁若濤、崔藩五及行員等先後十餘人，終日送往迎來，十分熱鬧，又年前省行同人前來送禮者甚眾，因余不在位，始見諸人之熱情也。

2月11日　星期三　晴

交際

上午，前來賀年者有恆祥銀號楊孝孺、張慎修、于紹奎、李淑英華子修夫婦等。下午，與德芳出發拜年，先到陳雪南先生處，閒談碑帖，陳氏近對趙子昂字特別有興趣，昔年則深惡之，可見乃另一種境界，又到劉鏡洲兄處向其太夫人拜年，又到大華醫院向華子修李淑英夫婦答拜，又到于紹奎兄處答拜，復至隋玠夫、周壽民、劉健夫、姚智千、林毓祥、牟尚齋老太太、劉緩卿等處賀年。訪劉振東先生不遇。訪明少華、王崇五兩兄於緯二路不遇。

2月12日　星期四　晴

交際

上午，前來賀年者有中央銀行劉健夫夫婦、劉緩卿夫婦及中國農民銀行顧聿頤夫婦，又有中國銀行周壽民夫婦，又有寶豐麵粉公司李公藩兄等。下午，到韓華斑兄處為其太夫人拜年，又到省黨部為高注東兄、劉霜橋兄等拜年，又到德成昶為李公藩兄拜年，此外並到中國農民銀行李祖道、顧聿頤兩經理處，恆祥銀號張慎修、楊孝孺兩經理處、杜仁山兄處、劉子旋兄處，均為拜年，杜兄並對尹文敬及當前之省銀行表示不滿。到中央銀行訪劉振東先生，並到合作金庫與隋玠夫兄約定請客事。

2月13日　星期五　晴

交際

上午，到謝松雪太太處拜年，又到林建五太太處回拜，下午姚智千夫婦前來回拜，司徒太太來拜年。

2月14日　星期六　大霧

家事

自昨晚韓廚役辭工，家中已全無傭人，一切均由家人自行操作。

2月15日　星期日　大雪

交際

中午，中國銀行周經理壽民夫婦請客，余往小坐即去，德芳終席。中午，恆祥銀號張慎修、楊孝孺請客，主座為劉振東先生與明少華兄，余未終席即辭去。中午，牟尚齋兄之太夫人請客，在座有裴議長鳴宇及趙季勳、宋正軒諸兄，凡十餘人，席間裴氏談及日昨曾晤王主席耀武，謂尹文敬曾表示此次參議會反對尹之舉動乃余所策動，余既對不起他，他亦對不起我矣云，王氏謂不可如此，此事未必為余所發動者云，可見尹之為情甚急，又談及尹正創辦裕魯企業公司，參議會事先一概不知，裴氏謂其胡鬧，余意以尹之貪墨，此公司之前途可想而知，在座亦看法相同。

師友

上午，高月霄、洪岳來訪，高在解釋省行時期之隔閡。下午同德芳到中央信託局訪吳松生兄夫婦。

2月16日　星期一　晴

師友

下午，高注東、劉孝先兩兄陪同今日由京過青島來濟之張志智兄來訪，聞此來係為余井塘氏之選票有所接洽云。下午，聞青島市長李先良兄來濟，適余在石泰岩，往訪不遇，留片。晚，與隋玠夫兄到省黨部訪張志智兄，不遇，與龐主任委員鏡塘等談書畫金石，尤其於墨事獨多。晚，訪姚智千兄於其寓所，渠託為其內弟甫自重慶大學化工系畢業者在青島工程界謀事。

交際

晚，與隋玠夫兄合請劉振東先生及明少華兄、吳松生兄於石泰岩飯店，被請為陪者有趙季勳、劉幼亭、宋正軒、徐慶譽、李資廉、劉健夫、劉緩卿、丁基實、尹文敬等十餘人，但因今日宴客者頗有重複，故多到場後即行辭去，或到達甚遲，如此川流不息，七時即散。

2月17日　星期二　陰

師友

下午二時在濟校友假青年會舉行茶會歡迎來濟之劉振東先生及張志智、李先良兩同學，由主任幹事劉明順兄主席致詞，余原為在山東者，故亦參加，三人相繼致詞，李兄報告過濟赴京之任務在籲請中央充分注意青島當前最重要之糧食、煤炭、難民、工業等問題，因青島糧煤價即較之濟南高出一倍，而工業動力問題因煤荒不減而日趨嚴重也，余本擬對本校同學發展問題有發表之意見，因時間不足而未果，四時散。下午到合作金庫與隋玠夫兄閒談，遇高希正兄甫自京過青島來濟就該分庫副理職，相談甚歡，薄暮辭返。晚，洪岳主任來談滕梅五兄之工作問題，余允共同設法，又洪君對在行處境極困難，有意離去，余主仍在行維持徐待變化云。

2月18日　星期三　陰

師友

上午，高希正兄來訪，閒談彼接受此間合作金庫職務後家庭尚不能移居濟南，因交通不便故也，但如繼續在青島居住，月需三千萬元以上之開支，亦屬不易維持，當前薪水階級之困難往往如此，余約其於明午在紫陽春吃飯，即用余年前尚存省行同人所贈之酒席券，約計可足用。

交際

晚，劉健夫經理夫婦在中央銀行宿舍請客，到有王鳳山夫婦、市銀行副理胡君夫婦、姚智千夫婦，德芳因家事未能往，余今日係步行前往，由南緯五路至經七路，閒步另有一番意致。

體質

一月來患眼角膜炎，時發時癒，至今猶未痊可，前日今日共服消炎片八片，又用硼酸水由紹南為余洗眼，並點市上所購之眼藥水，漸有見強之象，又自三數日來對辛辣及酒類絕不入口。

2月19日　星期四　陰雨

交際

中午，在紫陽春請高希正兄吃飯，在座為陪者尚有隋副理玠夫、滕縣長梅五、洪主任岳、譚科長漢東，所用菜餚乃年前行內一部分同仁聞余來濟所致送之席券，該館即儘此數辦為酒席，極稱豐盛，飯後到公園及書店一帶游覽。晚，李參議員書忱請吃飯，在座尚有參議員馬德夫及張子庸等，又有省黨部呂學勛兄，飯後見有舊曆年所蒸大餑餑，甚有家鄉風味，承贈給一個，約有二、三斤重焉，又余在李寓見其石印本三希堂法帖有續帖四冊，亦乾隆所製，為正編纂成後續獲自唐褚遂良以下之墨跡刻石者，其中有顏魯公行書，似係三表，又有孫過庭景福殿賦與千字文，景福殿賦較戲鴻堂法帖為多，又有米、蘇、蔡、黃至元趙子昂為止，分量不及正帖十分之一，然多精品，余所藏拓本僅有正帖，對此乃特感意趣焉。

2月20日　星期五　晴

交際

晨，林建五兄來訪，係因進行購房日昨由南京來濟。中午，譚漢東專員在宿舍約高希正兄吃飯，在座尚有余及崔藩五、洪岳、滕梅五等。晚，劉子旄兄在第一監獄請客，在座尚有高院首席及院長劉世卿、胡績及中委李文齋等人。

2月21日　星期六　晴

交際

中午，交通銀行季獻之、郭味白、王慕堂、姚智千諸兄在石泰岩約宴，在座十餘人為中國銀行周壽民、王鳳山，中央信託局吳松生、謝主任等，主客係王鳳山及余與中國銀行胡襄理等。晚，省行崔稽核藩五在新運里請客，主要為高希正兄洗塵，在座尚有譚慶儒、洪岳、滕梅五及崔伯堅等，崔君新婚，其夫人為省行行員王淑芸，菜餚係家製，尚佳。

師友

下午，曲聲德兄來訪，談興濟公司主持人恐有變動，邵季平赴京至今未返，恐有醞釀云。

2月22日　星期日　晴

師友

上午，杜仁山兄來訪，談市財政已至山窮水盡之境，尤困難者為市立學校教職員，每月收入不過一袋麵粉，長此以往，恐將為私立學校吸收淨盡矣云。上午，張景文兄夫婦來訪，談此次赴京請將本省公教人員待遇改照京滬區指數發放，並無結果，而物價日漲，恐亦均有不易維持之勢。晚，宋正軒兄來訪，詳談此次省參議會質問尹文敬案之內容，余將內幕詳告，宋兄又問及關於省銀行新條例之實施問題，余告以該條例之內容，又宋兄談該會將質問裕魯企業公司內容云。

2月23日　星期一　晴

師友

青島來信云，尹文敬視察青行時，遇有行員李琛、李雲章、吳天祥等聚賭，青行已函請總行處分，望從中轉圜，余詢總行人事股李允莊主任以詳情，據談青行所請李琛為撤職或調濟南察看，李雲章、吳天祥則請記過兩次，總經理批一律撤職，公事已繕就，尚未發出，但余託李君與司徒副總經理一談此事，司徒不願向田有所表示，晚間李君以原卷交余閱後，余告以儘明日上午設法，下午公事可發，余託譚漢東兄明晨與田一談，不過聊盡人事耳。

2月24日　星期二　晴

師友

上午，譚漢東專員來談，關於李雲章、吳天祥二人事已詢司徒副總經理，謂公事已辦，無可轉圜，譚君將函青行張振玉經理請俟接總行公函後仍請照原處分辦理。畢鴻遇來訪，談省行條例事。

交際

晚，中央信託局吳松生主任在青年會約宴，在座為中央合作金庫及各航空公司主管人員。

意外

晚飯後，步出青年會回身與主人為禮後仍回身欲行，未見身後有人力車欲過，車伕見余猝至，急抬車把欲避，適將車把觸至余之左頰，皮微破未出血，但傷及顏面，亦云時運不利矣。

2 月 25 日　星期三　晴

師友

上午，宋志先兄來訪，適余須赴行總空運大隊定購赴青機票，而現款須俟下午始能取得，乃由宋兄先行代墊並陪同至該大隊辦理過磅登記買票等手續。下午，到中央合作金庫訪高希正、隋玠夫兩兄，並同至第一造紙廠訪邵履均兄，據談赴京辭興濟公司籌備主任職未獲照准云。

交際

中午，省銀行周村辦事處主任畢鴻遇君在石泰岩請客，在座尚有高希正、滕梅五兩兄。晚，華子修李淑英夫婦在大華醫院邀宴，余與德芳率全體子女均至，九時返，並訪志先兄還晨借款。

2 月 26 日　星期四　晴、下午陰

師友

上午，聞余將行前來送別者有洪岳、譚漢東、李琴軒、高希正、隋玠夫諸兄，余所買行總空運大隊票本係今日之期，該隊辦事處於飛機之何時到濟及由濟起飛完全不能在事先一小時內預知，故須乘客每隔半小時去電話詢問，上午介紹搭乘之中央行趙玉璪主任本以電話通知即行，後又來電話須十時半再聯絡，如此者凡通電話七、八次，至下午三時謂今日無望，明日有無機會，須晚七時再詢問，傍晚余親往晤其馮組長，謂下午有一架已行，已通知，而余不知，怪事也。

2 月 27 日　星期五　晴

飛行

晨，著衍訓往行總空運大隊詢問飛機消息並守候詢明來電話，十時接確實消息，謂十一時飛機由青來濟，乃乘合作金庫汽車到飛機場，送行者有高希正兄及衍訓，在機場候至下午一時始機到起飛，二時到濰縣坊子降落，續飛於三時到青島，以電話通知公司派職員曾君來接，今日航程微有顛簸，但僅於起落時如此，在高空時則平穩，又行總飛機最大缺點為時間不準，接洽紛煩。

職務

晚，畢天德、黎超海、吳道潛、戴興周、任英民等同事先後來訪，青島停電，各廠停工。

2月28日　星期六　晴

師友

上午，到市政府訪張敏之兄，並遇王玉忱兄，王兄現兼任臨時救濟委員會主任秘書，適在市府開會。

職務

上午，到齊魯公司與總經理畢天德漫談，畢謂常務董事會應每月開會一次，現在常董多不在青，而董事長在京，代理董事長赴漢不返，故希望二人速來青云，余謂公司應報董事會之事，應照規定送出，否則開會亦屬茫然，畢謂應報何事，余謂有明文規定，各處何不照辦，言訖畢即外出，余候移時亦不返，蓋彼等之意自為籌備處傳統應維持，曾氏不在時應唯彼獨尊也。

2月29日　星期日　陰

師友

上午，到行總救濟分署宿舍訪劉光普、薛壽昌諸君，託代向行總空運大隊查詢余之行李，又訪前分署副署長孫繼丁，不遇，留片。到齊東路卅三號訪周淑明女士，遞宋志先兄所帶之信，渠談及將設法包辦買賣廢品維持家庭開支云。到常州路四號訪張敏之兄，並拜見其太夫人，現張兄有十數家口，夫婦二人收入不足供炊，目前青島物價之高，為華北之冠，公務員陷入此種情景者實大有人在也。到魚山支路六號訪高希正太太，並拜見其太夫人，又訪于文章君，與談以前所託戴翹霖經理為昆弟在中國農民銀行煙台辦事處按插雇員事，謂此等事無一定辦法，仍以加緊催辦為妥云。于海洲兄來訪，談黃海水產公司及魚市場經營之內容，又託余為其弟謀事，余告以齊魯公司在停電情形下實屬難以為力云。

家事

振祥弟與弟婦談父親來青轉煙之經過，又今日有由煙台回青者，述及父親在煙與五弟夫婦等同住，此外尚有小妹與三弟婦及其子，食指浩繁，故五弟謀事為不可或緩，其實余在青島雖無特殊負擔亦覺為難也。

3月1日 星期一 晴

師友

上午，到青島直接稅局訪謝松雪兄，其隔壁即行總空運大隊，託查行李仍不得要領。上午，到山東省銀行訪張振玉經理，據談渠此次赴京本擬接洽轉業參加中央合作金庫，但無何頭緒，而引起若干不快，余告以在濟曾晤朱國材秘書，談及齊魯公司總稽核問題，余提出由張君及隋玠夫兩兄中擇一，已蒙首肯，彼表示願意參加，但認為此刻之齊魯公司非拆卸重建不可，但明瞭其當前之虛實，亦為當務之急。又張談及前數日晤畢天德總經理，謂余在公司無事可為，不如另做他事云云，此人說話即開罪於人，殊可哂也。到啤酒廠訪廖毅宏兄，據談及振祥弟之工作問題，該廠可以設法，但須得公司內畢天德之同意，午飯後辭出。訪楊天毅兄於民言報社，據談不久以前黨政兩當局均有動搖，現在似已成過去，不致更動云。

娛樂

晚，同楊天毅、張敏之、王玉忱、張振玉諸兄同到市禮堂觀立達中學義演募捐戲，為北平名旦楊榮環、陳永玲、許翰英及萬少甫演出，陳、許演二本虹霓關，楊、萬演全本西施，唱做甚繁重，計六刻，楊唱工及扮相均佳，做則稍板滯，但無大疵，此劇結構極好，泛舟一段尤佳。

3月2日　星期二　晴

師友

上午，到中央合作金庫訪杜元信經理，不遇，又訪龔祖遂副理，託匯濟南款。到中國農民銀行訪戴翹霖經理及郭鎮樑副理，並遇于文章君，郭、于二君將赴煙台開辦辦事處，余再託戴及郭、于二君為昆祥弟事務須設法按插以解除余家庭困難，戴經理謂已交郭副理俟到煙即行備文保薦云。下午，訪蕭漸逵局長於市南區警察分局，答拜其新年拜年未遇之意，又訪青市警察局督察處長林萬秋，用意同上。訪王畹薌經理於利田靴店。訪于永之、劉作三兩兄於高苑路四號，談國大選舉煙、福舉行經過及牟尚齋兄競選立委用費之歸墊問題，又關於省銀行將來民選董事問題，聞林鳴九兄此次來青表示願助余以成其事云。到省立中學訪劉秉鈞兄，詳談國大在煙選舉經過，又關於省行民選董事一節，林鳴九兄此次來青未提，想係對余在濟南談各節已採納云，又訪王秋圃校長不遇，留字告承允瑤祥弟住校甚表謝意，務請此後隨時教誨以期有成云。

交際

晚，本公司第二麵粉廠張履賢廠長在永義咖啡請客，主客為劉壽銘校長。

3月3日　星期三　晴

師友

上午，同謝松雪兄到物資供應局購物，並將昨日由飛機場取來之所帶謝兄物品交到。上午，到市政府訪張敏之兄，王玉忱兄亦在，談組織先志中學董事會先行立案事，當確定董事十五人，並開明學歷、經歷等項。王玉忱兄來談，此次李先良市長赴京，主要為接洽青市人事之調整，現悉葛覃氏之市黨部主任委員已易他人，市長最近可無變動，李市長對現任財政、教育兩局局長久已不滿，教育局長可能以劉次蕭接替，財政局長則屬意於余，余初未悉此事，且對此事亦無甚興趣，因當前之衙署已成高等難民收容所，欲展布任何事業均有所不能，此時做官於名節上有損無益也。杜元信經理前來答訪，談日內赴京。

娛樂

晚，因公司及山東省銀行各有立達學校之募捐排票，乃與張振玉、王玉忱、張敏之、楊天毅及振祥弟同到市禮堂觀劇，戲目為許翰英之鴻鸞喜，平平，楊榮環之金鎖記，探監帶法場，唱做繁重，而始終不懈，末為陳永玲之馬思遠海慧寺雙鈴記，為小翠花嫡傳之本，無論做工、蹻工，皆臻上乘，扮相亦佳，雖係男角，但較之時下一般坤伶不能同日而語也。

3 月 4 日　星期四　晴

師友

上午，杜元信兄來電話，謂合作金庫將派員赴中國紡織建設公司辦理收付款項事宜，詢昆祥弟如謀事未成，可否就任此臨時職務，余答以昆弟已赴煙，振弟在此，勝任有餘，渠即謂見面時再談，未知有無變化，余以此事與振弟談及，渠亦甚願就任，臨時名義不計也。

家事

余一人住青，隔壁為振弟夫婦，振弟婦代為照料伙食，自甚便利，但長久如對來客，余本人喜多蔬食，間以雜糧，反無以供給，蓋因觀念不同，無以改變，形式與內容不能相合也。

3月5日　星期五　晴、晚微雪

師友

上午，到救濟院訪韓質生兄，略談此次國大代表選舉經過及余之立場。上午，到中央合作金庫訪杜元信兄，言定發表振弟為該庫雇員派往中國紡織建設公司服務處辦理出納事宜。到青城路訪李俊杰兄，據談脫離黃海水產公司後將轉移經營對象至南方台灣、福建一帶。到聊城路訪于志渤兄，不遇。下午，到元成商行訪郭叔濡兄，據談現在外匯似尚有可以支配者，預備脫離該商行自行經營，託余向輸出入管理委員會商詢進行手續及有無配額云。

3月6日　星期六　晴

師友

上午，到萊陽路訪孫典忱兄，不遇，下午孫兄來答訪，又值余外出。上午，到民言報社訪楊天毅兄閒談，並互約明晚觀戲。下午，到市政府訪張敏之兄，張兄前本託余詢省行能否貸款，經余與張振玉兄詢問恢復貸款之情形，謂期限及限度均無規定，但利率訂為月息十九分半，似較一般商業銀行尤高，經營事業恐不易負擔如此高利云。下午，到山東省政府魯東行署訪俞濟民主任，因病未癒，晤及秘書段啟山兄，閒談，並留片託代向俞主任致意，移時辭出。

3月7日　星期日　晴

師友

上午，劉作三、于永之兩兄來訪。上午，劉光普、薛壽昌兩兄來訪。下午，到農林事務所訪潘詠珂兄，該所設於中山公園內，春暖游人漸多，頗有佳趣，由潘兄處取來時花兩盆，陳之案頭。丁建椿來訪。

交際

晚，黎超海協理請客，有沈銘盤、杜元信等，黎又談及聞余將兼民生公司事，余謂決定不就。

娛樂

晚，同楊天毅社長到市禮堂觀立達中學義演，為陳永玲、許翰英之雙搖會及楊榮環之一粒金丹，此劇為尚派特有，插有瘋婦水袖功夫兩場，極精彩，唱工亦佳，余為初次觀，陪角亦可。

3月8日　星期一　晴

師友

下午，先後到吉林路訪蔣嚴菊兄，到恩縣路訪徐從文兄，到臨邑路訪呂廣恩兄，到綏遠路訪趙校長太侔，均不遇。下午，廖毅宏、徐望之兩兄來訪，閒談當前之政治風氣問題，均深致喟嘆。晚，孫典忱兄來訪，暢談兩小時，孫兄擔任十三區行政督察委員，艱苦備嘗，於當前軍事行政癥結，均有痛切經驗，認為非改變作風，決無戰勝八路軍之理，又專署照新規定須裁撤，人員資遣，其詳細辦法尚未訂出，又談及此次棲霞國大代表選舉事，認為余之未能當選係出乎意料之外者云。

3月9日　星期二　晴

師友

下午，到省銀行訪張振玉經理，代敏之兄等詢問放款手續、額度等項，歸途路過市政府訪敏之兄不遇，移時彼來，余即告以經過，聞彼等將以工廠名義出面借貸，如何經營尚未決定。下午，叢芳山兄來訪，談今晨本公司橡膠廠發生攜械入廠為電網灼斃之人，又今午商河路軍用倉庫爆炸，死人甚多，想均係奸匪所鼓動，影響軍事治安均甚嚴重。上午，到魚山支路訪于潔如女士及于文章君，閒談謝松雪將來青，可否接用其房屋事，又談及昆祥弟在煙台入中農行事，允文章君赴煙即辦，大致不至有何問題，十一時辭返。

娛樂

晚，同蕭寄蹤、高希正兄之尊翁及于潔如等至市禮堂觀劇，為許翰英等合演之全部白蛇傳，游湖借傘段由許演，水漫金山段由陳永玲演，斷橋產子及狀元祭塔段由楊榮環演，以雷峯塔一段反二簧為最精彩，惜陪角稍差耳，此劇共演二小時半。

3 月 10 日　星期三　陰雨

師友

昨日大港彈藥庫爆炸，附近房屋倒塌甚多，下午到高苑路慰問于永之兄，因屋頂落土，致將眼皮打傷，此外附近居住之友人如李俊杰、劉作三等，均已分別詢明無恙，僅屋瓦略有破損耳。

職務

下午，到公司與總經理畢天德閒談，據謂譚嶽泉有信來，月底可能來青一行，屆時當召集常務董事會，此等事殊令人氣悶，蓋彼等係認定董事長不在即無從行使職權，其餘董事人數不夠即不能開會，不開會則無從向董事請示一切也。又畢談此次赴濟出席民生公司董事會，當場辭職無何結果，歸後又函丁基實主張由余繼任，余堅執不可，此事彼等直等於開玩笑，固彼等若知不成，豈非故意如此，若以為可成，則豈非排擠余離青島能除彼等之不便耶。

3月11日　星期四　雨

體質

上午，到琴崗牙科醫院就丁眉卿院長洗滌牙齒，據云余平時刷牙用牙刷太硬，致牙齒受損，此後不可再用此等牙刷，至於牙肉尚無結石，不過煙熏甚重，故須洗刷兩次，今日已大致去其大半，用電銼甚久，凡一小時，又云門牙外伸之一枚，妨礙刷牙清潔，以拔去為宜云。

師友

下午，玉忱兄來訪，約同至博山路味香村吃火燒、素包子及和樂等，完全濰縣口味。

娛樂

晚，應王玉忱兄之約到參議會參觀中紡公司話劇團為臨時賑濟委員會募捐義演四幕劇「日出」，凡四小時始演畢，角色支配均甚允當，尤以飾顧八奶奶之姍露為最出色，但係一職業劇人，中紡方面則以飾胡四之長風為最好，而主角皆係客串，足見該團人才尚不足也。

3月12日　星期五　雨

體質

上午，到琴崗醫院續洗牙齒，半小時而停電，丁院長云如有暇可再來一次，保護牙齒千萬勿再用硬毛牙刷，每半年就醫洗搽一次，能不吸煙，避免薰黃最好，並勿用涼水漱口。

師友

下午，舉行先志中學復校籌備會於市政府，到張敏之、郭叔濡、趙石枕、王少民、李世中等人，決定發起募捐人名單，送請崔唯吾先生再加斟酌，又紅萬字會發售房屋獎券，決定由各校友合買券額百分之一，計一百張，一千萬元，如有中獎可能，即以此若干人名義捐助學校為基金，五時散會，送王少民兄回其醫院，並略事參觀，其夫人為南通人，談吐頗佳。

3月13日　星期六　雨

職務

聞本公司出品啤酒今年在滬推銷，上海辦事處所列費用極大，比在青島出售，須虧損若干，比在滬託人經銷亦不上算，適張志智、馬兆奎兩兄由京來函介紹滬商經銷，余即擬與總經理畢天德面商，但恐其強詞奪理，無從掌握其把柄，故正式用函將張、馬兩兄函轉去，請其作復，以便轉達云。翻閱公司致董事會公文，其中有去年工作報告，為各部門所湊成，大致尚清楚，有函送章則十餘種，屬性近於雞零狗碎，文字則多半不忍卒讀，總務處、秘書室兩部分人員終日無所事事，即此少許條文，亦弄不明白，反之訓令、呈文之類，儼然若有其事，殊可哂也。

起居

雨中不能出門，亦無來客，悠閒自在，得未曾有，於是利用閒暇，讀書寫字，此清福殊不易享到，然得之之時往往不加珍惜，不知此等歲月一生中能有幾何，況在如此世變中哉！

3月14日　星期日　晴

師友

上午，劉秉鈞兄來訪，談瑤祥弟入學事須稍緩數日始可到校，因旁聽不及格者凡三十餘人，均須退學，俟彼等均有去處，始可不生其他枝節也云。韓質生夫婦來訪，談及其夫人與吳典祥有戚誼，亟需謀事，余告以此事須慢慢想法，此人昔曾在余家住過，行為頗不檢點，其目前生活並不困難。

職務

中午，約會計處服務政校同學余繼祖談話，囑其調查自齊魯去年籌備以來售給民生企業公司車胎之數量，以便核對雙方是否相符，又囑調查上海辦事處人員姓名別號等，以便與民生核對有無重複，此外余詢其公司人事費用等情形，知董事會支薪者為曾養甫氏八百元、譚嶽泉六百五十元、余六百元，公司則畢天德六百五十元、黎超海六百元，董事均支交通費，而數月來余獨未之見，又以上之差別亦屬不可解者，不知是否曾養甫氏臨去所批定，已不易查出，此外余又詢及關於薪俸之分級累退折扣率一節，能詳道者極少，而有關薪俸之規定則僅有一薪級表，文字全無，其零亂可知也。下午，黎超海協理來談上海啤酒不能委託代銷之原因，謂係因去年開關，今年不能不以全力鞏固，設委商代理，可能半途悔約，或因所規定佣金太少，不夠開支，造成虧累，復詳述去年在滬打開市場之種種煞費苦心，無非表功意味居多，但始終未能解釋自銷利益與委託孰大，可見上海營業所之造大預算、擴大開支，外間所云，俱係事實，黎並謂將以書面覆余之信，俾余可以轉復馬兆奎、張志智之介紹推銷云。

3月15日　星期一　晴

職務

訪廖毅宏副廠長談上海推銷啤酒之方式問題，大約自銷需每箱廿六萬之開支，十五萬箱合共三百餘億，可謂駭人聽聞，又公司資金短缺，發動處理所謂剩餘物資，包括超過三個月之易購原料與超過一年之難購原料，可見此等人已打算一年後捲鋪蓋矣云。晚，余繼祖君送來章則之類數種，又上海辦事處人員名單待遇等，併有總公司支領公費人員等數目表，以為參證。

師友

下午，到民言報社訪楊天毅兄，探詢濟南緊張情形，大致非關軍事動作，軍民之士氣不振，遂有社會之騷動，又談及正中書局印刷所代齊魯公司印啤酒商標，黎超海一再推諉，經以電話大罵並聲言將揭露其缺點，於是就範，訂約印三百萬張，每張四百五十元，揆之無欲則剛之義，此輩有瘡疤怕揭，殆屬實也。與天毅兄同至三新樓洗澡。晚，叢芳山兄來訪，談今後出路，無結論。

3月16日　星期二　陰

師友

下午，到中國銀行訪徐望之副理，並託代辦匯款事，因前日上海褚保三處長匯來一千萬元，未註係何款項，適數日前渠曾來信謂代余保管候寄之大衣遺失，願囑經手人照賠，余已去函阻止，料即此款，遂不敢貿然領取，遂託庶務科以收款人不在青島為理由向中國銀行退匯，午飯後來信接到係永業公司去年度酬勞金，乃向中國銀行查詢，知退匯電今日上午立即發出，因填有密押，不能取消，乃改用向收方式，填具委託書去電向褚收取，此麻煩即因退匯太早而該行辦事太迅速所致也。下午，到省銀行訪張振玉經理，談濟南緊張情形，渠所知者亦不甚多。到市政府訪張敏之兄，不遇。晚，隋玠夫兄來訪，談係昨日由濟南來青送眷者，濟市情形極緊張，各銀行眷屬大半撤退，而軍事上未聞特殊危險，人心之亂反較去年二月圍城中朝不保夕之時倍之，是真不可解也，大致因去年人民尚有信心，而當局者亦有毅力，現則大局每況愈下，均認為北方乃時間問題，於是稍有風吹草動，即有不崇朝之勢矣。隋兄又談行前曾以電話詢問德芳，未能接通，但以日內情形度之，似尚無非撤不可之必要也。

3月17日　星期三　晴曇

交際

中午，到新雅飯店約隋玠夫兄夫婦並以電話約合作金庫龔祖遂副理同到新新公寓吃飯，飯後同至西嶺訪友，余到青村小學訪鄭金娜女士，告以關於託德芳調查畢庶琦君情形，業已去函矣。晚，叢芳山兄在寓請客，到有張敏之、王玉忱諸兄及煙台市警察局長劉馨吾等人。

師友

下午，到市政府訪李先良市長，漫談市政及齊魯公司情形，余略略涉及公司之腐敗情形，彼亦將所聞者告余。晚，廖毅宏、隋玠夫兩兄偕來訪談，多半為關於公司內之種種情形。

3月18日　星期四　晴曇

家事

自一週來濟南時局緊張，逃難者接踵，由官而民，相繼風從，余始終未獲德芳之消息，今日接德光弟及銘祥弟分別由濟及京來信，始知已於前日率衍訓、紹南等到京，即住於銘弟處，但地位窄狹，絕非可以長久，振祥弟談及認為可將衍訓送京其他學校，德芳率諸女到此，余認為此雖係一法，但照時局言之，濟、青均非可久，設能將上學者均在京轉學，或即均以在南方上學為宜，如無法轉學而濟市稍安時即回濟復學，俟夏季到後再謀根本解決，或舉家南遷均可也。

3月19日　星期五　雨

師友

下午，到民言報社訪楊天毅兄，閒談近來各方動態。下午，到本公司營業處訪隋玠夫兄。

交際

晚，應畢天德總經理之約在信號山路吃飯，主客為隋玠夫兄夫婦，以次皆公司內中人員。

3月20日　星期六　晴曇

體質

到琴崗齒科醫院續洗牙齒，緣上週因停電關係，尚有略未洗淨者，今日始完成之，據大夫丁眉卿談及余之齒牙應注意者為絕不可再用硬毛牙刷，因牙齒已漸漸露出根部，久之恐易於動搖也，余已照辦，但已受之影響則不能補救矣，又余牙未有一般之結石，僅有香煙薰黃之處不易洗淨，故決定自十二日洗牙後不復吸煙，數日來亦未感有何痛苦，蓋余之吸食香煙，僅通過口腔與鼻腔，內臟則無癮，停吸無反應也。

交際

晚，本公司董事兼顧問、前麵粉部經理、東亞麵粉公司經理、糧食部特派員吳朗齋在江蘇路廿號寓所請客，到者皆公司同仁與隋玠夫兄，菜甚好，據吳兄談不日將攜眷南旋云。

3月21日　星期日　晴

師友

上午，到李村路訪崔子健局長，不遇，又訪于海洲君亦不遇。省行營業主任胡紹聲君來訪，閒談省銀行新訂待遇辦法及近來業務情形。晚，叢芳山兄來訪，談及此次濟南有人來談省府對此次軍事動作，手忙腳亂，人民對王耀武主席之信心全失，政府維持秩序之力量亦一落千丈，又談及民生企業公司事，余因已脫離董事職務不能再有何主張，但內部意見甚多，毛病亦所在多有，照此情形，凡當初負責集股者不能不對若干股東有一種道義上之交代，而叢兄與崔唯吾先生即其中之重要者也。晚，隋玠夫兄來訪，談決定明日赴京，將謀辭合庫事。

游覽

下午同振祥弟與香南姪游第一公園，並由潘詠珂所長處換來花兩盆，連陰乍晴，游人甚多。

3月22日　星期一　晴

師友

上午，到公司與戴副處長興周到飛機場送隋玠夫兄赴京，所乘為中國航空公司機，一時起飛，乃相偕到滄口本公司橡膠廠訪陳國瑲廠長、陸冠裳副廠長閒談，移時回市區到民言報社訪楊社長天毅，談託其買碑帖事，楊兄近來頗有蒐求，余見其有伊闕佛龕碑及枯樹賦，皆好拓本，又有淳化閣，云係明拓，其舊無疑，此數種均為余收藏所無，遂益覺可珍貴也。

娛樂

晚，同畢委員圃仙及楊社長天毅到華樂戲院觀劇，為戴綺霞演寶蟾送酒，高百歲演古城會代訓弟，兩伶又加入合串四演鐵公雞，但最精彩者為古城會，乃真功夫，餘平平也。

3月23日　星期一　晴曇、晚飛雪

師友

上午，宋志先兄來訪，談因其尊翁來青，故來省視，日內即赴京出席國民大會，宋兄在濟曾為德芳率諸子女買票搭車赴京，據述當時市面騷亂情形甚詳，而車站秩序尤惡劣，現在濟南已有重兵，惟可慮者仍為膠濟線戰事，而津浦路能維持若干日不致中斷，亦殊無把握云。下午，到市政府託張敏之兄代為備函致廣播電台欒台長，請為修理收音機，此收音機係由啤酒廠借來者。下午，到中央合作金庫訪杜元信、龔祖遂兩經理，並催振祥弟到該庫服務事，談竟到上海路民言報社託楊天毅兄在中華書局買淳化閣帖、善才寺碑及龍藏寺碑等各一部，均按一週前所贈之價且打九折，較之現價可低三分之一云，此淳化閣帖雖為珂羅版本，但為十一年所印，近年京、滬、濟均已無存，以視普通拓本，則可貴多多也。

3月24日　星期三　晴

師友

上午，到山東省銀行訪張振玉經理，閒談，聞目前山東與青島均照綏靖捐，青島由動委會財政局辦理，山東則無機構，而其對象則為菸葉一種，為虞滄口一帶有偷漏，財政廳竟囑省銀行青島分行派員前往查緝補徵，同時設有專辦菸葉之裕魯公司則鑑於名不正言不順，不肯下手，銀行經收則可，銀行而辦理經徵，則任何財政制度中未之前聞也，大約省行已推之青島市動委會前往收取矣。下午，到齊東路訪宋志先兄，並拜見其尊翁，贈送水果一籃，宋兄外出，與于雲樵君略談即辭出。下午，到萊陽路訪叢芳山兄，不遇，留字告以前日所託向橡膠廠查詢位置一女工檢查員事，廠方謂無空缺，亦無更動之事，請轉洽前途云。

3月25日　星期四　晴

師友

上午，同鄉王憲忱君來訪，蓋因謀事無成，進一步有所請託者。中午，崔子健局長偕郝硯章君來訪，郝君乃韓世元兄之姊丈，因年事已高，頗慮無適當工作也，刻憑救濟所粥票為生云。

看書

讀祝嘉編「書學」，全書不過八十頁，而內容甚豐富，頗多有趣味之見解，大體言之，作者乃極端推崇包世臣與康有為者，故尊碑抑帖乃其一貫之見解，書之內容凡三部分，第一部分論書法，分執筆、運筆、學敘、自檢、筆墨、紙硯、餘論等段，其重點蓋在運筆一段，闡釋所謂黃小仲「唐以前書皆始艮終乾，南宋以後書皆始巽終坤」之三折法，又永字側勒努趯策掠啄磔八法，採張猛龍、鄭道昭論經詩、瘞鶴銘，賀蘭汗造像，雪峯山詩刻，楊大眼造像，石門銘等之雙鈎筆畫以示下筆送筆之道，極為精彩，學敘一段則推崇龍門造像與張猛龍清頌碑，可謂無微不至，又解釋方筆、圓筆之不同，及筆墨著紙後之雙鈎與單線，以表筆鋒所在，亦極令人神往；第二部分為書學格言，所採有虞世南筆體論、南唐李後主集、陳繹曾翰林要訣、蔣仲和書法正宗、王逸少筆勢論、陳繹曾書法三昧、姜夔續書譜、曾文正公日記、孫過庭書譜、書法津梁筆勢論註、續書譜註、汪珂玉珊瑚網、蔣湘驅書法論、包慎伯藝舟雙楫、康長素廣藝舟雙楫，而以後二種為最多；第三部分為附錄全字結構舉例，首言字之長短直扁，筆畫之主副等，凡舉例一、二百字，次言若干字之分筆先後，有筆順與一般習慣不同者，余以為亦不可強同也，最後為重定九宮格，將九宮格分為七種，一為九宮全格，即將簡單之九宮格，每格復分為四，亦即卅六格，次為長字省兩旁格，即將上格之兩側各去六小格計兩行，三為短字省上下格，即將上格之上下各去六小格計兩列，四為三層方格，即將上格之四方邊線畫出，愈內愈小，僅留方框三個相套，其餘短線全不存在，五為普通九宮格，即分為九個方塊者，六為會字格，即先分四大格，就上兩格加對稱對角線成一人字，乃用以作會合等字者，七為米字格，如象棋盤之將士方框，以上附錄皆採自書法正宗者，綜觀本書之作，雖大半擷取古人所作而加以編次，但能自成系統，且有中心見解，可謂不可多得，余所受其啟發非淺也。

娛樂

晚，同張敏之兄等到青島影劇院觀商河路賑災義演，為票友鄭倩文、藝員楊榮環、陳永玲、許翰英合串之四五花洞與挑簾裁衣，因楊、陳之戲太少，陪角亦差，故無甚可觀。

3 月 26 日　星期五　晴

職務

自去年底董事會成立後，因董事長、常務董事無經常在青未動者，故會務始終未能走上軌道，現雖只余一人在公司內，為完備機構已設定秘書，按事時辦公，余亦每日到會一次，公司關係方面均能配合，但日昨秘書趙少文向總務處接洽接收代管本會印信時，謂已由協理黎超海帶至上海，本將圖記與官章預印空白，後因官章加用地位不能預定，故將官章帶滬備用，此事之意義為公司一貫作風之一縮影，即公司雖成立而籌備處時期之傳統仍舊維持，雖董事長、代理董事長均在南方，此間遇事仍不與其他董事商酌，而為完成形式，遂利用曾養甫氏加以遙制，此種操縱把持，且不明體制，為任何機關所未前見也。

師友

晚，李先良同學在寓招待在青全體政校同學，先行聚餐，係用自助方式取煮好之麵條自就食案加以作料，持回圓桌自食，如此六十餘人有三圓桌即已足用，且不甚浪費時間金錢，飯後用椅圍客廳邊牆就坐，首由李同學報告今日集會意義為報告此次赴京交涉煤糧及救濟難民之經過，交換在青工作同學之意見，並藉機歡送赴京出席國民大會之石鍾琇、宋志先兩同學，詞畢先後致詞者有宋、石及其他一、二同學，末因幹事有宋志先、高希正、逄化文三人出缺，經改推余及張敏之等為繼，報請同學會派任，至十時始盡歡而散，先後歷時三小時，聞在青同學計八十餘人，今日出席者六十餘人，亦相當整齊矣。

娛樂

晚，同廖毅宏兄等到青島電影院觀劇，為救災義演，由陳永玲、楊榮環合演「娟娟」，余等到時已演其半，此劇即玉虎墜，娟娟者披孝衣為父守喪之少女之小字也，河南梆子之演出余曾見之，京戲則尚為初次，而情節則完全相同，以花衫為主，陳之台步表情均臻至當。

3月27日　星期六　晴

交際

中午，民言報社社長楊天毅兄在公園飯店約宴，到者有招商局經理方重、中央銀行副理王季雨、交通銀行經理王紹季、中國航空公司沈處長、中央航空公司主任薛之同、合作金庫經理杜元信、省銀行經理張振玉、平民報經理張樂古及伶人顧正秋、張正芬、吳筱蘭並其藝師關君，聞此關君乃上海戲劇學校主持人，曾赴美公演，彼等已排熟出演雁門關，正排練中有梅玉配云。

師友

下午，到天成商行訪郭叔濡君，不遇。晚，叢芳山兄來訪，閒談市黨部內情形。

3月28日　星期日　晴

師友

上午，王琇女士率其女王家珠來訪，託為其家人數人謀職工位置，據稱生活十分困難，因逃難來青之人口太多，有充碼頭小工不足一飽者云。上午，于文章君來訪，據談日內即有差船去煙台，余再託其到煙後為昆祥弟謀中農行事，于君此次赴煙已無煙行名義，交接後即回青島，將來郭鎮梁副理兼辦事處主任，即行久居煙台矣，渠對昆祥弟事當幫忙。

娛樂

晚，同于文章君、于潔如女士等觀義演於青島電影院，為京戲全部玉堂春，嫖院及關王廟為票友鄭倩文，起解為許翰英，會審為楊榮環，探監為許翰英，團圓為陳永玲，以會審一段為最佳，許翰英次之，而陳永玲之戲只有十餘分鐘，不過表示全體登台而已。

3月29日　星期一　晴、有陣霧

師友

上午，崔子健局長來訪，並有于志涵及電話局另一同仁，閒談。下午，畢天德總經理來訪，不遇。

游覽

下午，同振祥弟率香南姪到水族館、產業館一帶海濱游覽，水族館昨日起始續開放，其中有貯水窗格環繞一周，但均已將水放空，其中無何魚類豢養，僅有各標本室內各項水產模型，又院內養有海豹一隻，圍觀者為堵而已，產業館各項陳設多係日本佔領時期所遺留，其中有山東各地物產之樣品、工廠設備模型，又有各地重要物產分布狀況之大模型地圖，中有指示若干種類別之霓虹燈管，貫穿縱橫，極富教育意義，此外則有分設之海州、煙台、濟南、淄博等陳列部分，頗能表現各該地之鄉土性，至於標本方面亦比水族館為精彩，所陳列之長腳蟹長在丈餘，為世界最大者，又有企鵝、長尾雞等，亦為奇觀也。

3月30日　星期二　晴

職務

月中任用趙少文為秘書，曾函報曾養甫董事長，本係備查之意，今日將原件批後寄回，照准但公司困難，以後勿添人為要，批回之意在後半段，其實董事會辦事人員尚無一人，譚嶽泉所介紹之秘書，並未到職，是否支薪尚待查明，何謂添人，況公司支給兼薪之顧問董事等，實繁有徒，其為不經濟可謂已達極致，未聞縮減之道，奈何由一職員身上打算，可謂明察秋毫而不見輿薪矣，否則即係曾氏之有其成見，此舉適示人以不廣，充彼之意，此公司非彼所延用人員決計不能相信也，故董事長、代理董事長均可不在青而遙制，彼等僅負其名，而由總公司本身負責辦事，以示其門戶之深也。

3月31日　星期三　晴

師友

下午，張振玉兄來訪，談及省銀行待遇辦法自不久以前確定按照公務員指數發薪辦法發給米貼照舊外，最近又已提高，不知係何原因，按新訂辦法，薪俸部分除照指數計算外，尚照加三成，此三成為以前國家行局所實行近聞已取消者，膳費本按六斗米計算，現又改為兩級，練習生八斗，以上人員一石，此項規定亦不知如何根據，但較以前則略有提高也。下午，訪張敏之兄於市政府不遇，傍晚彼來，謂崔唯吾先生來信因立法委員選舉票數為候補第一名，深責選舉監督孫典忱之不予協助，且謂有票數不實之情形，希望余二人向孫典忱處代為交涉一切云。下午，杜元信經理來電話，囑振祥弟明日起到合作金庫辦公。

記屑

街頭乞丐特多，余遇一丐，見余買葡萄乾取出鈔票，即緊跟不捨，余因均係萬元以上之鈔券，以此發付乞丐，尚與一般習慣不合，遂未開付，但此丐並不灰心，竟向前截余去路，因之大為憤怒，本欲付以萬元券者，至是亦決心不理，凡十餘分鐘此丐始灰心而去，然余又悔不應與其負氣，蓋此日生計艱難，聞行乞者亦因通貨膨脹而難得一飽，萬元不過一、二分錢而已。

4月1日　星期四　晴

師友

上午，于永之君陪同新任棲霞縣長鄧必豐字文侯來拜客。下午，到直接稅局訪謝松雪兄，閒談。下午，到萊蕪一路訪孫典忱兄，展閱其所藏各種珂羅版碑帖，又談及崔唯吾先生之立法委員選舉所得票數問題，謂榮城縣曾在一月十八日亦即省方核准之日期以後，續送選民一萬餘人，經與縣府商定因不合規定為不能倒填日期即可不報，遂即刪去，此票亦未必即為選崔氏者，故崔氏少得一萬票之計算並與事實不符，望余復信時加以解釋，此次得票次序尚未公佈，四區應為正式六名，候補六名，現按票數計算，為劉振東最多，依次為葛覃、初香山、劉志平、林鳴九、牟尚齋、崔唯吾，故崔氏已成候補，此外有必須讓出之青年黨一名，為隋樹森，何人可讓當不一定，因既可按票數最少者讓，亦可按提名最後者讓，前者應為牟，後者應為林，設崔為牟，亦非全無讓出之可能也。又談及共區內之實際情形，工作嚴密，組織單純，故決非政府方面之敵，如照此種鬆懈貪婪無效率之情形言之，戰事前途，殊可悲也。

娛樂

晚，楊天毅兄約至永安觀劇，吳筱蘭大劈棺，平平，顧正秋、胡少安、張正芬紅鬃烈馬，極佳。

4月2日　星期五　晴

師友

下午，到聊城路訪棲霞縣長鄧必豐不遇，又訪民報傅霞山兄，亦不遇。下午，到市政府訪張敏之兄，示以復崔唯吾先生之信，係關於四區立委選舉問題與孫典忱專員接洽之經過。晚，畢天德總經理來訪，談本月內譚嶽泉將代表曾養甫董事長來青舉行董事會一次，但亦頗有主張在京滬舉行者，因散處京滬之董事人數較在青者為多也。又談隋玠夫兄活動本公司總稽核事，彼表示甚為歡迎，又談及公司財務方面之種種困難，一時許辭去。下午，楊天毅兄同方運承同學來訪，方君任本市建築師，頗欲在公司有一名義，余晚間與畢總經理談及，頗有希望，又關於余前日所交與畢之志願服務人員名冊，亦希望早日核用云。

4月3日　星期六　晴

師友

上午，濟南交通銀行季獻之經理來訪，談及濟南市面情形，及渠上次赴滬與趙總經理棣華晤面，趙氏曾詢余之情形，余問季君詢余是否即如此在齊魯清閒下去，余謂將於過夏後再說，此等詢問余一面覺得關切，一面則多有感慨，余在國家社會絕非毫無貢獻之人，而如此投閒置散，且給以相當高之待遇，於公於私，均為一種莫大之浪費也，談十數分鐘，辭去。下午，到民言報社訪楊天毅兄，託登沈炯齋先生事略，並同至市政府舉行同學會通訊處幹事會，決定出席本月下旬同學會代表大會之代表人選，並決定將在此同學分為若干小組。

交際

晚，同畢天德總經理在順興樓請客，到者有濟行季經理獻之，此外為中國農民銀行戴經理與馮經理，中信局及交通行副襄理等，本有中農行郭副理，未到，聞去煙之期仍未定云。

4 月 4 日　星期日　晴

師友

下午，到萊陽路四十五號訪叢芳山兄，談崔唯吾先生之立委選舉準備興訟事，約定晚間再約張敏之、張秀峯兩兄至余處商談，至時果來，決定辦法為先搜集此次選舉弊端，以便下手。下午，陳以靜兄來訪，今日由濟南來商洽農貸事，據談濟南已轉穩定，但人民信心已無云。

游覽

下午，同謝松雪兄到太平角、湛山寺及第一公園一帶游覽，並順道訪榮成路于子久兄不遇。

意外

上午，攜香南姪到中山路市場三路一帶購物作為兒童節禮物，行至四方路，發覺 51 鋼筆已不在，知被竊矣，余本以為青島不如此混亂，故未防，乃有此失，余今年流年不利，破財當可免災矣。

4月5日　星期一　晴

師友

日昨遺失水筆，曾函中區警察局蕭局長漸逵查緝，今日蕭兄來訪，值余不在公司，比即到局訪談，據謂現在盜竊者無固定系統與組織，恐甚不易為云。到交通銀行答訪季獻之兄，不遇。到中國旅行社答訪陳以靜兄，不遇。到本公司中山路樓上訪由京來青視察黨營事業之中央監委會科長上官俅與中央財委會專員惲國鈞，據談此來任務為催辦市營各黨務事業之合法手續，至於齊魯公司則已上軌道，不過順便加以觀察，預定七日以前回京云。

4月6日　星期二　晴

起居

余近來生活悠閒，為十年來所無，大體上午起床後寫日記，看本市報紙，寫大字，有時再閱外埠報紙刊物，午飯後小睡片刻，到辦公室處理或有之文件，自數分鐘至一小時不等，於是至市場書肆採買，或往訪友人，回寓晚飯後看書或聽收音機，十時至十二時間就寢，如此情形本為生活忙亂期間所夢寐以求者，但久之亦復生厭，蓋感覺時間浪費，對社會未能效其力量也，於以知人心終不能滿於其所遇，其實在此時代，能有健康身體，坦白心情，應即已足也。

4 月 7 日　星期三　晴、有大霧陣

交際

中午，廖毅宏副廠長在同豐樓請客，到者中央監察委員會上官俅科長、中央財委會惲國鈞專員及民言報社楊天毅社長等，食煙台雞蛋麵、海螺等，對蝦則未能買到。

參觀

下午，同上官科長、惲專員等到青島觀象台由王華文台長引導參觀，此台在國內為設備完善之天文台之一，余等所參觀者有地下恆星鐘，據謂每年只差三秒，為授時所必需，又風速風向紀錄，皆用自記式，至晚即取下可用，又有地下溫度記錄，分深淺十餘種，雨量記錄亦用自記式，此皆德人時期所設備者，偏南為一圓頂高室，內置大望遠鏡一架，用為觀測星象者，屋頂以電力活動，可以向任何方向敞開，鏡頭凡兩塊玻璃，一為肉眼觀察用者較小，一為攝影用者較大，因在日間不敢窺望，蓋陽光太強，灼眼可致盲也，此鏡乃我國以庚款所補裝，據碑記所云係購自法國，其時值國幣二萬餘元，參觀一小時半而辭出。

師友

到蒙古路二號訪大信工廠趙智遠經理，渠今晨曾來訪，余尚未起，下午往訪詢其有何事，知係為所出碳酸鈣售之齊魯公司希望能進行轉趨順利。訪李世忠同學談崔唯吾先生選舉事。

4月8日　星期四　大霧

交際

中午，約中央監察委員會科長上官俅及中央財務委員會專員惲國鈞等在京興樓吃飯，到者尚有楊天毅社長為陪，此館之烤菜頗佳，其他則平平無足道也，席間楊兄談及昨日發覺之青島公報社社長侯聖麟被害案，甚為複雜，聞此人生前縱橫捭闔，在政治上極起作用，而凡事對人利用支配，無所不用其極，於是無形中樹敵甚多，在政治上無術應付時輒起殺機焉。

師友

下午，到市政府訪張敏之兄，談崔唯吾先生競選事，如何進行補救，彼允先與叢芳山兄研究。

4月9日　星期五　晴

游覽

下午，楊天毅兄來約同南京來青之惲國鈞、上官俅兩人到市東區一帶游覽，計到太平角觀青島公報社長侯聖麟屍體發現處，並在附近散步，見有美軍向海水練習打靶，有信號燈類似我國民間所放之焰火，由此轉至湛山寺，殿前玉蘭盛開，報社攝影記者李君在花下為攝照並以寺外浮屠為背景，景色絕佳，出寺後至匯泉角沿山海關路一帶第二海水浴場沙灘，以海面為背影拍照數幀，再至匯泉第一海水浴場，此地為最大之浴場，木屋林立，但屋為難民所居住，盤桓至薄暮，楊天毅兄招待至匯泉青島咖啡吃飯，此飯店尚為余初次到，面積甚大，兩側互相望視，不辨面目，中為舞池，余等尚未見有婆娑起舞者，但設備甚佳，聞週末及夏季游人多到此消受，窗外即為難民所住之浴場房屋，鱗次櫛比，所謂中國飢饉上海跳舞，本為一隅寫照，此間則一場之隔，對照更為強烈也，飯後八時餘始返。

師友

晚，同上官與惲君同訪葛覃、劉巨全夫婦，閒談中央財務工作與齊魯公司概況，頗多感慨。

4月10日　星期六　晴

師友

上午，到中山路本公司樓上約同惲專員與上官科長到青島咖啡赴市黨部主委葛挹純氏之早點約會，至時在座者尚有楊天毅兄，餐間閒談國民大會所鬧各種笑談，均有匪夷所思之感。餐畢惲與上官動身赴飛機場回京，余與楊兄到山東省銀行訪張振玉兄，據談本擬赴濟一行，因總行電復不准，故又作罷。下午，到市政府訪張敏之兄轉示崔唯吾先生來信，囑轉託李世忠律師代辦選舉訴訟，當將來件交張兄處與叢芳山兄會商辦理。下午，到青島公報社訪王玉忱兄，道賀其新任社長，並談及侯聖麟被害內幕。

4月11日　星期日　晴

師友

上午，省立臨中王校長秋圃及事務主任張繼先來訪，談及蔣嚴菊兄近來思想行動均有不可思議之處，而舊友均不願見面，其夫人則政治思想另有見地，對彼之影響不小云。又談及瑤祥弟入學事，謂下月學生自備一部分麵粉即消耗完畢，屆時可以入伙，至學校宿舍居住，亦可設法，一月餘以來所交涉之住校問題，現在始告解決。上午，姜香山同鄉來訪，代表同鄉會前來募集基金，彼知余非富有，故只希望捐五十萬元，余因姜君甚重義氣，前次競選國大代表時因甚協助，彼與余初無淵源，有此實為難得，故即捐一百萬元。上午，齊魯公司服務同學余繼祖君來訪，閒談公司情形，尤其財務方面，豈乎無可周轉，對公司內主持人之遇事束手，均有根本懷疑之處。余君又轉達會計處長蘇雲章同學之意見，謂營業處尚無與吾人接近之人，可將余向畢天德總經理介紹之會計候用人員薦至營業處云，余知此係日前畢與余談天時，所提及余寫送介紹人名單中之會計人員如有缺額或需要人員時請先設法，畢允即與蘇商談，此反響殆即畢已將此意向蘇提及後而來也，其實蘇君此等以親切表示為手段而達到推諉之目的之企圖，在泛泛關係之人尚可出之，在同學關係中如此表示，予人印象徒覺弄巧成拙而已，其實據云會計處並非不需添人，然則彼之此種表示，豈非成為向畢表示其無學校色彩，以此博得彼方之歡心，此等作風，殊無所取，無怪乎財委會朱國材兄去年即向余談及，謂蘇君雖為財委會所派，但與畢等已有關係，寖成不能受命之現象，所言實不為過也。

職務

晚，齊魯公司協理黎超海來談赴滬經過，據謂係今晨由滬回青，在滬晤及公司關係人員，希望能於本月內舉行常務董事會一次，曾養甫董事長刻在滬，已將台灣一行之議打消，準備赴杭州一游後，即行來青，大約須在下月初間，又代理董事長譚嶽泉已將現任之湖北建設廳長職務決定辭去，聞省府改組後發表新任廳長為楊綽庵，譚此次改就，大約不至再度落空矣，黎君又談及上海工商業極為蕭條，各業均有外強中乾之象，設法向台灣、香港發展者甚多，又公司借款事正謀將一部分改為新規定之國策貸款，庶數目可較大，而手續可簡捷，否則資金取給將有無法解除之困難與日俱增也。

4 月 12 日　星期一　晴

師友

下午，到民言報訪楊天毅兄，取來前數日先後到觀象台與匯泉一帶拍攝之照片，其中有余參加者共十一幀，另有風景照兩張，均甚清晰，又見濰縣專員張天佐等之乞援電報等甚為急切，可謂危在旦夕也。晚，于文章君來訪，談赴煙台之期仍尚未定，因時局不寧，意存觀望，但恐稍緩數日後仍須前往，蓋農貸中之漁貸部分，煙台佔數極大，即普通農貸亦不可緩，設非煙台急遽惡化，長此拖延，並非即可了事，惟昆祥弟之事因此而夜長夢多，則可焦慮也。

4月13日　星期二　晴

師友

上午，到中國銀行訪孔士諤經理，閒談公司事。到直接稅局訪謝松雪兄，並同到市場選購零碎物品。上午，到金口一路十三號探望中國銀行徐望之副理之病，正睡未晤。下午，楊天毅兄同到三新樓洗澡，因非有關係者盆湯並不開放，楊兄與該樓相識，故同往也。

交際

晚，交通銀行王紹季經理在行請客，到者中央、中國、合作金庫、中信局、儲匯局等行局經理與中紡公司及各石油公司經理，另為津浦區鐵路局在青人員，均係工商金融交通界人。

4月14日　星期三　雨

瑣記

上午，有女客持函來見，拆視係前先志中學曹壽全先生所具，介紹先志中學同學劉統玉君之夫人鍾女士前來謀事，劉統玉君余恍惚猶似記憶其姓名，但不能詳憶，據鍾云，劉君已於去冬故去，遺有子女五名，最長者亦只十五歲，實屬無法維持，但其本人學歷未能言明，故甚難確言，僅又託余轉函張敏之兄介紹為難童教養所任事，余因有曹先生來信，當不至來歷不明，故亦即代為備函，鍾在余處因避雨枯坐兩小時，仍未雨住，經代為覓雇人力車，始行辭出，此等事殊煩神也。

4月15日　星期四　晴

交際

晚，中央合作金庫杜誠之經理在寓約宴，到有中紡青島分公司經理范澄川，齊魯公司畢天德、黎超海、陸軍總部新聞處副處長張功鑄、中央銀行青島分行奚勉之經理、中國銀行青島分行孔士諤經理等，菜餚甚豐，九時始散。晚，中國工鑛銀行于希禹經理及陳雲章、江儒成兩副理在萊蕪二路一號請客，到有遲鏡海君及省銀行張振玉經理等人，余因杜元信兄處堅不放行，故到此未入席即行辭出仍回棲霞路杜寓用飯焉。

4月16日　星期五　晴

交際

上午，到萊陽路三號慰唁葛覃主任委員封翁逝世之痛，應送喪儀已由公司合併辦理。

游覽

上午，同孫典忱曲蘭華夫婦到第一公園看櫻花，園內櫻花路兩側之櫻花樹均已盛開，間有出葉而花甫含苞者，有類梨樹或桃樹，頗為特殊，櫻花係粉紅色，單瓣如桃花相似，先開花後放葉，但花極密集，故遠望絢爛如錦繡，在青觀賞櫻花，為余生平之初次，聞開僅數日，刻正盛時，本星期日以後即將謝落，大約前後不過一周左右云。

師友

下午，廖毅宏副廠長來談公司情形日非，業務重心仍極力向上海集中，以致財務周轉極感困難，彼主各廠分立，以期趨向合理之經營云，又談啤酒廠刻有一低級職員缺，希望由余弟擔任，但振弟已就合作金庫事，昆弟則召之始來。晚，到啤酒廠廖毅宏兄處吃飯，在座尚有蘇雲章處長、陸冠裳副廠長夫婦等，湖南臘味極可口。

4月17日　星期六　晴

交際

晨，到萊陽路三號為葛覃主任委員封翁弔喪，彼今日為正式開弔之期，行禮後有留余在葛宅充招待員者，余見不可推卻，亦即允之，但坐二小時即退，因余在青不久，熟人太少，不能善盡招待之責也，今日葛宅喪禮，除用中國樂隊外，其餘全廢舊禮，孝子亦鞠躬謝客。

師友

上午，到市政府訪張敏之兄，談有王琇女士為其子進行難童收容所事，張兄允注意，又談及崔唯吾先生將為立法委員選舉事呈控孫典忱專員事，據張兄意此等事大可不必進行，因理由而外並無證據，且所引條文又亦不相符，已另由律師李世忠兄函崔氏說明矣。

4 月 18 日　星期日　陰

師友

上午，廖毅宏副廠長來訪，知啤酒廠廠長朱梅太太今日去滬，乃至廠相送，已行，在廖兄處午飯。

交際

下午二時到勵志社參加省行行員黃志均與王峻菱女士婚禮，向其家屬道喜後未待舉行即返。

游覽

下午，同謝松雪夫婦及振弟等到中山公園觀花，園內櫻花盛開，以進大門處為最多，北行亦有一段，東偏則紅白相間者為木筆與玉蘭，勝於櫻花，游人多如過江之鯽，車水馬龍，雖山會無此熱鬧。

職務

晚，畢天德總經理來訪，談曾養甫董事長曾委託孔士諤代表召集常務董事會一次，商定日期，當即決為廿二日，代理董事長譚嶽泉不來，余致曾信不復，而託孔為之，甚矣門戶之見之深也。

4 月 19 日　星期一　晴

師友

青島山東省銀行張振玉經理來訪，送閱尹文敬與田叔璠二人致彼之函，對請辭事不准，大致短時期內或無問題，又謂煙台行奉令緩設，故由時局言之，煙台恐尚不能寧靜也。黃志均與王峻菱兩新婚夫婦今日來訪，乃答謝昨日結婚前往道賀者。下午，接崔唯吾先生來函，對四區立委選所主席委員孫典忱之呈控，決心發動，乃約叢芳山兄先談，繼於晚間加約張敏之與李世忠兩兄會談，認為此次立委選舉根本並非由選民投票，各級行政機關既奉省令必須照名單產生，而四區則未能照辦，自屬主管選舉者未能奉行命令，換言之亦即未能為合法之舞弊，今呈控其選民人數不實（超出國大投票時之選民十倍），以致整個四區立委選舉歸於無效，理由自屬充分，就其影響言之，則區選所應付不善，自難免省選所之譴責，如此目的即已達到，勝訴敗訴無關也，此事即交李兄經手辦理云。

4 月 20 日　星期二　晴

師友

上午，宋志先兄之襟兄柳鳳章君來訪，談尚未謀妥工作，仍願至啤酒廠，余謂目前尚有困難，蓋廠內添人須有缺額並向公司請薦也，柳君談及齊魯各廠現正售賣廢料，為避免招搖，不採投標方式，購買者須憑人事關係，余知此係資金不足之籌措方式，又照公司過去作風而言，此等事亦不免有流弊發生云。晚，啤酒廠廖毅宏副廠長來訪，閒談公司情形，堅主各廠獨立，余謂目前公司制度無人能予以確立，蓋最高決策人為董事長曾養甫氏，曾氏早已表示，興辦實業絕不能官廳化，既交公司辦理，即不必由財委會事事過問，故事實上財委會雖為上級機關，其權力實不若曾氏之大，曾則受此輩宵小包圍，對北洋系統儘量烘托，對政校同學之參加，則儘量誇大為有攫取之志，於是曾氏與此輩無形中形成相依為命之勢，中央既不能改變曾氏，則此公司即只能如此拖延下去，財委會對公司又似本身之事，又似事不關己，肥瘠任之，如此將影響公司將來之基本也。廖兄又告余畢天德曾揚言余思為此總經理至於病，不肯就民生公司（其實只彼一種說法，彼對民生根本不願辭去），亦為苦思染指齊魯，但彼決擔任總經理三年云，此等話可謂無意識之至。

交際

晚，中國銀行孔士諤經理在大學路請客。晚，黎超海協理在寓請客，余到即辭去。

4 月 21 日　星期三　晴

職務

上午，趙少文秘書將明日常務董事會議議程編就，並將其所接總公司報告事項與提案納入，此項報告與提案均無本件，不過錄一案由，報告將總經理、協理、各處長分為三項，余為之併為一項，即為總公司報告，蓋協理及各處長並非另一單位，且並未正式通知其列席，其屆時參加乃總經理率領而來也，提案文字則極支離，略加修改亦即列入，下午將議程送畢天德總經理一閱即行付印，當時拖泥帶水之事又復不少，譬如以公司備文所送之各項章則內有撫卹規則一種，畢云並未定如何實行，詢悉知係總務處送秘書室行文者，將改送一文表示撤回，此外畢又將已經財務委員會核定之事主張由議程內刪去，余以為不可，因董事會與財委會各有其不同之責任也，畢君頭腦之無條理，往往如此。

師友

下午，到中國植物油料廠訪張凌雲同學，渠甫由津調來青，日昨來訪未值，余即代寫介紹單一紙請逕向通信處報到。到廣州路小學訪曹壽全先生，不遇，留片。

4月22日　星期四　晴

職務

上午，核閱總公司各處報告書及各廠報告書，因內容體例不一，而多涉拉雜，故未能全部閱完，但因其拉雜，容於暇時再行一閱，或可參得若干消息也。下午，舉行公司第一次常務董事會，由孔士諤出席（代表曾養甫先生），畢天德總經理率各處正副處長列席，且逐一報告，其實無如此繁瑣之必要也，僅報告即歷時兩小時，討論佔一小時，其中最重要者乃公司資金問題，幾乎每日須張羅頭寸，銀行貸款尚無眉目，討論結果無非再行洽請借款、收購、訂貨，乃至設法銷貨等辦法，此外亦無特殊之好主意也，關於借款事，畢曾於申請四聯總處後函請中央財委會朱國材秘書請陳果夫先生向總處接洽，頃接覆函已轉陳並函有關方面，並奉批請曾養甫先生或譚嶽泉先生赴京分頭進行云，此中意味，實耐尋繹，因公司方面往往認為曾先生乃唯一無二之主持者，彼則又親自提出以譚君代表其董事長，今遇此等重要事項反須中央財委會代為奔走，至少在會方不能毫無芥蒂，即由此等情形而論，此公司前途即難樂觀也。晚飯後散。

娛樂

晚，同學會通訊處在迎賓館舉行大會，討論分配小組問題，並放映電影「再相逢」，張道藩編劇，故事頗悲壯動人，但最後高潮不夠有力，處理題材極嚴肅，饒有教育意義也。

4 月 23 日　星期五　晴

師友

李世忠兄來電話，謂關於崔唯吾先生委託辦理選舉訴訟事，已經與法律有關方面再三研討，因告訴已過法定期限，法院絕對不能受理，故無法進行，經即與張敏之兄聯合函崔先生，並詢如何補救。晚，叢芳山、張敏之兩兄來訪，談崔唯吾先生之選舉另有補救辦法，即完全由行政方面設法，亦即仍用縣政府向省府請求報告選票之方式為之，如此既可避免興訟耗財，復不致將此區整個選舉歸於無效，牽動太多，二人本約張秀峯局長亦來，因久候不至，乃單獨往訪文登、榮成有關人員，洎張兄來，余告以此事，渠閒談數分鐘即去。

4月24日　星期六　晴

職務

公司各處室工作報告已經送來者計十二單位（包括各廠），此種報告雖全係隱惡揚善之作，但由字裡行間，仍不難窺知其中虛實，故今日起加以詳細研討，並摘錄要點，以備參證，於核閱之間果有發現若干文飾誇張之處，又各處有連帶關係者亦有不合轍者。

家事

五弟昆祥來電云，於日昨由煙台動身乘船來青，同行者有振弟岳家關係人李儀堂之眷屬，日間振弟婦與余商量在其房屋未能修好以前預備借住廚房，余表示不可，因來者尚有昆祥，豈非無地可以居住，若與住於振弟夫婦室內，極不方便，且此係公司宿舍不可如此也，晚間與振弟亦言及不可，但九時餘彼等下船，尚有姑丈姜仁山先生，均直趨余處，姑丈乃長輩故臨時同榻，明日表妹姜慧光必有安置，李之一家又託振弟來商量借住數日，余仍告以不可，如確實經濟困難，由余補助借貸居住逆旅數日均無不可，振弟唯唯。

4月25日　星期日　晴

師友

下午，市黨部葛主任委員挹純來寓謝孝，順便談及趙世偉因侯聖麟案被押，據云絕不類有此嫌疑者，其實市府甚至認為葛亦為主使者，則內情複雜，不可因一言而定可否也。公司服務之余繼祖同學來訪，據談公司內有若干措施不能令人無疑，譬如代上海市民食調配委員會購花生米榨油，生米係在上海購進，油則以存油撥付，但購進生米又在青島令商家代出發票，辦理此事又不透過購料處而由黎超海主持一委員會辦理之，均覺匪夷所思也。

游覽

下午攜香南姪到第一公園果園路看盛開之桃花，木筆櫻花則已闌珊矣，盛衰真無定也。

4月26日　星期一　晴

職務

中午，大信化學工廠趙智遠經理在青島咖啡約吃飯，謂將與其夫人來訪，經余說明眷屬尚在濟南而罷，渠今日託余為其公司出賣碳酸鈣事希望余能在公司內予以維持，一為希望仍換車胎，二為如不能換胎，價格應加以維持，三為數量上應為整車，以便運送。下午余將其意以電話轉告公司黎超海協理，晚間黎君來談謂仍可換貨，其餘兩點亦與購料處主管人談過，此廠出品較津貨價高貨低，但因對此廠不能不加維持，故未完全由價格上著眼，今後仍當如此也。

師友

崔唯吾先生由京來函，對立法委員選舉仍堅持起訴，下午持信與市府張敏之、張秀峯兩兄商洽，知行政上補救辦法已有眉目，此項補救乃暗中進行，與公開起訴不能並行不悖，晚間敏之兄再來商量並與叢芳山兄通電話詢其辦法，知已具體化，故本函亦由敏之作復云。

4月27日　星期二　晴

家事

上星期六來青之姜家姑丈及二弟婦戚屬李儀堂家眷已於昨晚及今晨分別移出，姑丈移至大昌旅館其本家處，余於今日下午往探視，其地甚嘈雜，僅可暫住而已。

4月28日　星期三　晴

職務

董事會秘書語余，董事會亦即董事長官章前次黎超海協理攜至上海交曾養甫董事長後，黎君回青並未帶回，故現在董事會對下行文件尚可用圖記，對上行文件即無法發出，換言之即董會對財務委員會應辦事件須統由上海辦理，此事與曾氏之不在公司而指定譚嶽泉代理，譚亦不在而董會竟無下文，同屬離奇現象之一，又此項官章在余春間未回青以前尚在總公司，余到後始帶申，故究竟是否總公司奉命或未奉命不肯交出，殊難臆斷，總之此等事均出乎機關常情以外者也。晚，公司服務同學余繼祖君來訪，談薪俸折扣辦法又將改變，但此等事董事會竟不能前知，亦咄咄怪事也。

4月29日　星期四　晴

師友

上午，籌設煙台山東省銀行之史紹周君返青來訪，談及煙市情形敗壞之極，尤其兵役機關抓丁放丁，市政機關與警察機關狼狽為奸，照例賣放需金三兩，又壯年人口不准外移，故如戶口註銷亦須有金錠以為代價，結果人口只出不進，餘留者均老弱不事生產者，就食其間，工商業凋敝不堪，如此如謂可以長久，殆無人能信也。下午，張敏之、叢芳山及楚金洲兄等來訪，約談關於崔唯吾先生來電關於競選立委之補救辦法事，崔氏來電本謂司法問題已請選舉事務總所轉法院將起訴時效一節予以補救，余等研究結果，認為行政方面更為重要，其方法即依據以前榮城縣選所呈請魯東行署加增一萬票之呈文，經由青島榮城選舉辦理人楚金洲等備具呈文報告省所，省所據此即將票數改正，此項呈文已由叢兄代為辦就，但楚君為表示慎重計，不肯即行蓋章，今晚談商尚無結果，俟明日再作決定。晚，于子久君來談其所住榮成路房屋必須搬家，經請公司借款作為頂費另尋房屋，至今未允，因無前例，且恐財委會有所責難，故畢天德總經理謂如余能向其有所表示，比較方便云云，余即謂此完全為一種推諉之詞，蓋余到公司以來未見其有何重要事項須得余同意始行者也，于君後又堅主由余致一電話只謂于君無房居住，請儘量為其解除困難，不言內容，余始允照辦，據于君云，黎超海在滬住房曾頂與公司得金條十根，而其姊仍在內住三分之一，此等事可辦，獨借款不能辦，咄咄怪事，其所談諒非虛語，由此亦可見何以如于君者以一科長而能多所要求矣，上樑不正下樑歪，其此之謂歟？

游覽

下午同姜仁山姑丈、姜慧光表妹及昆弟等同到湛山寺游覽，寺內玉蘭已謝，而白丁香與雙櫻則盛開，牡丹、芍藥均含苞欲放，又是一番景色，歸途經中山公園，亦往一游，園內東偏植夾道海棠已盛開，均為粉紅色，櫻花則殘餘無幾矣，由此復東至果園路一帶，桃林多抽綠葉，而紅花漸萎，以視上週遍山如火者，又不相同矣，園內有點綴成趣者則各色之雙櫻，花如海棠，葉則為紫色，花有粉紅大紅及白色等類，均作複瓣，以較櫻花，則豔麗多多矣，花事如此之盛，設在太平年月，殊足引人入勝，今則餓莩載道，湛山寺及公園附近乞討為生者難以數計，此對照殊為強烈而使人極不愉快也。

4月30日　星期五　晴

師友

上午，蔣荃傳兄之兄公五來訪，據談來青已經數日，即住於其弟寓，託為其姪謀事，余詢以其弟近況，據謂自救濟分署結束後已赴京、滬、平、津謀事，由其地點不定一點言之，似不如此簡單，而其在青期間又極力設法避免見面，均為可疑之點也。昨日于可長託詢畢天德之事，于君今日以電話催辦，余乃與畢君通電話，據謂公司為其支配宿舍，渠嫌太少，乃請求借美金二千元作為頂費自覓房屋，目前公司無處居住之高級中級職員尚多，斷難滿足要求，云云，余因已受託代傳意見，目的無他，故未表示其他，但知其結果一定如此也，畢君所應反省者即公司職員何以能發出此種非分要求，其故可深長思也。

起居

一月餘以來，余在青生活秩序，又形成一種新習慣，晨起看本地報紙，作日記，磨墨寫字，自一百至二百不等，近已將龍華碑臨一遍，龍藏寺碑則已臨兩遍，現為第三遍之開始，於布局下筆，多所體會之處，午後聽收音機小睡，至公司辦公，順便到書肆瀏覽新刊，回寓後聽廣播英語四十五分鐘，晚間則聽娛樂廣播節目，看上海報，甚少出門。

5月1日　星期六　晴

職務

總公司自二月份起將待遇辦法改變，乃係鑒於公務機關待遇已將超過本公司，故將累退折扣之等次及折率加以調整，使各級人員均可略略增加，以余之待遇言之，約加增百分之二十，此項措施，自屬合理，但公司對此類事項，全無合理手續，余初向其索待遇辦法，謂並無此項辦法，只有一薪俸等級表，至於如何照指數加成，及如何逐層折減，則只能口頭說明，並無何等條文，此次之改定，又屬類此，僅據聲稱已在滬向曾董事長請示，奉諭可酌辦，亦不肯定也。

5月2日　星期日　晴

師友

下午，張敏之兄來訪，談崔唯吾先生之立委選舉補救事，因前日楚金洲君尚在考慮，又託張秀峯兄為說客赴楚君處接洽亦尚未前往，故兩日來等於並未進行，又談及南京政治季候因國民大會之召開而發生極多不合理現象，尤其國大代表要錢消費之意向極其濃烈，反之出門則高視闊步，一般人民側目，直不知其本身乃人民代表，可恥孰甚，又青島市參議員亦因赴台灣游覽並辦理私事，要求市府每人發給一億元，尚未解決，均民主中之怪現象也云。

5 月 3 日　星期一　晴

師友

晚，張振玉、廖毅宏兩兄來寓閒談，張君談及臨淄、青州惡戰又起，聞我方主官被圍於內，而張店以東恐均非我有，故山東局勢不可樂觀也，廖兄談公司情形，對畢天德、黎超海極不滿，謂營業及上海方面均有弊端，但不能得其確證，又謂畢等揚言物資數量能保持原樣，此亦欺人之談，蓋各廠物資無不減少，最明顯者如植物油廠，售油一千頓何嘗補進乎？又談及昆弟到廠服務，待遇公司定為五十元，實際只支一千二、三百萬元云。

5 月 4 日　星期二　晴

師友

下午，到吉林路答訪蔣公五氏，不在，其女傭謂已赴北平，太太亦外出未歸，余知其所指者乃蔣嚴菊，乃重告所欲晤者乃其兄，彼始又言，已外出未返，余乃留片道候。到民言報社訪楊天毅兄，詢問益都、臨淄一帶大戰對於濟南有何特殊消息，據談濟南兵力單薄，王耀武主席在益都前方被圍，形勢殊為不佳，又張店迤西有共軍繞過，濟南頗受威脅云，楊兄處有取閱寄售之「故宮」廿六冊，印刷精美，近來已不多見矣。

5月5日　星期三　晴

師友

下午，到中央合作金庫訪杜元信與龔祖遂兩經理，託代匯濟南款，便中杜兄謂余面相目前額有黑暈，鼻部則四十歲不佳，明年始有好運，此與一般命相所談相同，余本早已知之，蓋均由一機械原則來也。晚，本公司服務同學余繼祖君來訪，雜談公司事務。晚，張敏之、叢芳山兩兄來訪，談崔唯吾先生競選事所擬行政補救辦法，因楚金洲君不肯協助，致公文不能寄出，經商討決定，將原稿寄崔氏，在南京約其他負責人蓋章逕寄省選所云。

5月6日　星期四　晴

家事

振祥弟自上月份開始入中央合作金庫，頃已領到兩個月薪俸，共計三千數百萬元，除已買麵數袋外，謂擬代余還德芳在京省行轉至青島之借款，余謂不必，可自行先設法分期償還其去年所欠棉布現改為美鈔債務，今日告余，此債尚未能還，因已匯玉祥弟二百萬，又代昆祥弟還煙台債務八百餘萬元，此外留供家用，言外即謂不須余再供應也，余告以還債仍屬重要，彼即謂美鈔價不合適，又謂數月來用余之錢太多，若以物價計算，相當於現在之一億元，余未置意。

5 月 7 日　星期五　晴

職務

今日詳細核閱公司去年六月十六日至年底之工作報告，亦即籌備處時期之總報告，連帶審核決算表，此時期之情形有一特別之點，即資本未定額，中央財務委員會所撥來之資產均在暫收款內，又植物油廠係年底前接收，價款由公司規定完全付現，僅先由財委會付給糧食部一百餘億，尚有四百餘億未付，亦未見有何記載，今年資本額訂為一千二百億，即係就暫收款與油廠兩數之和而得者，但油廠既由公司價購，將何以表示於資本帳，不能無疑也。

5 月 8 日　星期六　晴

職務

今日已將公司先後送來之去年底工作報告與決算表等審核完竣，並將要點摘錄，連同所摘一至三月份要點彙成最簡要之報告，由此項去年底之決算表觀之，公司總會計只作到將各廠及辦事處帳務加以合併之工作，由於若干問題未能解決，或若干帳目未能核對清楚，故內部往來與暫付款項等科目均表示甚大之餘額，而附屬表類在公司本身雖有資負目錄及往來明細表與損益科目明細表等，而各廠則詳略不一，具見會計控制，相當薄弱，而會計處辦理財務與帳務兩種工作，瑣碎繁雜，工作人員只十一人（現在），工作最無表現之總務處有十六、七人，購料營業兩處均在廿人左右，可見殊不能免於輕重倒置與勞逸不均之弊，又會計、統計數字往往相互懸異，亦可見工作之淩亂也。

師友

上午，叢芳山兄來談崔唯吾先生之立委選舉事已與魯東行署王副主任接洽，已完全明瞭，又代榮城縣擬上省選所文已郵京請崔氏逕辦。晚，王玉忱兄來訪，談前次與敏之兄向省行合借兩億運用，已結清本息，每人可盈三千萬左右，又談時局甚詳，可悲觀之處甚多。

5月9日　星期日　陰

師友

本公司服務校友余繼祖君來訪，因余曾託其查明自去年接收至現在止之物資增減情形，渠未獲此項資料，無法進行，僅將去年接收橡膠廠、啤酒廠、玻璃廠及中國食油公司之接收清冊帶來核對，余由其中約略獲得若干資料，但因體裁不一，仍未必便於比較耳，余下午核閱至食油公司交冊時，原料成品部分數字註云照原估單價百分之五十計算，余照算凡半小時未獲結果，急躁中始發覺單價下應有一「加」字，抄寫者遺漏，足見工作粗疏往往有不良後果。

5月10日　星期一　晴

職務

依據連日來所集之材料，草成齊魯公司現況簡要報告一種，包括財務、業務、製造三段，為極力求其簡單以便面呈陳主任委員得以卒讀，故只採取最重要之數字，而復將其去年底與今年三月底之比較求出比例，以示情況變化之趨勢，全篇不過千餘字耳。

師友

晚，叢芳山兄來訪，談崔唯吾先生立法委員糾紛事仍先進行行政解決，俟省選所派員到青後即可進行，在此一舉萬一無效時，即照選舉法卅八條起訴，因該法規定係於姓名公布半月內為時效，公佈乃在本月四日也，又為進行順利將同往訪孫典忱專員說明，希望其不致成為阻力。廖毅宏兄來訪，談啤酒廠物資已較接收時為少，又對於上海辦事處銷售啤酒費用浩大，認為乃係賠本交易，此點頗堪注意。煙台來之王錦堂君來談春間在煙台為余在煙辦理國大代表競選失敗原因之一，為柳紹伯從中破壞，原因為去年來信未獲余復，又宮香圃因曾向余籌款未能饜其所欲，柳實毫無氣度，而宮則固一貪污也。王憲忱君來談已與王玉忱兄晤面，已定明日至訓練班辦公，又余介紹公司之龔福貞亦通知談話矣。

5 月 11 日　星期二　晴

職務

上午，將日昨所作本公司現況簡要報告原稿最後加以核閱，並將數字核對審定，即交趙少文秘書謄正。下午，到公司訪畢天德總經理，漫談公司業務，渠極強調公司在台灣設橡膠廠分廠事，但謂財委會表示須俟開會時始能研究決定，故黎超海協理預定之台灣之行暫時不能實現云。余告畢君訂日內過濟赴京一行，渠聞言稍有神色不寧之表情，繼即鎮靜如恆，未知何故，畢君對於公司事有何須向京方交涉者，全未提及，閒談移時即辭出。公司補發指數確定後之一部分待遇，大體均在月初，本月一日即發，但直至現在未領，出納科即不作表示，長期保管，今日見余到公司，始送來照領，但歸後計數，少二十五萬元，此等事死無對證，但公司辦事人員之素質可以知矣，至少辦事效能極差也。

師友

上午，同叢芳山兄訪孫典忱兄談崔唯吾先生選舉補救事，孫表示渠之文件已移行署，不能代為轉崔之公文，略談即辭出。張振玉兄來訪，同往訪楊天毅兄。史紹周君來訪閒談。于文章君來訪，道謝余為其介紹其未婚妻龔福貞到公司辦事事，于潔如女士亦來訪。

5月12日　星期三　晴

師友

上午，到山東省銀行將德芳上月在京所借用之款還清，並與張振玉經理閒談，晚飯後又與宮會青科長同往，張君取出陸嘉書自安徽來信一件，謂將脫離安徽企業公司，對於張向其函索帶走電話機表示已壞不能歸還，其信又洋洋灑灑，凡鋪陳有千餘字，完全表其在青島以至當年在皖之功，所述亦不堪再三重複者，甚至謂余之出長山東省行，係由於彼向周軍長龍淵轉向何思源主席提出者，種種不自知及自欺竟與彼初在安徽服務時之幼稚言行一般無二，照此情形，余殊為其前途悲哀也。楊天毅兄由「故宮」中攝曬蘭亭序及宋高宗、宋徽宗墨跡共三幀，以各一相贈，惜蘭亭稍模糊耳。

交際

下午到國際俱樂部參加徐嘉禾同學與姜女士之訂婚宴，到來賓凡二十餘人。

娛樂

晚，同張振玉、宮會青等同學到永安觀劇，為張菊仙、胡少安之坐樓殺惜，張扮相尚好，唱工、蹻工等則無可取，大軸為雲燕銘之紅娘，唱工有頗可聽之處，大致因有若干花腔頗能運用嗓音，做工扮相均平平，最大毛病為台步身段毛病太多，瑜不掩瑕也。

5 月 13 日　星期四　晴

師友

下午，徐從文同學來訪，約觀劇。晚，張敏之兄來訪，為王琇女士之子謀事事。晚，于文章君及其未婚妻龔福貞女士來訪，龔君昨日到齊魯公司服務，此來係道謝之意。

娛樂

晚，同徐從文夫婦及楊天毅兄到永安觀劇，為全本玉堂春，余等到時，嫖院甫出場，此劇由雲燕銘一氣呵成，至十一時半會審終了，不及團圓，今日雲伶唱做以會審一段為最佳，較之昨日，大有不同，行腔頗帶程派，而始終不懈，博得彩聲不少也。

5月14日　星期五　晴

飛行

上午九時半獲知中國航空公司之赴濟機票已買到，即準備行裝，於十時半動身赴機場，十二時乘XTT81號小客機西飛，路上甚為平安，過濰縣時且傳觀飛報，謂一時十五分可到濟南，又降落地之濟南氣候良好，一時半到濟，以電話借中央合作金庫高希正兄車入市，逕至經九路寓所。

師友

晚，左鄰宋正軒兄來訪。晚，中央合作金庫高希正兄來訪，談該庫現由渠一人在此維持，余為其帶來物件已照收，余並告以其夫人本準備同來，因未能買到機票而罷之經過情形。

5月15日　星期六　晴

師友

晨，司徒履光、楊孝孺兩君來訪，約明日晚飯，司徒太太將赴京轉粵，希望余能定期於下星期五同行，余允考慮決定。劉松岩君來訪，希望關說提升為存款股主任。

交際

中午，高希正兄請客，地點五福臨，在座尚有高登海、劉明順、洪岳等君。晚洪岳君在寓請客，在座尚有高希正兄及北洋書社經理鞠質夫君等，因候客，直至九時始散。

娛樂

下午，同紹南觀電影「太太萬歲」，上官雲珠、石揮等演，張愛玲編劇，甚佳。

5 月 16 日　星期日　晴

師友

上午，民生企業公司崔伯堅君來訪，余託其代為致送畢天德君嫁女喜儀二百萬元。

交際

晚，恆祥銀號張慎修、楊孝孺兩君在泰豐樓請客，到有余及德芳、劉健夫經理夫婦、司徒履光副總經理夫婦等，司徒本約余星期五赴京與其夫人同行，似又有問題云。

娛樂

晚，到北洋戲院觀鄭冰如演御碑亭，老生朋菊庵，均在濟演唱甚久，但鄭戲余為初次觀，大體穩當，而無特殊之長處，唱工則平妥，嗓音欠亮，略有程意。

5月17日　星期一　雨

師友

下午，李公藩兄來訪，談其工廠計畫資金移轉辦法。下午，到上海新村訪劉健夫經理與劉縵卿副理，均不遇。下午，到大華醫院訪華子修李淑英夫婦，並約同到大觀電影院看電影。下午，到德鄰里訪裴議長鳴宇，略談山東局勢，裴氏託余帶致何敬之陳果夫兩氏書信。

娛樂

同華子修夫婦及德芳再看「太太萬歲」影片，蔣天流、上官雲珠、石揮、韓非等主演，故事余已前知，僅由情節與穿插及表情對話上加以觀察，有若干小動作極有趣味也。

5月18日　星期二　晴

師友

譚慶儒專員來訪，閒談省銀行一般情況。崔伯堅君來訪，談民生公司改組並代齊魯購買生米、生油、大麥情況。西鄰趙季澄副理來訪，託為其公子進行入學事。省銀行李允莊主任來訪，余託其速將交接清冊呈報。左鄰宋正軒兄來訪，談省府對省參議會詢問省銀行董監會何以不依法改選事，省府謂縣參議會應出之候選人奉財政部指示改由省府核定，據悉此事係尹文敬向財部請求有此答覆者，託余代往財政部查詢並調查借款蓋房之手續與尚齋兄立委等事。

5月19日　星期三　晴

師友

上午，曲聲德兄來訪，談興濟公司近來情形，造紙廠未復工，捲煙廠則因無銷路而不能開工，故將來困難極多也。昌樂縣長程蘊山及參議員孫慕僑兩兄來訪，詳談關於張天佐專員堅守昌濰因國軍不能配合而致失敗之經過甚詳，希望在京能與有關方面隨時宣揚，以彰公道。下午，本行同仁程持中來訪，係通候之意。又城內辦事處主任張鵬萬來訪，亦為通候之意。前總務科長李琴軒君來訪，余告以交代清冊應速送出，勿再久懸云。

5月20日　星期四　晴

師友

到緯三路經四路訪程蘊山縣長不遇。到中央合作金庫訪高希正兄，渠託代向該總庫為其姨妹進行工作事。到德盛昶銀號訪李公藩兄，據談濟南官場頗多奇事穢聞，而財政廳長尹文敬運金條赴青島被官方扣留事，則言者甚多。到東華街訪趙季勳兄，談及牟尚齋兄老太太南遷問題，未得結論，晚訪牟老太太，亦謂南方找房困難，但仍擬南下。

交際

晚，司徒履光兄請客，到有余及德芳，又中央行劉健夫夫婦、郵局梅東華夫婦等。

5月21日　星期五　晴

旅行

上午十時十五分由濟南登津浦車南行，來寓送行者有高希正、譚漢東兩兄，到車站送行者有宋正軒、洪岳諸兄及省銀行程謙主任等，此外省行人員尚多，並有劉健夫經理夫婦等乃係兼送司徒履光太太者，亦有數人則為送司徒者，家人則德芳與衍訓來送，如時開車後十二時到界首，橋樑因工人不慎失火，焚枕木二千餘根，不能前行，車退濟南於五時到達。

交際

晚，請韓仲鑒君吃飯於石泰岩飯店，到德光及德芳與余，韓刻在天津服務。

5月22日　星期六　晴

旅行

上午，程謙主任來電話通知，今晨建國號津浦車仍於十時十五分南開，乃按時前往，到余寓送行者有高希正與洪小東兩君，到車站送行者有程謙君，車準時開行，十二時餘到界首，見日昨起火焚燒之大橋，有若干彎曲之道木及鋼軌棄置於旁，可見焚燒破壞之甚也，車到泰安，見站房均只餘殘瓦頽垣，皆數年內亂破壞之成績，泰安乃余舊游之地，睹此不禁為之神傷也，至臨城即已薄暮，由此迤南余於去年曾經過之，十時經徐州後即入睡焉。

5月23日　星期日　晴、晚雨

旅行

津浦車於晨七時半到達浦口，遂過江至南京洪武路介壽堂白鶴樓下塌，因介壽堂所住多為立法院正開會之立法委員，竟無單人房間可用，乃臨時與人合住，室凡三人。

師友

午飯與蘇景泉君共餐，渠來京為寧夏立委糾紛尚未解決。下午到中央飯店訪林鳴九兄，遞送代林家帶來書信，繼之林建五兄亦至，乃同至顏料坊卅七號林兄處晚飯，飯後聽大鼓，余因極倦，無何興趣。晚，馮有辰兄來訪，未遇，留字而去。

5月24日　星期一　晴

家事

晨，到琥珀巷訪玉弟婦與銘弟婦，面交振弟託帶交玉弟婦衣料及余交其用費五百萬元，據談玉弟前次有謂余擬為其謀事之說，係得之馮經理，而馮則得之上海方面，余始知乃係振祥弟謀事未就傳聞之誤也，惟彼輩在表示一種意願時，恆影射為余之主張，亦徒見其無氣度也。

師友

途遇林毓芳女士，託詢國代選舉事，經介紹到選務總所訪王邦楨君，據稱棲霞代表問題並未接中央組織部通知如何補救云。到山東省行訪馮有辰經理，並到其公館相訪，均不遇。

5月25日　星期二　晴

職務

上午，到中央財務委員會訪朱國材秘書，將齊魯概況略加談論，據談總稽核之所以不能派定，實因反對者除曾養甫氏外尚有趙棣華氏，余強調此事勢在必行，朱兄謂人選無適當者，即以張振玉充任，果夫先生對張並不認為絕對合適，但可說服也，協理本亦可派，但亦因人選不易而遲延至今，旋約定下午四時同到常府街報告果夫先生，至時前往，而遞所準備之簡要報告，並加說明，朱君則對余所開出之食油廠物料原料成品大為減少一節，加以強調，認為公司經營不善，又齊魯公司所請在台灣成立分廠，財務委員會已通過照准，但不得用齊魯名義，公司方面則表示不肯，尚在僵持之中，大致現在財委會與公司之間並無融洽之跡象，而會方則因不快而無形讓步之事極多，如用人即是一端，又有因人事不洽而延誤要事之處，如財委會之不為公司接洽借款，即是一例，今日談半小時甚拉雜，乃辭出。

師友

中午，到中央黨部訪明少華、張志智兩兄，又到中央銀行訪崔唯吾先生，均不遇。

娛樂

晚在介壽堂觀京劇，為紀玉良、王玉讓、謝蘭玉演借東風與金錢豹盜魂鈴等，尚佳。

5 月 26 日　星期三　晴

師友

上午，到國庫署訪楊署長綿仲氏，奉贈何子貞八言對一副。訪石副署長鍊之兄，承告如不願在齊魯公司服務，合作金庫有廣州、浙江、湖北等地公庫需要人事更動，但余現在似乎不能請求離開齊魯，蓋現在齊魯對財委會有尾大不掉之勢，陳主委與曾董事長又不盡融洽，參加人員已感不易，退出恐尚非其時也。到錢幣司訪沈長泰兄不遇。在介壽堂訪韓兆岐兄，彼正進行立法院秘書職務。下午到中央合作金庫訪汪茂慶兄，不遇；訪李耀西兄，談高希正兄託為其姨妹于誠德謀事事，經李兄及其會計處副處長蘇夷士兄商談，認為可以派為稽核員名在婦女信用合作社辦理會計事務云；又訪唐季涵兄，閒談。到中央合作金庫會計業務人員訓練班訪尹合三與隋玠夫兩兄，並承尹兄約至大三元便飯，暢談甚歡。楊一飛君來訪，託余為其謀事，並堅主余仍以活動合作金庫為宜，目的在為彼等自己謀出路也，楊君操守風聞似有問題，據云在陝西時見許餞儂兄與其副理壽君競相謀圖私利，許兄乃以前持躬謹嚴者，果如所言，則此社會風氣真乃一殘酷之熔爐也。

5 月 27 日　星期四　晴

師友

上午，到中央銀行訪崔唯吾先生，據談渠之立法委員票數更正一節，似不無補救之餘地，因選總所及省選所均已有有利之表示也，又關於余之國大代表問題，崔氏曾聞悉亦可領當選證書，並報到領費，當通知馮有辰兄代辦，未知已否辦到云，余到京後兩訪馮兄不遇，電話亦未能接通，今日下午始到山東省行晤及，據談曾與關係方面談過，認為仍須本人，故未能代辦，且對手續亦未能全知云。在省行遇汪茂慶兄，余謂希望轉回金融界，彼謂只須果夫先生准予辭去齊魯事，當有若干合作金庫之機會云。到中國農民銀行訪董成器兄，詢高希正兄所託之于誠德調動事，謂無可能，又訪趙葆全兄，不遇。林鳴九、陳以靜兩兄來訪不遇。

職務

曾養甫氏寓平倉巷十五號，上午往晤，漫談公司事，曾氏對其一貫作風信念甚堅，且對於陳果夫氏頗有微詞，謂彼不願再幹，譚嶽泉亦暫局，財委會方面對台灣設橡膠廠雖通過而須另立名義，渠決不贊成，又詢余對畢天德、黎超海觀感如何，余知其絕不希望有逆耳之答覆，故謂兩人做事精神極好，應付則差，此乃今日做事之一般性困難，余過去亦身受此痛，又過去齊魯與山東民生公司因畢、黎二人私人關係資金上不能十分劃分清楚，外間閒話極多，現二人已將民生辭卸，則此等困難可以減少，但根本言之，齊魯之有今日，對外雖困難而無障礙，則曾氏之支撐掩護為不可少，故此刻不能言退卻，余之所以語此，因知其一切意見皆係牢騷，甚至謂齊魯今日關門尚有大批財產剩餘，將來愈益困難，愈益無法收拾，此等話亦囑余轉達陳氏及朱國材秘書，則氣憤之談也，曾氏一再提及譚嶽泉之不願久幹，余告以對譚氏之為人甚知之，故由人事上言之，有譚君在青，可以補救畢、黎許多缺點，曾即自謂短期內不回青島，則譚之在青為不可少也，余謂將於三、五日內回青，曾氏謂善，望回青挽譚勿去，余又於無意中說明在青對付家鄉人之種種困難，故決不願久於其地，以示余此次來京非有何活動也，談話一小時餘具辭，曾氏日內赴滬。

娛樂

晚，在介壽堂觀劇，凡五齣，一為張美娟之青石山，打武甚熟，二為謝蘭玉之春秋配撿柴，三為紀玉良、王玉讓之黃鶴樓，四為謝蘭玉、張美娟之樊江關，五為紀玉良之斬黃袍，甚好。

5月28日　星期五　晴

選舉

今日為國大代表補救當選事到中央組織部交涉，上午先到撫卹委員會訪明少華兄，詢其辦理經過，因彼亦係政黨提名而得票不足者也，明兄談手續為先向中央組織部取得致選舉總所公函，再向總所取得當選證明書併總所致省選所囑發當選證書之公函，而應領之費用則係由中央黨部發給，至此項名額將來恐須由職業團體內予以補救選出，談竟又訪張志智、虞克裕兩兄，由二兄函中央組織部主管此事之朱耀祖科長，時已中午，下午三時復至，知陳在中央政治委員會，乃即趕往，公役持片往傳，彼即下樓又回組織部，余趕往時，三言兩語，彼又開會，但交一徐柏襄君接洽，余即開具要點，徐君手邊有「勘建委員名冊」一份，取出翻檢，見有余名，即備公函稿交余閱後，等候判發，相約明日下午由余來取，其稿有據余聲明不欲出席下次大會等字樣，係由一通案底稿照錄，不知有無玄虛。

師友

下午，訪周天固兄於中央日報。下午訪劉振東先生於相府營八號，不遇。劉鏡洲兄來訪不遇。

娛樂

晚，隋玠夫兄來約同至介壽堂觀京劇，為紀玉良、謝蘭玉合演全部紅鬃烈馬，由武家坡起至大登殿止，代戰公主由張美娟飾前段，尚佳，主角則似均平平，末為虮蜡廟，余早出。

5月29日　星期六　晴、大風

師友

上午，到財政部訪沈長泰兄，不遇。下午，在大三元遇隋玠夫、尹樹生及甫自山東來京之劉明順兄，即在該處會餐。劉振東先生與畢圃仙兄來訪，不遇。選務事，以電話詢中央組織部徐柏襄君，據稱所辦之稿尚未交下，只好待後日再看如何矣。中央黨部之公文旅行想較之各部會為尤甚，余昨日下午二時見辦公室多半闃無人煙，上層人物之不躬親事務，更可想見也，而中層人物之自大，飄忽，亦堪玩味焉。下午到中央日報訪周天固兄，閒談並借用電話。

娛樂

下午，觀電影「豔陽天」，係曹禺編導，石揮、李麗華等主演，故事甚好，台詞亦有若干深刻激昂處，一如作者之其他作品，惟剪接處有時不能瞭解，而對話亦欠清晰也。

照相

下午，到中山東路千秋攝影社拍二寸照片一幀，為請領當選證明書之用。

5月30日　星期日　雨

師友

蘇景泉兄來談，彼正等候戡亂建國動員委員會之聘為委員，即回寧夏，彼為中央提名之立法委員候選人，但地方不予公布，因而落選，故最有資格請求補救也，又談此次中央解決政黨提名與簽署提名之問題，均已採取票多當選之原則，其提名正式而票不夠者，亦發給當選證明書，承認代表資格，但此外尚有一請願團體，即提名為候補而票數亦為候補者，亦要求補救，理由為適因提名指明為候補遂至落選云，如此下去，將永無寧息之日矣。晚，周天固兄前來答訪，談及其夫人去年所生孿生子女，係服藥之效，友朋仿效亦有奇效。

5月31日　星期一　晴曇

師友

到淮海路一百五十號訪秦亦文君，探詢彼補辦國代手續，據稱係先參加聯誼會，會費五百萬元，領款後又捐一千萬元，參加後係向中央組織部取一條據，向選舉總事務所換取當選證明書，又公函一件致省選所請發正式當選證書，此事辦妥後即向國大報到處報到並向會計組領取各費云，秦君係為縣內黨內人士奪去，與余之為黨外人士奪去者不同，但荷澤亦與余之情形同，而龐鏡塘氏亦取得代表資格矣云。下午，移居三〇七號，來訪者有林建五、楊子位兩兄，閒談。又在沐浴室遇劉鏡洲兄談甚暢快，並遇莫寒竹兄，別已數年矣。

娛樂

晚，到介壽堂觀銀行公會俱樂部表演平劇，五齣無一足觀，僅得意緣一小生尚可耳。

6月1日 星期二 晴

選舉

中央組織部應為余致選舉事務總所之公函已否辦就，用電話聯絡未有消息，乃於上午往訪朱耀祖科長及徐柏襄君，朱雖為同學後輩，而神氣十足，一派黨官作風，徐君與另一某君查明在中央秘書處尚未判行，乃囑余往訪吳秘書立侯代王啟江副秘書長判行，余即隨其送文公役回組織部由朱加章後，又送秘書處繕校室，言明半小時來取，至時前來果已備就，當即交余面交，但下午至總所訪主辦之王邦楨君及林毓芳女士，則均不在，留字待明日洽辦。此際官廳辦事，殆為瘧疾式之公文旅行，速則奇速，而遲則奇遲，可見凡事絕無規律也。

師友

到山東省銀行請代撥旅費，與于錫川及湯人絜君等閒談。訪劉鏡洲君於中華門西集慶路五十四號，因渠日昨託余設法借款，余今日到山東省行商洽，馮經理赴滬也。

娛樂

晚，觀顧正秋、儲金鵬、程正泰演「鳳雙飛」，即蝴蝶盃，三小時始畢，顧大致平妥，儲為余初次觀，扮相作派均為水準以上之小生，程則略有韻味，但亦不過裡子老生而已。

6月2日 星期三 晴

選舉

上午，到選舉總事務所訪主管國大之科長王邦楨君，面交日昨由中央組織部取來之公文，此公文為證明本人乃中央提名候選人者，王君將此函取去即交余印就之聲明書空白一件，文為說明依照政黨提名原則，余為正式，其他未提名者雖已當選，曾具書退讓，故已取得合法代表之資格，但為解決總裁之政治困難，故可以不到大會出席云云（其實本縣當選者為黨外之人，形式上為社會人士，與此情形根本不同，現在已不加區別矣，又所謂不出席，即所謂雙胞案問題，不能為每一縣設兩個席次也），王君將此項聲明書取去後，移時即將當選證明書填好取來，至此當選資格即已取得，乃就近到山東省府辦事處詢問向省選所換發正式當選證書之手續，下午復到國民大會堂國大秘書處，先行報到填簡表，次領證章兩種，再到會計組領旅費兩筆、膳宿費六筆、公費一筆，共計五千一百萬，似較前數日所領到之人為少，又領記錄兩本。

師友

中午，應崔唯吾先生之約到岳麓路吃午飯，在座尚有宋梅村兄，所談多關選舉事。

娛樂

晚在介壽堂觀業餘國劇研究社公演，大軸為鳳還巢，由嘯雲館主主演，陪演者有丑角趙振光、淨角馬無塵及裡子老生吳慧津等，配合極佳，主角唱做均臻上乘，不可多得。

6月3日　星期四　晴

師友

上午，到太平巷五十九號訪陳以靜經理，不遇。到中央合作金庫訪汪茂慶兄，詢濟南分庫既已由高希正兄負責，可否設法晉為經理，據談陳以靜君雖不回濟，但仍係請假方式，故尚不能發生調動問題云。到中央合作金庫訪楊子位兄，閒談。逄化文兄來談將謀齊魯公司協理或顧問職務。

參觀

到中山門中央博物院籌備處參觀該院與北平故宮博物院合辦之展覽會，計分四大部分，即歷代書畫、商周銅器、漢代文物、歷代瓷器，此外尚有歷代帝后像與少數民族標本，計分七室陳列，最精彩者為書畫銅器，書畫內之精品美不勝收，畫幅尤多，法書有王右軍快雪帖、顏魯公祭姪文、褚河南倪寬贊、蘇、黃、米、蔡及趙孟頫、朱晦庵等真跡多種，懷素藏真自敘帖則其最長之卷也，銅器有安陽大鼎，銘文只數字，毛公鼎散氏盤則耳熟能詳，此外大小銅器尚多，漢代文物則有居延簡及若干石器或其拓片，帝后像則多為大幅，畫筆雖佳，惜乎價值似不甚高，瓷器因余完全不能瞭解，故僅涉獵而過，如此亦費時兩小時始畢，觀眾極擠，手卷類平鋪，遂不容細細玩賞矣，但即此收穫已多，眼福大快也。

娛樂

下午，到國民戲院看電影「七屆全運特輯」，開端為前幾屆舉行之重要記錄，繼為此次上海全運之經過，拍攝說明均極精彩，看來頗有意義，又映新聞片兩部，一為天山之歌，記新疆風土，二為青島——中國之花園都市，其中插有青島啤酒之宣傳小段，頗具暗示作用。

交際

下午，趙葆全兄在介壽堂請客，余到而未就坐。山東省府佟金秋處長請客於麥利，皆同鄉。

6月4日　星期五　晴

師友

上午，到中央合作金庫訪會計處副處長蘇夷士兄，進行于誠德君之工作，余將日昨所接高希正兄來信交其面閱，該函係復余去函相告正進行請合庫核派名義調在京市婦女信用合作社主辦會計，高兄代為表示同意者，蘇兄立往請示壽總經理，但因公出，須再候面陳辦理。到財政部訪石鍊之兄，不遇，後又在介壽堂相遇，知財政部明日新舊任交接，國庫署似不免變動云。到財政部訪沈長泰兄，不遇，又訪李參事青選，亦不遇。隋玠夫兄來訪，不遇，留片。

交際

晚，在介壽堂參加余井塘先生女公子葆齡女士之結婚禮，證婚者于右任、邵力子，賀客甚眾，約數百人，極一時之盛，參加人中同學有數十人，相聚甚歡，惟氣候酷熱為難耐耳。

6月5日　星期六　晴

師友

下午，到山東省政府辦事處訪丁霄漢秘書，託代為買回青飛機票，據云有相當困難，因自津浦再斷後，滯京旅客均須改飛機北返，而金鈔單幫之猖獗，亦使空運黑市票價大漲，於是正當旅客反難於買到矣云。晚飯在大行宮同興樓應隋玠夫兄之約吃麵食，尚佳。

6月6日　星期日　晴

師友

上午，到青石街泰平里訪金戒塵兄，持贈以前託余代買阿膠，計兩斤，金兄赴滬出席省銀行聯合會年會未返，僅遇其太夫人略談近況。上午，到堂子街訪楊署長綿仲，慰問其交卸財政部國庫署署長，並遇湖南省銀行楚湘匯兄，歸途即搭乘其汽車至中華路。

家事

上午，銘祥弟來閒談，並約余至其家吃晚飯，屆時前往，備酒菜及烙餅，由其婦及三弟婦合作，飯前余將德芳帶存之衣料等件加以檢點，將酌量帶至青島。

6月7日　星期一　晴

師友

上午，金戒塵兄來訪，談係昨日由申回京，此次所參加之省銀行聯合會年會仍係舊調重彈，幾於成為照例每年重複一次之定調文章而已，談竟相偕外出到財政部訪石鍊之兄，石兄對於此次財部改組楊綿仲氏堅辭署長以為不智，但既係已成事實，亦莫如之何矣，又訪婁友伯、羅介邱諸兄，訪陳覺民、李青選兩參事，最後訪錢幣司沈長泰科長，詢知各省銀行民選董事凡無縣參議會者從缺，並無濟南傳由省府指定之規定，辭出後同至安樂廳午飯後返。

6月8日　星期二　晴、夜雨

師友

上午，到中央合作金庫訪蘇夷士副處長，詢關於于誠德女士由農行轉合庫事進行情形，據談壽總經理對此事不主即辦，故稍緩始能進行也。中午，金戒塵兄在泰平里約吃便飯，在座尚有安徽儲賢卿、張樹人兩君，皆在皖時舊相識，現一任懷寧縣長，一任南京皖省行經理。

娛樂

下午應金戒塵兄約到大華觀電影，為克勞黛考爾柏、華德華勒、陳亞麗蓀等合演之「倩女幽怨」，美高美出品，故事婉轉曲折，剪裁簡潔素樸，頗富文藝氣息，片上華文譯詞亦可看。

6月9日　星期三　晴、夜有陣雨

師友

上午，到中央合作金庫訪汪茂慶兄，詢余繼祖君事有無可能，據答似無可能，汪兄對張振玉兄之印象不佳，謂其脾氣太壞，往往罵人，故進合作金庫亦恐不易，余知此係其本人之意見，蓋前次二人相見恐有不歡而散之情形也；又往見壽勉成總經理，再提張兄之事，加以說明，特別強調操守謹嚴之一點，壽氏頗為注意，謂設分支機構時可以延用，並詢曾否到過四川，余告以未曾，意者四川有缺分亦未可知也。中午，安徽省銀行〔編按：原稿為「山東省銀行」，應為筆誤〕京行經理張樹人君在牌樓巷寓所約吃飯，在座尚有韓鈞衡、李蔭五、金戒塵，尚有皖省府駐京辦事處長宣君，極健談，以上皆皖人。晚飯與逄化文、徐希真在同慶樓便飯，菜甚尋常。

娛樂

晚在介壽堂觀劇，為新班初演，劉正忠挑滑車，武把極好，關正明全本失空斬，唱工極有火候，絕不刺耳，耐於細細咀嚼，王玉讓配演馬謖，亦佳，大軸為李玉茹、魏蓮芳、李金鵬全部紅娘，李伶仍以唱工見長，白口仿荀有時不甚自然，但大致尚無疵也。

6月10日　星期四　雨

交際

中午，周異斌、黃懋材兩同學在介壽堂中正廳請客，首座為巴拿馬公使鄭震宇同學，此外則皆由各地來京之同學五、六人，則附帶被邀者也，黃為同學會主秘，周則同學會之幕後負責人也。

娛樂

晚，介壽堂管理處贈票觀戲，為張美娟搖錢樹，關正明搜孤救孤，前者以武勝，後者以唱勝，均可看，大軸為李玉茹之大英節烈，亦踩蹻，而蹻工不甚工穩，反串小生一段，平淡無奇，打武數場，亦徒具形式，無甚足觀也，下午同牟乃標夫婦訪李伶，談吐尚佳，惟江湖氣重耳。

師友

隋玠夫兄來訪，未談及省府補助國大事。馮有辰兄來訪，未遇。韓世元兄來訪，係由唐山來京。

6月11日　星期五　陰

旅行

晨由南京動身，送行者有潘廉方君至介壽堂門首，銘弟至車站，所乘為錢塘號特別快車，八時開駛，因今日為端午節旅客不多，同時江南人之習慣衣冠楚楚者反乘等次較低之火車，故頭等車甚為寬鬆，但因設備不周，故尚非十分舒適，下午二時一刻到上海北站，來迎者有齊魯公司張茀壽主任，山東省銀行陸小松副主任，公司為代訂南京路金門410房，尚佳。

娛樂

晚，觀白楊等演電影「新閨怨」，描寫婦女處世之特殊困難甚入情理，但以自殺收場稍欠佳。

6月12日　星期六　晴曇

師友

上午，到齊魯公司訪褚保三處長，其時適彼亦到金門飯店訪談，致彼此相左，渠留字云，票已購妥，下午即送來。下午諸葛副處長來同至齊祁路訪曾養甫董事長，值午睡，留片而返。上午到大中銀行訪朱興良兄、楊卓剛兄，楊兄因病不在行，又到慈淑大樓樹民公司訪孫家祺兄，為振弟不能來滬任事致歉意，孫兄約到沙利文吃午飯，菜甚佳，在座尚有朱興良兄。下午，齊魯公司諸葛副處長及虞正光、張茀壽來約到凱歌歸吃飯，川菜甚佳。程度、龍昌華來訪。

家事

玉祥弟來談四年後肄業即滿，轉學事容余與華西大學接洽後再行決定一切云。

6月13日　星期日　晴

飛行

上午七時乘公司汽車由南京西路金門酒店動身赴龍華飛機場，辦理行李過磅檢查，牛痘證查驗等手續，然後等候飛機，至八時半由第一號門口驗票入場，登中國航空公司空中霸王號XT102 號飛機回青島，此班飛機於八時半起飛，十時半到達青島，其中設備新穎完全，座位為彈簧沙發，絕無不舒適之感覺，而行李在他處放置，亦絕無凌亂無序之現象，機內座位凡四十餘，均面向前，有放置零星物品之高架，且有換氣小孔，服務者有女侍應生二人，傳遞報紙、飲料、食品，及飛機起落時促趨注意繫住束帶等，甚為周密，余為初次乘坐，故極覺新異，但有認為過火之處，即女侍應生向旅客說話最喜作態，以示對人和藹，此在訓練時自為不能不注意之處，但太過則徒現做作，亦不妥善也。

師友

下午來訪者有楊自謙兄，新近由濰縣八路區逃出為總行所遣散，正呼籲救濟中。

6月14日　星期一　晴

師友

上午，到山東省銀行訪張經理振玉，告以合作金庫事已代為接洽。到總公司訪畢天德總經理不遇，訪黎超海協理略談。下午到中央合作金庫訪杜元信經理與龔祖遂副理，託代為匯錢至濟南。下午訪民言報楊天毅兄，閒談當前政情。晚，余繼祖同學來訪，閒談公司與上海辦事處情形。下午，啤酒廠廖毅宏夫婦來訪，閒談近來公司情形。晨，常務董事譚嶽泉來訪，對公司種種措施不當而又不肯改善，深為不滿。

家事

上午，到陵縣路廿八號省視小姑母，姑丈則於今晨上船赴滬，又表妹瑞英亦來青。

6 月 15 日　星期二　晴

師友

上午，同譚嶽泉、畢天德、黎超海諸君到飛機場接來青開會之趙葆全兄，至時果到，即同到中山路樓上休息，並同至滙泉青島咖啡午餐，飯後休息至三時，又與譚嶽泉及中央合作金庫杜元信經理同到水族館、產業館、太平角、湛山寺及中山公園游覽，並訪潘詠珂所長，晚飯在新新公寓吃川菜，飯後同到海濱公園一帶散步及遠眺，九時半回寓就寢。

體質

數日來兩眼球覺不舒服，今日紅絲甚多，發炎生疵，晚間始點沃古林藥水，頗刺痛。

6 月 16 日　星期三　晴

師友

下午，到市政府訪李先良市長，係同畢天德陪趙葆全兄而往者，又同趙兄及譚嶽泉董事同到觀象台參觀，由王台長引導解說，又同到迎賓館及湛山精舍等地游覽，均在高處，俯視全市，真所謂青天碧海綠林紅瓦者也。下午訪王玉忱兄於青島公報，閒談。

交際

到嘉祥路九十二號弔王伯平先生之喪並送奠敬。晚，參加公司與農民銀行宴客。

娛樂

晚，王玉忱兄約到永安觀劇，徐嘯冬、張玉英四進士又反串大劈棺，均無可取之處。

6月17日　星期四　晴

職務

下午二時舉行齊魯公司第二次常務董事會議，由代理董事長譚嶽泉主席，出席者趙葆全、畢天德及余，託代表出席者有曾養甫託譚嶽泉，吳任滄託吳道潛，未到者為孔士諤，此外列席者為公司協理及各處處長，今日討論例案費時不多，均為完成手續，無何爭執，後有臨時動議數項，頗使會場空氣緊張，其中有為公司所提者，即橡膠廠製鞋部不能維持盈餘，覺有遣散臨時工人之必要，但如因而引起工潮，必將造成更大損失，決定暫時不予解決。又有譚嶽泉董事提出者，一為啤酒在上海營業不能獲致利潤問題，董會有表格加以精確計算，公司則認為須秋期結算評定最後結果，且為打開市場，開始賠累亦有必要，二為上海辦事處之控制問題，將以明定手續加以補救，三為低級同仁待遇問題，或主提高，或主應低，結果容再擬辦法，七時散會聚餐，並有各廠正副廠長及各處副處長參加，飯後由畢天德召集談話會，請趙葆全兄致詞，又有各廠人員致詞，十時散。

交際

中午，中國農民銀行戴翹霖經理及各副理在行請客，主要為趙葆全兄，余等作陪。

6月18日　星期五　晴

師友

上午，楊子謙君來談向省銀行要求復職事，余認為該行處理不公，確應有嚴正之表示。

參觀

下午，同趙葆全兄等參觀青島烤菸廠，計兩廠一倉，設備甚佳，現因交通關係，菸葉無來源而停工，此廠本為日本時期之華北菸草烤菸部分，原料為濰縣、益都一帶云。

交際

晚，黨校留青同學石鍾琇、梁鶯、張敏之、王玉忱、葉諶彝、潘詠珂兄在滙泉青島咖啡請趙葆全兄吃飯，被請作陪者有李先良市長、王培祐主任、杜元信經理、張振玉經理及余等。飯後在海邊走廊閒談，歸程趙兄過余寓所談公司大體情形，均為人事方面憂慮。

6月19日　星期六　晴

師友

下午，到臨邑路二十號訪呂涵生兄，因渠曾來訪不遇，今日復以電話相詢也，比至，知其在法院之案業已完全結清，但李市長未有任何對其工作上之表示，故希望余能詢其真正意思所在，以便作為今後謀劃之張本云，據呂兄云，其志願不欲再從事公務員，而有意在經濟界謀求發展，其目標在齊魯公司或中國農民銀行，希望李兄能到京時有所設法云。

交際

中午，參加四聯分處七行局庫經理之宴會，所請以趙葆全兄為主客，凡兩席。下午同趙兄到中山公園游覽，晚同到中央信託局赴沈銘盤經理之約宴，共一席，九時許始散。

6月20日　星期日　晴、夜雨

游覽

上午八時到李市長先良公館約同至勞山游覽，參加者趙葆全、譚嶽泉、畢天德、張振玉、張輝、戴翹霖等十餘人，分乘汽車四部，先到李村參觀農林事務所農場，旋再由李村出發，經南九水柳樹台勞山大飯店，而達北九水廟，即太和觀，由此捨車步行登山，約五、六哩而到魚鱗峽，兩岸山石特險，再登至山盡右轉即為魚鱗瀑亦名潮音瀑，對面有觀瀑亭，亭上觀瀑布中段水深作藍色而懸空承瀑布之上段，即靛缸灣，可謂奇觀，瀑之側有李市長所建勝利亭，乃於亭內休憩並進午飯，飲酒食麵包，極有趣味，飯後下山，仍為原路，稱內九水，至山下在修道院休息吃咖啡點心，極雅潔，回至雙石屋仍乘車前行，至駱駝頭觀兩岸之山勢特別雄奇，此為外九水之九水至六水，以下則未見矣，折返仍由原途回青島，到漢河轉向南路至沙子口沿海行有老人山東頭，回至江蘇路李市長公館晚飯，在座尚有趙葆全、潘詠珂二兄，九時返。

6月21日　星期一　晴

師友

上午，到飛機場送趙葆全兄回京，同往者有十餘人，十二時起飛，一時始由滄口返。下午，叢芳山兄來訪，談畢天德此次受各報攻擊，至今並未停息，謂其不知應付人事，此次應即使其下台，余無意見，蓋此事外間難免有疑為余謀劃取代者，其實毫不相干也。

職務

上午，到濟魯公司青島分公司為其開幕道賀，並答訪尹文敬，蓋彼曾於前日來訪也，據談彼來此主要任務為與各方商洽辦理自衛特捐，此數由青島負擔不少也。

6月22日　星期二　晴

師友

晚，謝松雪兄來訪，談其太夫人及弟婦均已由家鄉來青。晚，張敏之、王玉忱兩兄來訪，談崔唯吾先生之選舉訴訟，法官方面表示最好呈請移轉管轄至首都高等法院，庶可免在青受行政牽掣，談頃同到萊陽路四十五號訪叢芳山兄，商談之下，認為此舉比較有利，即決定由叢兄函達崔氏，辦理移轉申請，以期收效。

家事

上午，率衍訓及香南到陵縣路探望小姑母，因衍訓明日赴滬，辭別之意也。

6月23日　星期三　晴

師友

上午，呂涵生兄來訪，談前日李市長先良曾約談其將來工作問題，因星期日余與李市長曾談及也，惟面談尚無具體結論，呂兄頗有意設法進入齊魯公司，余意雖無現成空缺，但亦不妨一試，因畢天德總經理辦事完全應付，彼目前受各方責難，正在需要敷衍之期內也。崔伯堅君來訪，談到青已月餘，奉命接收民生企業公司青島分公司尚未完成任務，因畢天德鼓動其員工要求發放工資至年底也，但聞畢因近來環境不利，連帶對於此事亦有放鬆模樣也。晚，史紹周兄來訪，談候濟南調來之行員到達後即率領赴煙台，因煙台設行之事近已決定不再延緩也，又談及尹文敬在行內種種措施，及總行現狀均有可議之處。下午，訪蕭繼宗兄於魚山支路，渠出示近來所作筆記「蕭齋夜談」若干段，多有異聞，或且親見，文字簡潔，取題有致，用筆極見才思，如所記蕭師尊、王華文境異、昌化淫俗，俱生動。

職務

下午，同譚常務董事嶽泉到啤酒廠拜訪朱梅廠長之尊翁，並閒談啤酒業務問題，對於上海辦事處現在推銷辦法及種種內幕，均認為應詳加檢討，即此地對外營業方式亦須改良也。

6月24日　星期四　晴

參觀

上午，同譚董事嶽泉及購料處董處長兆鳳到交通部青島港工程局訪胡副局長漢文，引導至第五碼頭參觀修建工程，先乘車至碼頭邊緣，改用小汽車船渡海至第五碼頭，該碼頭因年久失修，坍毀其伸入海中之一端，於是將此一段加闊，現正在打樁施工，余等到時有起重機將鋼板長十數丈重四噸餘者插入海內，排比連長，另有蒸汽鐵錘就其他已插就者向下敲打，其力甚大，轟然斷續作響，余於此等工程尚係初次參觀，甚覺機械力量之偉大，而當初青島修港工程之浩繁可以想見矣。

師友

晚，民言報社楊天毅兄來訪，談及市黨部已通過將派一副社長到社，其人為青年團方面者，恐從此多事，余意彼應赴京一行，加以運用，勿輕易為人所攫焉。

6月25日　星期五　雨

師友

晚，余繼祖君來訪，漫談所知會計處瑣事，會計處長蘇雲章此次赴滬係清查上海辦事處啤酒營業之疑竇，董事會期望甚殷，但預料無何結果，因其隨員已先回青，謂蘇在滬流連舞榭，一擲千金，支票開出，動輒千萬，顯然為彼方之一種招待手段云，又談及上月營業處麵粉科有一助理員潛逃，經辦事項及現金均未了清，經其親屬代為辦理完竣云。晚，張振玉經理來訪，談山東濟魯公司全部軍人經營，總經理為辦軍械者，副者為第二綏靖區經理室主任，由此可見王耀武氏之一貫作風，又尹文敬來青籌辦綏靖特捐，聞已大致就緒，按省市七三分配，僅收款銀行一節尚未確定云。

6月26日　星期六　晴曇、有陣雨

師友

上午到膠州路訪王玉忱兄，探視其病，見已痊癒。下午，同譚董事嶽泉答訪貨物稅局靳鶴聲局長不遇。晨，到市政府訪李市長先良，代呂涵生兄攉其速為謀事，下午呂兄來訪謂已另與楊天毅兄接洽，彼可從旁促成此事，只需李市長備函至齊魯公司畢天德總經理即可云。晚，廖毅宏兄來訪，談會計處長蘇雲章赴滬處查賬，外間頗多以為毫無結果云。

家事

晚九時接德芳由機場通知，已由濟到此，乃蒐羅車輛，其時車多不在家，或司機他往，最後始洽妥啤酒廠吉普及趙智遠經理卡車各一輛往接，沿途順利，到寓已近午夜矣。

6 月 27 日　星期日　晴曇

參觀

上午，同紹南、紹雄、香南等到水族館參觀，因內部正在修葺，若干養魚窗口均空無所有，僅庭中海豹移於內一池中，外池則養若干魚類，以比目魚為獨多，諒係因修理窗內所養而移放於此者，此外則全係標本之屬與昔無異。又到山東產業館參觀，其中齊魯公司部分有麵粉廠模型等，橡膠品樣品等，皆新增者也。

師友

下午，畢天德及黎超海夫婦等來訪，係為訪問日昨德芳來青者，略談即去。

6 月 28 日　星期一　晴

師友

下午，同德芳到萊蕪一路訪牟尚齋兄之太夫人，又訪孫典忱、曲蘭華夫婦，所談多為國大立委等事，又涉及崔唯吾先生之選舉訴訟問題。又同到湖南路八十號訪周叔明女士不遇，僅其母在寓，余先辭出。又同訪杜仁山局長夫婦，僅其夫人在家。

交際

晚，同譚嶽泉董事聯合宴客，到中央行經理奚勉之、中國行孔士諤、交通行王彝尊、農行戴翹霖、中央信託局沈銘盤、中央合作金庫杜元信等，九時始散。

職務

上午，會計處長蘇雲章由滬回青談上海辦事處查帳結果甚詳，但歸結於並無大弊，譚董事嶽泉亦知其弊端不易發現，但如此查帳自亦可收警惕之效，余則認為制度最關重要，防弊重於查弊也，譚主張將蘇調他處，另以較嚴明者接會計處，或另以他人接營業處，又主速設總稽核，並對曾養甫氏之過分為所屬擔當責任，確有其相當之流弊，而或人對此點加以利用，殊不可恕也，所見均有其客觀之處。

6月29日　星期二　晴

師友

中央銀行濟南分行牟祖綬君來訪，託代為物色房屋備其濟南眷屬應用，同來訪者有恆祥銀號張慎修君，係移眷居青者。啤酒廠朱梅廠長陪其封翁前來答訪。晚，余繼祖君來訪，談在公司會計處所能知者極少，有意調至營業處，可略知經營情形云。

職務

玻璃廠開工半年，董事會將其成本變遷情形加以分析，發現成本太高，但該廠計算則不照實際費用，反照每月售給啤酒廠之價為成本，倒果為因，致生產情形之真相與技術之成敗無從把握，公司對此情形熟視無睹，董會提起注意則認為指摘，可怪也。

6 月 30 日　星期三　晴、晚雨

職務

因畢天德總經理今日赴滬，譚嶽泉董事謂其此去在向曾養甫董事長作以退為進之表示，緣最近因譚兄加強對公司之注意，畢等均感不安，乃有曾氏接得匿名信告譚背叛曾氏，投靠陳果夫先生，又挑剔曾氏在公司之開支，主張提高低級人員待遇以收買人心，又放出空氣，謂畢準備辭職，公司同仁則準備如畢辭職即全體總辭，種種表現皆因不安於位又圖把持，遂不顧笨拙並不自知其幼稚矣，譚兄準備下月中旬亦赴滬一行，與曾氏說明公司真相，又曾氏刻正在滬臥病，亦不適於此時研討此等問題也，譚兄認為陳果夫氏已表示對畢、黎兩經理人員不滿，經考察結果，認為其不滿確屬有理由，故主張公司必須改組，彼本人在此氣悶之極，設不能貫澈其所見，即不復來矣，余亦表示董事會至今不能建立規模，全因經理人員作梗，設無改善之望，亦不願再幹矣。

師友

濟南中央行邵光裕、牟祖綬兩兄來訪。張振玉夫婦來訪。楊自謙兄來訪。王憲忱兄來訪。

交際

中午，中國銀行經副理孔士諤、楊康祖、胡明理、徐望之在該行請客，參加者六人，二時散。

7月1日　星期四　晴

師友

上午，到曲阜路十八號訪曲學海同學，其地為福來輪船公司，曲君已廿餘年未晤，已極瘦削，且髮已斑白矣，曲君介紹其外國人經理晤面，余西文談話極鈍，故未說話，僅寒暄數語即行辭出。到瀛州旅社訪濟南中央銀行邵襄理光裕及牟祖綬君，均不遇，有該行一嚴太太出而招待，余託其轉達，杜元信兄所介紹之房屋實係邵君所已知，如不需進行即作罷，否則仍當進行也。到瀛州旅社訪由濟來青之張慎修經理，不遇。上午，民言報社長楊天毅兄來訪，余約渠同譚嶽泉兄到洪海飯舖吃烤菜，尚佳，飯後同到三新樓洗澡，係由天毅兄招待，但實際並未付帳，午飯及洗澡有不期而遇者則上海來青調查菸業之宋副理也。濟南電力公司張季襄經理來訪。劉旭初由濟來青，來訪未遇。

交際

晚，啤酒廠廖毅宏兄與橡膠廠陸冠裳兄在啤酒廠請客，首座為朱梅廠長之封翁，余因另有應酬，未入席即辭出，德芳則赴席未去。晚，李市長先良在寓請客，首座為王公嶼廳長及張淵揚同學，作陪者皆黨校同學，飯後演小電影，余早辭。

7月2日　星期五　晴

師友

上午，濟南恆祥銀號張慎修經理來訪，攜眷到此尚無居處云。下午，同德芳率紹南、紹雄等到中山公園游覽，即訪潘詠珂兄夫婦，又訪由京滬來青之張淵揚兄，但張兄不遇。傍晚，余繼祖君來訪，漫談公司情形，余君並願為紹南補習，余商量後再復。

交際

齊魯公司黎協理光遠在寓請客，皆公司中人，計有余及德芳、譚嶽泉常務董事、畢天德太太、吳道潛處長夫婦、陳國瑲廠長、蘇雲章處長夫婦、彭用儀主任等。

7月3日　星期六　晴

師友

上午，關文晉先生自中國銀行來電話，謂新自香港返青，余即往該行晤談，據談王伯平先生身後蕭條，託為其姪女謀事云。到新新公寓訪劉旭初及宋今人，均不遇。

交際

中午，與黨校同學石鍾琇兄等九人合請張淵揚同學於新新公寓，張兄現任南通學院院長，該院紡科人才眾多，今午有中紡公司十餘人參加聯合公請，兩方共計兩席，十分熱鬧，被請作陪者有李先良市長。晚，約張慎修夫婦在青島咖啡吃飯。

7 月 4 日　星期日　晴

師友

上午，同德芳到普集支路美業汽車行訪趙智遠經理夫婦，僅其夫人在家，閒談關於二十餘年之生活狀態。到黃台路訪呂廣恩夫婦，又到江蘇路訪李先良夫婦，談呂兄介紹入齊魯公司之進行經過，並託其俟畢天德回青繼續催促。訪張敏之夫婦不遇。下午，張振玉兄來訪並應約同到匯泉青島咖啡吃飯，飯後到浴場閒眺。下午，廖毅宏兄夫婦、陸冠裳兄、張敏之兄及趙少文君先後來訪，閒談，張兄對此間中學辦理情形所談尤詳。

7 月 5 日　星期一　晴

師友

上午，趙智遠經理來訪，談尹致中並未發動各報攻擊畢天德，工業會尹既為理事長，復聘畢為名譽理事長，此項解決亦匪夷所思也，余回寓知趙經理夫婦曾偕來訪。

職務

譚嶽泉常務董事謂將赴滬向曾養甫董事長報告公司情形，並詢能否下次開全體董事會時來青主持，詢余以何時前往為宜，余意曾氏刻正臥病，公司複雜情形非片言可盡，或亦非旦夕所能改善，則不若俟曾氏精神正常時再往，庶乎可解決若干問題也。

7月6日　星期二　晴

師友

中午，史紹周兄來訪，本亦在訪問德芳，余因其正在午睡，未予招呼。晚，叢芳山兄來訪，謂選舉事自函崔唯吾先生後尚未獲覆，又叢兄謂自青報攻擊畢天德總經理，畢託人向中統葉秀峯關說，刻葉已函該報查詢真相，更引起此間之反感，可謂弄巧成拙云。

交際

晚，由濟來青之恆祥銀號經理張慎修君與濟南中央銀行牟祖綬君在青島咖啡請客，到者有林萬秋、張振玉諸君，又有青市銀號經理七、八人，來賓多豪於飲者，九時散。

7月7日　星期三　晴

師友

下午，劉旭初氏來訪，渠此次來青在解決民生公司解散改組之糾紛，聞多發薪餉一節已經洽妥，並非十分困難問題，困難者為被遣散職員提出過分要求如公司房屋亦須放棄，則軼出範圍矣云。劉氏將由此赴滬一行，又談濟南情形甚詳盡。公司職員余繼祖同學自報奮勇為紹南補習功課，自今日開始，為英文、數學兩門，每晚自八時起，一小時左右。

體質

近日左眼結膜時有發炎現象，或點藥稍痊，或不用藥而自癒，但時癒時發，甚糾纏。

7 月 8 日　星期四　晴、晚雨

師友

上午，大信化學工廠趙經理智遠來電話約於中午在青島咖啡晤面，至時前往，所談乃該廠與本公司購料處之連繫問題，因該廠出品碳酸鈣非銷售於橡膠工廠不可也。

職務

近來公司有種種無意識之謠言，此次畢天德總經理赴滬，謂係向曾養甫氏表示消極，又公司全體職員有總辭職之醞釀，其實皆為一種謠言攻勢，使董事會對公司加以顧慮也，況總辭職就實際人事言為不可能之事，而中下層職員不能向董會辭職，雖姿態亦作不出。

7 月 9 日　星期五　晴

集會

上午，參加青島各界追悼張天佐及昌濰殉難烈士大會於市禮堂，由新任十一綏靖區司令官劉安祺主祭，陪祭者十餘人，演說者尚有李先良、劉次蕭等，歷兩小時始散會。

師友

楊子謙君兩度來訪，對於其由濰縣退出遭省銀行遣散至今未獲補救一節，表示焦灼，經商量決定分函濟南合作金庫高希正兄，請其向省行當局轉達一切，余函謂楊兄欲向民意機關聲請補救，余勸其不必，請兄能居間轉圜也，此函備高兄轉送彼方一閱者。

7月10日　星期六　晴

職務

核閱各廠組織規程，此係譚嶽泉董事到青後飭各廠擬送者，其中經過廠方擬稿，公司修正，董會核改，發還整理，並釐訂編制表，已成為為數頗多之文卷，句斟字酌，無一方不用盡推敲工夫，在公司內各項章則中可謂最審慎之作品，與其他不可同日而語也。

師友

晚，魯東行署秘書段啟山君來訪，為普通拜會，據談各省政府行署現在均已取消，僅魯東行署因俞紀民主任之個人關係而存在，又談及崔唯吾先生之競選事，其立場頗不利也。

7月11日　星期日　晴

師友

上午，楊天毅社長來訪，閒談民言報之經營情形，並取去所贈瓜片茶一包，楊君亦嗜此而難購者也。余詢及數月前託其刊載之沈炯齋先生略傳如何，並謂恐始終未登而原稿已佚失，彼未否認，余早已料到該文體裁之不合於該報各版，惟最初不應允予刊載也。

起居

青島入夏以來，氣候涼爽，始終未逾八十度，故工作極不受影響，余除上午九至十二時、下午三至五時在公司外，其餘時間以一小時寫字，有時至海邊閒眺，睡眠極暢適安穩。

7月12日　星期一　晴

職務

譚嶽泉董事談，購料處長董兆鳳赴滬甫返，在滬曾謁曾董事長請辭未准，因在青頗不為公司當局所信任也。又畢天德總經理曾在滬謁曾氏，表示以退為進之辭職，曾氏加以慰留，據譚氏分析認為此刻曾氏可能提出之人選決無人肯繼畢者，故畢之此舉乃對曾氏表示將軍者也，惟余認為此舉並不智，蓋其辭職理由及所散佈之謠言不外對譚不滿，或更謂譚構成湖南系，又接近政校系以取悅於陳果夫先生等，此類荒唐幼稚，除給曾氏以惡感外，決不能起其他作用也。又前數日與譚董事談及民生公司受齊魯公司種種業務上之扶助事，其中售橡膠品與民生，及買民生之物料均較其他方面條件優厚，而橡膠品則兩方帳列數目並不相符，譚兄對此點極為注意，余告以此事絕對有所根據，必要時可由濟南取得資料，且有若干事為民生公司任何人所知也。

師友

楊子謙君來訪，謂此次在省行被裁之濰處同仁有崔又蓁、鄭培梅兩人約彼同至濟南向參議會呼籲，就商於余，余認為可往，但仍先請求復職，不成則公諸社會云。

7月13日　星期二　晴

職務

青島市與山東合辦徵收自衛特捐，各工廠負擔極重，本公司以此案請示於財務委員會，奉復電俟提會解決，但尚有救濟特捐一項為變相之財產稅，尚未奉到指示，又七區麵粉業工會向中央呼籲收購小麥製粉應不限於上海、漢口兩地，陷青、濟粉業於困境，此事於公司之關係亦至大。譚董事嶽泉明日赴京，余主張應催財委會速派總稽核駐公司。

交際

晚，黎協理超海在寓約宴，係為譚嶽泉董事送行，飯後漫談近來公司情形。

7月14日　星期三　晴

交際

因譚董事嶽泉今日赴滬，中午約其至新新公寓便飯，以為祖餞，作陪者有當時在董事會之廖毅宏兄，飯後到飛機場送行，二時起飛，同行者尚有中信局沈銘盤等人。

師友

上午，本縣黨部劉作三、于永之兩兄來訪，閒談。

下午，同德芳由廖毅宏兄引導至滄口橡膠廠宿舍訪陸冠裳太太。下午，楊子謙君來訪，失職事將透過龍主任控訴。

雜事

下午整理書籍插架，皆碑帖及線裝者。吳利生太太來訪，託為其謀事，余漫應之。

7 月 15 日　星期四　晴

師友

上午，謝松雪、張振玉、湯人絜諸君來訪，並有范君同來，范君乃以前余受謝兄之託介紹至省銀行司徒副總經理任用者，此次奉調赴煙台，不久成行，湯君乃運帳表來青保管，據謂上期決算業已辦就，全體純益八億元，其中以上海通匯組賠錢較多，此組乃余以前認為絕無把握遲不願設，余解職後始由省行籌設者，今已知余之見解無誤矣，又盈餘最大者為徐州辦事處，此處乃余以全力向財部請准設立者。晚，杜仁山兄來訪，談濟市教局已辭妥。

7 月 16 日　星期五　晴曇、有陣細雨

師友

上午，濟南電力公司張洪瀛副理來訪，談不日回濟，目前電力因煤源艱窘確屬供應困難，又談及濟南民生公司改組時彼主由余兼主之，余謂作此主張者固不乏人，余皆笑置也。中午，張經理振玉來電話謂，楊天毅社長告今午何前主席思源來青，遂約同往機場迎接，但行至四方

即迎見何氏來車，乃折返榮成路何宅，又未值，詢明係在迎賓館，乃往，互道寒暄並談北平近況與學潮等，三時返。謝松雪兄來訪，託為其叔弟北平中大畢業者謀事。

7月17日　星期六　晴曇

師友

上午，到德平路第九防疫醫院訪仲崇祐兄，至則詢市立婦嬰醫院知防疫醫院已移至西嶺嘉祥路三號，乃按址前往，仲兄已三年不見，據稱勝利復原即來辦救濟分署之防疫醫院，救署結束後改歸衛生部，規模不大，完全利用美國物資設立者，余談半小時告辭前將拜訪其夫人，據謂係由四川來青伴來之新夫人，其前夫人因志趣不合，不能共同生活，刻在南京云，其新夫人今日未能晤及，大約因余與其前夫人相識之故云。

7月18日　星期日　晴

交際

中午，王憲忱君在吳淞路寓請客，在座尚有杜仁山、葛子明、王秋圃諸君等，二時散席。

師友

張敏之兄來訪，研討紹南轉學問題，決定向勞山中學申請轉學。王少民夫婦來訪，王兄在此行醫，乃先志中學校友。于子久科長來訪，其夫人同來，閒談。薛壽易科長來訪。

消夏

下午，率紹南、紹雄兩女到第一浴場洗海水浴，因天氣漸熱，浴者極多，並遇楊天毅、張振玉、史紹周、牟乃紘諸君，共同攝影，此為余等初次，故爆曬太陽後臂背紅痛，如烈日下遠行。

7 月 19 日　星期一　晴

職務

近來公司遭遇之捐稅問題有二，一為救濟特捐，乃中央所發動，而財產稅之變相，二為自衛特捐，乃山東省與青島市因地方團隊中央不給經費而就地設法者，前者數少而只一次，後者則按月負擔極為可觀，經分別請示財委會核示，已先後接到答覆，前者照捐，但希望為數較少，已函李市長酌減云，余詢李市長，知已減去三分之二，乃通知公司照最後核定數十五億認捐，後者則中央認為本公司有種種理由應該拒絕，理由且多極具體，已照轉公司交涉矣。

7 月 20 日　星期二　晴

師友

中午，楊子謙君來訪，蓋余今晨將高希正兄來信送洽，原信乃告省行總經理田叔璠對濰縣辦事處同仁遣散事係留職停薪，隨時可以復職，但須濰縣收復云，余告以濰處行員頗多物議，設能理直氣壯無甚缺點，自可繼續請求，若總行知無他人可以援例，自易獲准也。晚，廖毅宏兄來訪，詢公司情形，並告謂此次學校派同學來青實習者四人，尚未到達，聞到達後將先令參加自衛總隊訓練云，但此事余未聞悉也，今日來訪時尚偕另一同學同來。

7月21日　星期三　陰

師友

中午，到市政府訪李先良市長，探問其報載市長易人事，據談確有此事，乃前日中政會通過者，但尚未經過行政院會議，繼任人龔學遂，乃政學系，今後對若干方面不免有更張之慮，而目前青島保安總隊之勞山子弟已有動搖之象，亟應設法安彼等之心也。又談及自衛特捐事，彼接中央財委會公事，係以從政黨員資格指示其此捐不能承認者，所持理由較之本公司所接財委會公文更為詳細，此事乃山東所辦，魯省府亦當有此文也。

7月22日　星期四　陰

師友

下午，到市黨部訪新任主任委員童世荃氏，據談在京出發來青前已聞張志智兄談起，望今後能彼此協助配合，又彼為安徽人，知余在皖工作多年，故亦有若干友人，談起為彼此所俱知者，又童氏人甚坦白，初次相晤即談及青市將來黨政軍主管人屬於三個派系，不易運用云。下午，到民言報訪楊天毅兄，取來前在匯泉浴場所攝各照片。

交際

晚，黎超海及曲主任在新新公寓請客，係以民生公司關係請劉旭初者，在座尚有七、八人。

7月23日　星期五　晴、晚雨

師友

上午，楊天毅社長來訪，本約定往訪項傳遠司令，但以電話詢知其並不在家，乃復作罷。上午，徐庶幾同學來訪，約定後日晚在公園飯店公請李先良同學，為其卸任祖餞，主方據稱共有九人，皆為黨校同學云。下午，到萊陽路四十五號訪叢芳山兄，出示崔唯吾先生為立委選舉糾紛事之來函，因法院到處無法解決此等糾紛，故移轉管轄事暫緩進行，現在仍將力量用於行政方面，希望選舉總事務所及省所及魯東行署能圖謀補救云。

7月24日　星期六　晴、有陣雨

師友

下午，汪逢棨君來訪，汪君甫於昨日由南京來青，係奉財政部國庫署之派來青辦理有關國庫之稽核工作，主要者為敵偽產業價款收入方面，據談財部人事自王雲五長部後大有更動，楊綿仲氏離署後，石鍊之兄之副署長缺有人活動，但石兄決不動搖，自係正當態度，余詢其金融機關之近來同學情形，汪兄不甚了然。下午，徐庶幾兄來訪，談明日歡宴李先良兄因故改為星期一下午六時舉行，徐君對李市長之風度頗有微詞，實則幫彼之忙最多也。

7月25日　星期日　晴

家事

上午，同昆祥弟、振祥弟婦及紹南等到陵縣路探望二姑母姑丈及表妹妹婿等，因地方太小，稍坐即先辭出，率紹南、紹雄到市上購物，為紹雄購皮鞋一雙，著腳極滿意，天真可喜，又紹南本擬購西式童裝，因無適當尺寸與花色者而罷，十一時半竣事而歸。

消暑

連日凡無雨時均至匯泉第一浴場從事海浴，時間由一小時至兩小時不等，皮膚已因曬而變黑，肩膀則一層表皮有退換模樣，又近日漸成習慣，日曬後已不覺痛疼矣。

7月26日　星期一　晴、有陣雨

職務

畢天德總經理昨日由滬台回青，今日來談各事情形，謂台灣設廠事只能先買地皮，合乎生產條件之唯一事項為動力便宜，至原料與市場均無特殊優長之處，陳果夫、曾養甫兩先生均臥病上海，曾氏表示董事會將於九月間舉行，設彼不能來青，則在上海召開云。

師友

下午，仲崇祐院長來訪，談有頃並同至余寓與德芳閒談。遇張敏之兄，知關於紹南轉學事彼尚未進行，而所託為鄧君介紹美術教員事亦未辦理，只謂困難，蓋自李先良市長奉令交卸，市府服務同學均有動搖之象，對其他事似皆不暇及之也。晚，劉健夫太太來訪，談日昨由濟南來青，因軍事情形逆轉，故人心不安，紛紛疏散云。

交際

晚，黨校在青同學九人在第一公園公園飯店請李先良市長及其夫人，為其交卸惜別也，到者張敏之、王玉忱、梁鶩、梁諶彝、王培祐、石鍾琇、潘詠珂、徐庶幾等，徐君到時攜歌女任冷萍、張曉雲等同來，而其夫人不來，所請則有女客，殊為失禮，幸早辭，飯後並漫談各同學在新任龔市長未來之前或已來之後應如何確定個人之出處，余認為皆不必率爾求去也。

7 月 27 日　星期二　晴

職務

上午，母校分發公司服務之今年畢業同學四人來訪，談及前日到青後，昨日公司方面表示須先經過實習，期間為六個月，在此期內，所給待遇只供伙食，而彼等均無適當之衣著，希望能不實習，或將實習期縮短，或雖實習而將待遇改善云，余允俟譚嶽泉常務董事回青後即行會同與公司方面研討。公司有新任專門委員段念祖下午持魏北鯤兄介紹片來訪，談此次來公司之任務為辦理勞工方面之工作，本來曾董事長有意延來在董事會工作，後又改在公司專辦勞工方面工作云，彼之來此似頗有來歷，但不知詳細內容焉。上午，與畢天德總經理談公司事務，關於自衛特捐雖經中央財務委員會會議決定不納，但彼與黎超海協理均恐完全不納仍有困難，余認為應審慎，既有中央指示，應易於應付也。又關於東亞麵粉公司之廣重製粉廠，乃一雜糧小廠，無經營價值，經前次董事會常會議決不購，但按現在物價則四十餘億之代價又屬甚廉，擬仍承購，俟由處理機關取得此項產業後，必要時亦可賣出云。此外公司人事方面，畢君云在滬與曾董事長及譚嶽泉董事商定提升會計處長蘇雲章為協理，暫仍兼會計處長，俟中央另行派人，營業處長則由趙副處長提升，又會計處尚無副處長，將以科長提升，余知此中又有人情之成分在內，而蘇之提升在公司辦事作用上亦殊不足有何表現，此舉殊不能謂有何意義，又蘇君乃政校同學與公司北洋系接近者，渠之提升由於此者較多，余對此事本無贊成之必要，但曾養甫董事長已將條寫好交下，亦只好不置可否，照辦而已。

交際

中午，余因事到民言報訪楊天毅社長，值竇士先經理約數人在葛副市長挹純寓所吃飯，余亦臨時加入，在座計有王仲怡、劉金鈺、劉菊邨、吳竹銘等八、九人，吳君有摺扇一柄係在南方與茶葉同窨珠蘭花者，清香四溢，高出香水數倍，殊有異趣，一時散。

7月28日　星期三　陰、微雨

體質

每日到匯泉行海水浴已十餘日，僅間隔一兩日未到，今日雖有細雨與半遮面之太陽，仍率紹南前往，海邊之人大為減少，僅足平時之五分之一而已，如此亦有優點，一為海水動盪甚輕，清澈可鑑，二為海面不太擁擠，對初習游泳有若干自由與便利，三為沖淡水處蓮蓬頭流水較旺，比之在更衣室內用毛巾沖洗為暢快，且可沖及頭部，故以今日為最暢快也。余之皮膚最無抵抗力，故生癬疾最易，而腳趾為尤甚，十數日來已覺皮膚大為強健，除足部外其餘小癬治癒後已可不再復在他處重發，僅陽光曬後之兩肩與背部初時發痛，現則漸漸有抵抗陽光之能力，表皮則正在脫落，此階段一過，皮膚可更健康矣。

藝事

近來仍繼續臨池，不過有時為他事錯過，間斷一二日，今日止又將李仲璇碑重臨一次，前數日則重臨龍藏寺碑，此二者均尚不能肖其什一，尤以李仲璇碑夾有篆隸用筆為難學也。

7月29日　星期四　晴曇

師友

上午，同德芳到太平路小學訪單秀人女士不遇。下午，余繼祖君來談公司自蘇雲章提升為協理，會計處副處長有姚科長提升之醞釀，又營業處處長由趙錄鋼提升後，另一副處長李春祐本來自認為有把握者，頗感觖望，形之於色云。晚，楊天毅兄來訪，談明日政大校長顧毓琇氏來青，準備居住地點，余以為須先詢市政府是否已有準備，經以電話詢明市府李市長赴勞山未返，石局長鍾琇則尚不知有此事，謂將於明晨向秘書處打聽是否已有準備，楊君之意本欲借廣和興省行儲信部下塌，謂因居住太雜殊不合適，余以為設市府未準備地點，則本公司招待室未嘗不可下塌云。

7月30日　星期五　晴

師友

為政治大學在山東大學招考，前往幫忙監考，移時知顧校長毓琇於今日乘空中霸王號來青，乃與蕭繼宗、楊天毅、杜元信、張振玉諸兄同到飛機場迎接，下午二時到達，同來此者尚有天津恆大公司董事長駱美奐氏夫婦，下機後均同至迎賓館，顧氏閒談其此次遨游瀋陽、北平之經過，對時局極為樂觀，在迎賓館等候吃飯後，陪同到山東大學巡視招考新生試場，並訪趙太侔校長，最後同返迎賓館休息，又今日代表李市長先良歡迎者為其夫人趙士英，李兄先已陪同錢大鈞等於昨日登勞山，今晚始能返回云。

7月31日　星期六　晴

師友

上午，到迎賓館訪顧校長毓琇及駱委員美奐，旋一同出發，與蕭繼宗、王文華同到觀象台及水族館參觀，此二處皆王文華兄之所主管也，今日在迎賓館並遇李泰華廳長等。

交際

晚，本公司由余及畢天德、黎超海出面合宴顧校長毓琇及駱美奐委員夫婦，又有何仙槎前主席夫婦、童世荃主任委員，未到者有山東大學趙校長太侔及李先良市長夫婦。

職務

晚飯時畢天德總經理談山東省府尹文敬青市府孔福民及十一綏靖區徐人眾聯合到公司催繳自衛特捐，一面表示希望公司協助彼等達成任務，一面以派兵坐索及禁運出口相要挾，在財委會未核准前並希望先行借繳，有類綁票勒索，公司已軟化，力主核減後照繳，徵余同意，蓋此事公司係請示董事會，經董事會轉請中央財委會核示，奉復經提出會議討論，議決不能照繳也，既經有案在先，自不能自行作主於後，畢君之意，因三代表不但限定必須借繳，且須於星期一照辦，軍政兩方有此表示，如經激怒，恐公司辦事橫生阻力，財委會並不能代為解決困難也，余意地方當地之困難，既須事業機關捐籌，在法治政府之下，決不能以威脅勒索之方式出之，此種特捐僅奉行政院核准徵收，未經立法程序加重人民負擔，實屬違法，本公司為遷就事實乃向中央財委會請示，希望能有折衷辦法，但既經財委會否決，未經請示核准，何能即依該三人之意，先行墊繳，且此三人皆為黨員，彼等為做官計，希望黨營事業供其犧牲，其心迹固屬可誅，縱退一步言之，非如此不能解決問題，亦不能討價還價，上下遂心，更威脅勒索，直類無法無天，故余意只能以最迅速方式請示，不能自行曲從其意，彼等果能妨礙公司業務以相煎迫，在公司立場亦當無所恐懼，談至此即罷，畢君仍認為問題未能解決，蓋此君自認其地位非常脆弱，為保全其已得之局，縱公司吃虧，亦不惜代價也，其用心殊不堪問，最後余表示如公司能自行負責，不經董事會，余可不問。

8月1日　星期日　晴曇、夜雨

師友

上午，同德芳到金口二路訪王少民兄及其夫人，又同到荷澤三路四號訪劉健夫太太。

交際

中午，與楊天毅、潘詠珂、龔祖遂、杜元信、張振玉諸兄合請顧毓琇校長、駱美奐委員及夫人、李先良市長及夫人，又童世荃主任委員於湛山寺，所備全為素齋，地在寺後藏經樓，又有公園蜜桃。

體質

昨晚與今晨腹瀉四次，體力不支，晚飯後且頭痛，早睡，飲白蘭地兩次，瀉已止。

家事

紹雄昨日發燒腹痛，今日續請仲崇祐兄診視，已無病象，服藥兩種均有效。

8月2日　星期一　晴曇

師友

上午，興濟公司籌備處邵主任季平來訪，邵君係前日由濟南來青，將接其母由青去京居住，據談濟南工商凋蔽，一般購買力薄弱，而軍事情勢又復日趨嚴重，殊為可慮云。下午，汪逢桀稽核來訪，談已開始國庫稽核工作，並為立人中學募捐事，交來捐冊一本。徐嘉禾同學來訪，謂明日全體歡迎顧校長定在國際俱樂部舉行，茶會每人需百廿萬，宴會慶酒則二百萬，經決定宴會，但到會會員只帶百萬，餘數由數同學認捐云。

8月3日　星期二　晴

師友

上午，山東省府張會計長景文派庶務來送存箱篋等五件，係由濟南來此，余初將其置放於董事會三樓，後因無專人照管，又改移入余所住之萊陽路宿舍。答訪邵季平主任於本公司三樓，不遇。

交際

晚，參加同學會通訊處所召集之歡迎顧校長毓琇宴會於國際俱樂部，到四十餘人，已逾留青會員之半數，席間顧氏致詞報告此次訪問東北、華北之觀感，見解有頗新穎之處，但宣傳成分太重耳。晚與畢天德總經理、黎超海協理請邵季平主任吃飯，並邀全體處長、副處長與正副廠長，共計兩席，同仁中首席為新任協理蘇雲章。

8月4日　星期三　晴、有陣雨

職務

下午，譚董事嶽泉由京回青，余到金口一路晤談，關於公司不和諧情形恐不易獲得改善，譚兄坦白承認曾養甫董事長所受公司內部包圍利用蒙蔽之甚，似乎不易加以改革，而畢天德黎超海及其一系人員則在輪流向曾氏為種種危言聳聽之進言，更加曾氏之夫人另有其見識，頗有先入為主之勢，迹其中種種用心固極可鄙，但如此行徑亦顯見無聊之極，譚兄謂確有人向曾氏陳述謂譚兄不核准其報銷，但並無其事，而曾氏則謂無此消息，避不作答，足見口舌是非之有其作用，又總公司增一協理，譚兄謂彼曾主張，但人事則不是如今日所已實現，又總稽核一職確有需要，而曾氏則反對態度始終不變，故仍難有實現之望，至於陳果夫先生處因正臥病故往謁亦未談何重要問題，致此行收穫甚少云。

交際

晚，與德芳在青島咖啡宴客，到姚智千太太、劉健夫太太、邵光裕、牟祖綬、譚嶽泉、彭用儀等。

8月5日　星期四　晴

消暑

今夏青市氣候亦復奇熱，加以余所住屋向西，下午輒汗下如雨，即在街市漫步時亦然，且潮霉最甚，有過京滬，自前數日小恙，即未行海浴，今日起恢復，並繼續練習學泳，兩手行進已知用力，但尚不能換氣，故每次只行五、六公尺，今日復學兩足出水，故頭部益須浸入水內，於是則兩足可在水面上活動，久之即可將下彎之身軀漸成平直，又余今日未用多少力氣，係譚嶽泉董事所告，謂不必用力，動作宜緩，順自然之勢斯可矣。

8月6日　星期五　晴、有陣雨

師友

上午，楊天毅社長來訪，談因青年團委員加派社長副席，不得解決，將赴京一行，與財務委員會接洽報社超然獨立方式，談竟與楊兄到龍華路訪項望如司令，不遇。

交際

中午，在青島咖啡請司徒履光副總經理及張振玉經理夫婦吃飯，司徒由滬回青，不日返濟，但因時局關係，或將盡量延宕云。晚，公司由畢天德、黎超海、蘇雲章出面請客，到者有在青休夏之莫德惠氏、新任市長龔學遂、秘書長徐祖善、港務局長季君及秘書數人，此外為中央銀行中國農民銀行等行及中紡公司等經理。

8月7日　星期六　晴、有陣雨

師友

上午，到金口一路看譚嶽泉常務董事之病。上午謝松雪兄來訪，本欲往訪莫德惠氏，借余車前往，適余車修理，改後日再往，謝兄談及稅務人員之作風，謂此間其局長錢菊儂與謝兄本人在濟為局長時迥然不同，即濟南一部分官員如建設廳長等類，亦均有利用機會，包庇偽工商股份等發財機會，可見天下滔滔，無不為利而來也；此等情形與今日來訪之姚智千太太所告在濟先後辭職之兵站總監與綏靖區經理室主任，亦均發財攜姬妾來青逍遙，此二人余在青均見之，此二人亦在青、濟發家者，均敗類也。

交際

晚，公司六廠長陳國瑲、朱梅、孫毅、謝賡年、劉鑑、張履賢在中山路二樓請客，主要之客人為公司新進之協理蘇雲章及營業處長趙錄絅，再則為各處正副處長。

8 月 8 日　星期日　晴

家事

伯父家之堂妹上午率其幼子幼女來探望，已廿餘年未見，其時尚未許嫁。

8 月 9 日　星期一　雨

師友

上午，同謝松雪兄到正陽關路訪莫德惠氏，莫氏目前身分為似在朝而實在野，故所談現狀均極恣肆，並無隱留，據稱在渝發行金公債及出賣黃金期貨等策略皆彼與孔祥熙部長所貢獻，惜乎有黃金六折發貨之舉，將政府信用喪盡，而現在美金庫券又發生照何數還本之問題，蓋目前政府官價外匯為每元一萬二千元，掛牌為四十八萬元，結匯證明書為六、七百萬元，真正美匯黑市已在千萬以上，政府頗有意照掛牌還本，恐又將喪盡債信矣，如照黑市，絕不為法令所許，如再加證明書價，此價為進出口商間之互相補貼辦法，並無公定行市，政府亦難以此據為計算，因之至今不決。莫氏為中國銀行股東，對於目前中行商股退還一事，研討頗詳，謂立法院視此為債權，將以一千七百倍還本，又有主張按股票在證券市場之行市者，但根本合理之辦法為照資產負債上之實值按照目前市價加以升合，但此工作極繁，技術問題不能解決，故此事非目前所能辦也，余之意見如此，莫氏深以為然，氏談鋒甚健，其所住之中國銀行招待所復精雅絕倫，大可幫助深湛之思考，政府中人有此餘裕者，殊不多見也，談約一小時與辭而出，莫氏送至門首。下午，訪叢芳山兄，研討崔唯吾先生來信所告之立委訟事現況，蓋崔氏委託李世忠律師轉託一劉律師在青島山東高二分院起訴，被告為孫典忱專員，並照司法院解釋此種被告應將因票數不實而當選之候選人一併包括在內，於是被告有六、七人之多，竟包括全體當選立委人員，使孫典忱從中加以運用，全體當選者結成一條陣線，省選舉事務所鑒於輕重之間，不能無所取捨，亦遂站在被告方面，種種解決辦法，無一與崔氏有利，其實此事在律師方面之未加熟慮，蓋司法院對此事之解釋有三點，一為選舉舞弊之被告應為區選所監督，亦即孫典忱之地位，二為如票數不實，落選之候選人應將當選人一併作為被告，三為候選人之得票計算錯誤事，其因計算錯誤而當選之當選人亦應列入被告，此案實應照此第三點，則被告不過再加入牟尚齋而已，因牟票多於崔票，崔票謂尚應加一萬，如照加則名次即當換置也，但律師遞狀時認為應照得票不實按第二項起訴，則食而不化矣，此刻如再改照三項，仍將貽人出爾反爾之譏，故甚難處也。

8月10日　星期二　雨

師友

上午，王渭川兄來訪，謂不久前由川來青，本擬先回濟南照料洪泰火柴廠，因濟南時局甚緊，故將在青島暫住，據謂目前濟南廠務進行照常，每日尚能出相當數量之火柴，因濟南工資廉，原料中之木材亦易購而價低，成品則價較他埠為高，故經營條件甚為充足云。又談及目前經營事業之困難，殊不一而足，尚有若干瑣細之損失而不能避免者，如軍人利用徵料或利用職權垂涎金錢或出品，必要時須有相當之點綴，此等事在抗戰前亦有之，彼曾因受官府勒索敲詐而被看管數天，此尚係濟南省會之區，其他僻處內地者更無論矣，王兄在此尚須處理火柴聯營社事務，談二小時辭去。

交際

晚，公司新升協理蘇雲章在中山路二樓請客，皆公司內部中人，自各處長、副處長、廠長、副廠長、秘書，以至總經理、協理，此外為上海辦事處處長，董事會為余與譚嶽泉兄。

8月11日　星期三　雨

師友

上午，黨校同學葉諶彝來訪，談已辭去市政府職務，將先到平津訪友，託余介紹在營業處買啤酒兩箱，余即陪同與趙錄絅、李春祐兩處長洽妥打九五折照購。下午初晴，與德芳、紹南到匯泉海水浴場從事海浴，德芳為初次入水，余與紹南則練習自由式之兩足打水姿勢，時值枯潮，雨後岸邊甚齷齪，故步入安全浮標以外，水極清澈，而游人甚少，遇潘詠軻同學，謂將辭去農林事務所所長，因新市長到任尚無表示云。

8月12日　星期四　晴

職務

上午，市黨部主任委員童世荃來公司與余及譚嶽泉董事、畢天德總經理等商洽市黨部委託本公司出面，向中央信託局洽借款項問題，謂款項為二百億元，期限兩個月，由黨部負責屆時歸還，蓋照目前物價漲勢觀察，兩個月即有十倍可能，此則以借款十之一二買成金鈔貨物，期於十之八九即成一轉手而得之利益也，市黨部經費有限，此舉在彌補中央經費之不足。商討結果，本公司不出抵押品為原則，並報中央財委備案。中央財委會規定七月份起按月解繳盈餘，公司方面認為影響周轉資金，不知會計技術上大可操縱盈餘數目也。

師友

下午，張慎修經理率子來訪，託為其子謀事。下午，汪逢棨兄來訪，談立人中學募捐事。

8月13日　星期五　晴

師友

上午，同譚常務董事嶽泉到市黨部訪童主任委員閒談。上午，到市政府教育局為新任主任秘書李滌生兄到職道賀，至則余始知杜仁山兄亦於前數日到該局任科長，乃談及前次介紹鄧邦政君任教事，杜兄表示幫忙，辭出後，杜兄來電話謂有一機會，希望鄧君到局接洽，余遂到陵縣路廿八號告知姜仁山姑丈轉知鄧君屆時前往。晚，廖毅宏副廠長來訪，漫談公司情形，深為苦悶，因余告以此次譚嶽泉董事南京、上海之行並未在上層對公司情形有所改善，此次人事調動，不過就舊人升遷，於實際情形非但無可改善，且使此等現實主義者益覺得計也。晚，余繼祖兄談，政校同學有兩人言辭，其中去年與今年來公司者各一，均對於公司前途及個人待遇不滿云。

8月14日　星期六　陰、夜大雷雨

職務

公司上期決算表已送來董事會，且以一份轉中央財委會，此項決算對於各廠及上海辦事處間之往來未達帳根本不予查清，嚴格言之，乃一不確切之決算也，但既已送到，只好先行審核，並準備一報告書於下月間開全體董事會議時提出。關於市黨部向中央信託局借款二百億事，原謂由本公司代表出面，現悉並非如此，乃中信局主張由公司新近訂定之五百億打包放款內轉借，如此又何須市黨部與中信局接洽，該局又何得慷他人之慨，以應付市黨部乎？余意市黨部應先明白係向誰借錢，庶乎其不致纏夾不清也。

8月15日　星期日　有陣雨

師友

下午，廖毅宏副廠長及其夫人來約同至第一公園農林事務所潘詠珂所長處吃水蜜桃，並參觀其果園，果園之桃已陸續成熟，將近成熟階段者則逐一用紙裹起，俟採摘前數日始解開接受陽光，使其發紅，余等參觀時有若干武裝分子繞園進行，似有所圖，聞以此種方式偷食或偷賣者極多，無力予以取締云。廖兄又告，公司會計處授意各廠造物資增減表時，務須使其好看一點，故實際大為減少之物資，恐造表後未必能有所表現，余意其表現於數量者，除非為不實之填寫或有接收後溢出之物資以為填補，否則只能在估價上有所伸縮，而不能隱藏於數量內，惟審核時增加技術困難，則不可免耳。

8月16日　星期一　陰雨

藝事

近日繼續臨池，惟時間改在下午，每日寫蘋果大之字平均約百字，春間臨龍華寺、龍藏寺、李仲璇，均有三、四遍不等，兩月前因德芳將存濟碑帖俱攜以來，乃又選出兩種久欲臨寫者，一為張黑女墓誌銘，一為敬史君碑，張黑女誌寫三遍，以楷法運筆，極不措手，但所謂以篆隸入楷，談何容易，余在臨池之時，見何子貞題跋，始知何氏書法獨得此墓誌之神韻也，又此誌有若干字不能識得，查校碑隨筆所釋甚簡，而金石草編所錄又無此編，其他更無處可查矣，現將此誌暫告段落，前日起改臨敬史君碑。

8月17日　星期二　晴

職務

譚常務董事談，本公司預定下月舉行之全體董事會，正由趙、金兩秘書專員準備資料，但今日畢天德總經理及黎超海協理談，認為董事長毋庸提出報告，只須由總經理提出報告業務，即為已足云，余以為此謂完全無當於事實，蓋本公司為董事長制，董事長乃代表公司者，何能無一語及於公司，即在總經理制之機構亦不能干涉董事長之向董事會提出報告也，又黎、畢之意董事會係向股東大會開會時始提報告，此與事實固屬相符，但非謂只能提出一個場合之報告也，況此等事乃董事會權衡，彼等勿庸置喙也云，譚兄無何意見，只謂彼等之意分明仍認為總經理乃代表公司者，彼蓋數月來困思於曾養甫董事長之拘泥，凡事已成不能平心靜氣之苦，故近來遇事甚為消極云。

師友

下午，來訪者凡兩起，一為技術室彭用儀主任，二為橡膠廠陳國琯廠長，皆夫人新近來青者，特偕同前來拜會。山東財廳舊人魏伯騏及祝建琳到公司來拜會，余下午不到公，致未遇。

8月18日　星期三　晴

師友

下午，前山東財政廳秘書科長魏伯騏、祝建琳兩君來訪，均由北平來青，二人均已離去北平市政府職務，將候趙季勳兄由京來青組織監察院行署時參加工作，二人談北平友人情形甚詳。

娛樂

晚，同德芳到市禮堂參觀音樂演奏會，節目有市立男女中合唱團、上海路教會聖樂合唱團、文德女中合唱團之混聲合唱與女聲合唱，小提琴鋼琴獨奏合奏，女高音男中音獨唱等，女高音獨唱周美玉之Seana 極為不易，又有王紹麟小姐僅十歲左右，鋼琴演奏極純熟，觀眾大悅。

8月19日　星期四　晴曇

師友

上午，同德芳到中山路八十二號本公司樓上答訪陳國琯廠長夫婦，又同到金口一路卅五號答訪彭用儀主任夫婦。德芳又到金口一路訪聖功女中教員某君接洽紹南轉學事。

交際

晚，譚常務董事在中山路公司樓上宴客，凡兩席，皆公司同人之有眷屬者。

體質

近來天氣漸涼，但下午只須天晴，即至滙泉浴場練習游泳一小時餘，故皮膚被曬甚黑，但甚健康，兩足之癬亦因而稍癒，僅入水將頭部潛入水，略覺頭痛耳。

8月20日　星期五　晴

師友

上午，到市黨部訪叢芳山兄，據談崔唯吾先生之立法委員選訟所需要之文登、榮成兩黨部證件，除文登可以辦理但無甚用處外，榮成方面因受行政當局之影響，根本對立，已無商洽餘地，再加以被告太多，法官亦未必能同情原告也。到市黨部答訪魏伯騏君，不遇。上午，到河南路廿四號訪祝建琳君，亦因外出而不遇。

時事

今日報刊載昨日政府深夜公布改革幣制，採用金圓券，每圓合舊法幣參百萬，每美金一圓合新金圓券四元，每黃金一兩合新券二百元，金鈔收歸國有，發行限額二十億元，外滙仍採審核制，財政力求適合，公務人員及公有營業機構員工改發新券，職員以四十元為基本數，過此至三百元者二折，至六百元者一折，民營事業則不能超過八月份上半月份應得法幣折合新券數，此辦法公布後之市場反應尚未聞悉，銀行奉令休業兩天。

8 月 21 日　星期六　晴、有陣雨

交際

晚，畢天德總經理為其生子彌月在寓酬客，凡三席，十之九為公司同仁，九時散。

8 月 22 日　星期日　晴

師友

上午，王渭川兄來訪，談及其弟經營紗布，二十日配得中紡棉布一批，定當日付款，因改革幣制，銀行休假改至明日付款，連日因經濟大革新，銀行休業，且聞明日開業後一週內無放款希望，故物價甚疲，如將此布賣出，將不夠配售時之成本，如另以美鈔抵付，則美鈔將來可作進口之用，似乎價格將較紗布為有希望，因此甚為躊躇，余見近來一般商界人士均有暗中摸索之苦，照此情形非有半月至一月時間不能知政府之決心，亦即無由知物價動態，此刻以一己之判斷經營事業，俱有極大風險也。濟南女青年會牛鳳英總幹事來訪，將於後日回濟，渠與此間聖功女中校友相識者多，託為進行紹南轉學事。

交際

中午，濟南恆祥銀號張慎修經理在順興樓請客，屆時前往，知所請之主要客人乃田糧處一張文法科長與省銀行科長金子瓊，余等乃為陪客，此主人殊欠斟酌也。在中午宴會中遇魯東行署段秘書啟山，據談該行署不日取消，魯省府亦將改組，行署主任俞濟民鑑於山東事無可為，將求去矣，飯後同段君到海水浴場游泳，氣候極合。

8月23日　星期一　晴

意外

下午三時，同譚嶽泉董事到匯泉海水浴場習游泳，到時見潮已枯，但因未查潮汐表即未知其是否已到回漲之時，因涉淺灘至所設浮標之深水處，距岸約半里許，其地水較外邊尤淺，而清澈見底，乃習泳半小時餘，其中一次以浮標為目標約一、二十米用蛙式前游，竟能達到，深以為樂，迨第二次再游未到以足觸海底時，覺水之深度已超過入水之時，知潮已回漲，乃急轉身外行，以期上岸，不料在距岸十餘丈遠處本有較深之處，至是已深至沒頂，竟不能過，余初以為只兩三步可以衝過，但愈陷愈深，勉強掙扎，僅能數度伸手向外，欲作短距離游泳，此時已力不從心，況余習泳以來甫能換氣數口，有時動作欠確實即須以足著地，今不能著底，亦即浮起不易，遂愈慌亂，其時神智甚清，乃急向近距離游泳者招手，乃有救護警數人先後到來，二人以全力捉住余之兩臂，行數步，有遞救生圈者來，乃俯拖至岸，並至警察所登記，慌亂中飲水不過三數口，但至睡前止頭覺甚痛，但無異狀。

娛樂

晚，同德芳應徐從文約到永安觀劇，鄭冰如唱荒山淚，戟刺時事甚深刻，唱亦可聽。

8月24日　星期二　晴

師友

中午，到瀛洲旅社訪劉健夫經理，因其今日動身回濟借車到機場也，但今午不能成行，因約定中午在新新公寓吃飯，屆時同往者有周壽民經理，亦在濟同業，刻旅居青島將於日內回濟者，今日所請在座有劉健夫太太，故德芳參加招待，因周壽民太太在此，故亦派車往接，而德芳又約有濟南女青年會總幹事牛鳳英女士亦至，此外有濟南中央銀行邵光裕襄理，主客共計八人，席間談山東政局與軍事情勢等，均望目前小康可以苟延也。

8月25日　星期三　晴、有陣雨

師友

晨，劉健夫兄來電話，謂今日機票已買到，決定十一時赴機場搭機回濟，並將借車一用，余於九時乘車往訪，十時動身赴機場，余往送行，此外送行者有劉兄之夫人及該行同仁邵光裕、牟祖綬等，到機場休息室知周壽民經理亦於今日出發，乃一併送行，迨中航機由上海飛來，尚未登乘，暴雨驟至，約半小時始歇，由候機室至機門十餘步一片澤國，勉強登乘，余等即冒雨回青市，並同至洪海飯舖吃烤魚烤肉等，二時始回寓。

交際

下午，畢天德、黎超海、蘇雲章三總協理來訪，謂本公司常駐監察人姚大海委員今日下午來青，住棲霞路廿號，約一同往訪，比至，姚君已先在相候，乃同出發至太平角匯泉第二浴場一帶游覽，最後到青島咖啡用晚飯，閒談至九時始回寓。報登濟南交通銀行季獻之經理丁大母之喪，今日在鎮江發引，不及送禮，拍一交際電報示悼。

8月26日　星期四　晴

職務

上午，同姚大海監察人、譚嶽泉董事及畢天德總經理到各廠視察，先到植物油廠，此廠之第三場設備最新，係用圓搾機，又到第二場，此場參有方搾機，但兩廠均因無原料停止工作，由此至第二麵粉廠，設備亦較新，而因無原料，亦在停工，再轉至啤酒廠，工作正積極進行中，計參觀兩主要部分，一為製酒部分，由麥芽加熱至酒液冷藏，地下室保持六度至〇度之溫度，其冷無比，二為裝酒部分，由洗瓶、加溫消毒至裝箱止，此外並採所植啤酒花，因此時正在開放也，轉至美口酒廠，見正壓榨葡萄汁，但廠房極凌亂也。

交際

中午同姚大海監察人等在畢天德寓吃飯，下午至浴場習泳，下午又同至洪海飯舖便飯。

8月27日　星期五　晴

師友

上午，接楊天毅兄來電話，謂李先良同學訂今日飛京，詢余是否送行，余乃與畢天德及張振玉兩君連絡搭車，至午無結果，乃由楊兄與杜元信兄聯絡，於一時一刻搭車前往，其時南下霸王號機已降落，於二時起飛，送行者數十人，並遇劉階平兄偕其新婚夫人回京。晚，到龍口路四十四號訪程韞山專員，託其帶濟宋正軒兄衣包，又訪林鳴九兄不遇。

家事

紹南在青投考文德女子中學已於今日發榜，考初級二年級插班生者共五、六十人，錄取二十餘人，名列第三，成績可謂甚佳，明日尚須到聖功女子中學投考，以作最後決定。

交際

晚，與譚嶽泉董事聯合宴客，計到姚大海委員、龔學遂市長、童世荃主任委員、李代芳議長、畢天德總經理、黎超海、蘇雲章兩協理，未到者葛覃委員。

8 月 28 日　星期六　晴

師友

午，張敏之兄來談，先志中學復校事有一極可利用之機會，緣李先良太太趙士英所辦黃台路婦女就學輔導所，近因無意繼續辦理，可將房屋設備移贈辦學，以將現有女生六十餘人妥為安頓為條件，此六十餘人可以所置縫紉機八架自食其力，單獨成立職業班，並不影響中學本身之費用，就現在已有房舍而論，可容納三班，學校可盡量延聘先志校友義務授課，以節費用，云云，余對此舉深為贊同，但認為須趙士英所代表之婦女會內無其他意見，又先志校友及應先成立之校董會人選務求包羅無遺，而經常負責之董事又必須有日常接觸之機會，以期群策群力，並免萬一在應付方法上有何阻力，張兄亦均以為然。

8月29日　星期日　晴

交際

中午，黎超海協理在樓上請吃便飯，到有姚大海、譚嶽泉、畢天德等君，飯後下午同姚君到匯泉海水浴場習泳，下午七時由蘇雲章協理在洪海飯店約吃便飯，在座者與午飯完全相同，飯後同到海濱公園散步，由萊陽路西端起至水族館止，夜幕中倍有清趣。

師友

上午，朱梅廠長來訪，談其家事太多，本應回川料理，但啤酒廠公務又不能放下，故甚為苦悶，朱君曾刺探余之意思，謂可否換人，余謂認為可以者少數，不可者多數，此少數者余指畢天德、黎超海等而言也，多數者包括中央財委會在內也。牟乃彬來訪談。

8月30日　星期一　晴

職務

上午，同姚監察人大海及畢總經理天德到本公司第一麵粉廠視察，該廠在范縣路，前東亞製粉公司所屬，設備甚老，凡磨十二部，一部較大卅六吋，視二廠產量只及三分之一，二廠有磨十八部，此廠有一特色優於二廠，即篩用平式，二廠則立體式，四個一組，倉庫房屋甚為寬敞，僅存麵粉數百袋，麥則暫無，照此情形，每月至多能開機三、四天耳。

交際

中午，在福源樓吃飯，晚在畢天德家，參加者姚大海、蘇雲章、譚嶽泉、黎超海等。

8月31日　星期二　晴

師友

上午，到教育局訪杜仁山科長，並訪王冠英科長，王兄乃在皖時常相過從之友人，余最近始知其在局任科長，且主管小學教育，前次為鄧邦政君事曾與杜兄研究，杜兄即將鄧君介紹於王君處，因鄧之資格為偽組織時期師範學校畢業，致受王兄挑剔，不得要領，當時余不知即係王冠英君，故拖延不決者數日，今日往訪又當杜、王兩人將此事說明，知偽組織學校畢業者須經過甄審始有資格任教，但甄審已停辦，商洽結果，最簡捷方法為製造合格學校之偽文憑，凡政府所辦師範學校畢業者為無試驗檢定，只須到教育局登記即有資格，俟登記後王兄當負責向外介紹云，恰妥後即以電話約姜慧光表妹到公司，余將此情相告，望轉達鄧君準備一切，免誤時機云。

職務

與姚大海監察人談公司要務，余仍強調設置總稽核一事，姚氏非不認為重要，但顧慮增加開支，余謂此不當顧惜，蓋照公司目前之財物制度言之，審核制度等於完全不曾建立，無論總公司及申處用款，凡經手者即係核定者，外間每謂浪費，其實是否浪費，以至如何浪費，除主管人員外，董監會方面竟完全不知，確有不當，但董監會不能知之，即因無此項工作人員從事勾稽，況就公司系統言之，公司對董事會負責，董會對中央財委會負責，監察人在此方面係同一立場，中央財委會對中央執行委員會負責，而中央監察委員會對此等事欲過問時亦可由此程序而得其梗概，庶乎不致脫節也；談後有機會與譚嶽泉兄同遇姚氏，又極言加強控制之重要，均有同感。

交際

午，在夢香飯店吃飯，有姚大海等六人，晚在菜根香由余招待，人僅四，為姚大海氏等。

9月1日　星期三　晴、有陣雨

師友

上午，因無赴京飛機，姚大海氏未能成行，由余同到大港碼頭游覽，見停靠各船以中國者為少，其中最大者為海蘇，不過三、四千噸，另有美軍所靠之醫院船與兵船，皆在萬噸以上，殊為強烈之對比也，中午同姚氏及譚嶽泉常務董事到洪海飯店吃飯，飯後余到匯泉海水浴場習泳，至六時，譚、姚兩氏乘車來接，閒談移時而返。

職務

公司奉財委會令製上期決算表，附有物資增減比較表一種，係以去年底餘額與今年六月底餘額之差，按今年六月底市價估計，以求出全部財產之真實增減，稍加審核，即見有花生油減少一千噸之估價只合六月底市價之三成，因而減去實值千億元之事實即被掩藏，此種方法殊有弊端，蓋公司負責人一再強調物資不減，而事實則不如預期，因而以種種人為方法加以隱匿，居心殊不見佳，油類以外者，想亦有相似情形也。

9月2日　星期四　晴

交際

中午，因姚大海氏又未成行，同畢天德、譚嶽泉至匯泉青島咖啡吃飯，飯後本約定同到海水浴場習泳並照相，但余與譚君到棲霞路姚氏寓所時，適有中國銀行孔士諤經理來訪，乃縱談當前幣制改革後之經濟情勢，凡兩小時，致未能照原計畫辦理。

師友

晚，同德芳到常州路訪張敏之兄夫婦，詢其今後計畫，謂無何計畫，又談及接用婦女會房屋恢復先志中學事因該會理事意見不一，暫難進行，只得另待其他機會云。

9月3日　星期五　陰

家事

紹南投考聖功女中，業已發榜，計錄取十九名二年級插班生，紹南列第五名，今日即往註冊繳費，文德女中方面即放棄矣。七弟瑤祥在省立臨中本學期應入三年級，振祥弟聞省銀行行僮吳天祥考取學校即將辭去，有意著七弟往接其缺，余意此等事應以其本人之意見為重要前提，不可勉強，因彼只有一年即初中畢業也，如其本人無意續學，亦當由其本人以自動方式與省銀行接洽，余作為不知，因省銀行如認為係余不肯令其讀書，即行僮亦強其充任，殊不免貽人笑柄也，又振祥夫婦等皆由經濟負擔上著眼，太過算盤主義矣。

游覽

下午同姚大海、譚嶽泉兩氏到棧橋雇船泛海，由小青島繞至匯泉角一帶，頗有致。

9月4日　星期六　雨

交際

姚監察人大海因雨飛機不能起飛，今日又未成行，午在福源樓小酌，並有譚嶽泉董事。

師友

叢芳山兄來訪，談及崔唯吾先生之選舉訴訟，法院駁回，李世忠兄亦來電話相告，將約期同到李兄處面談應付辦法，此事在政治關係上崔氏占劣勢，恐不易挽回也。

9月5日　星期日　晴

職務

上午，以電話詢知今日中國航空公司有南下飛機，姚大海委員已可成行，乃與譚常務董事商定同到中山路八十二號送行，往送者尚有畢天德總經理與蘇雲章協理，於十一時出發赴滄口飛機場，十二時廿分旅客登機，余等因為時已晏，故未候至起飛即返青市。

體質

因昨夜徹夜無眠，故精神極為委頓，面色蒼白，中午赴海濱習泳，稍有運動即感疲倦，日光浴時，在沙灘上小睡，始略有精神，今日因已秋涼，故到海邊較早，計二時往，四時返，太陽較強，不致寒冷，入晚稍事休息，即已朦朧入睡，憊矣。

9月6日　星期一　晴

師友

上午，到膠州路北方書店訪王玉忱兄，據談青島公報交卸後尚無何新計畫，其夫人在民食調配委員會工作，暫作維持之計，王兄談及黎明中學姜黎川將以其學校出讓，經與張敏之兄商洽募款接辦先志中學，余甚表同意，主張俟有具體眉目時即行召開校董會，俾各校友共同負責，易於告成云。到熱河路李世忠兄處談崔唯吾先生立委選舉之訴，前日法院已裁定駁回，因所提訴訟已過起訴時效云，原裁定書甚長，李兄云可提抗告，但限五日內，日昨叢芳山兄曾來談不必徵求崔氏同意，即行辦理，因為時已不及也云，至訟費之類由崔氏代表劉建德代付。到飛機場送何仙槎氏赴滬，送行者不多，寥寥八、九人而已。下午，到火柴聯營社訪王渭川兄，不遇。下午到龍口路訪林鳴九兄，知已遷居蘭山路。

9月7日　星期二　晴

家事

紹南至聖功女中就讀，已於本週上課，該校在德縣路北首，適為本公司董事會之中山路中段轉角，為免中午往返萊陽路跋涉之勞，午飯在公司搭伙食一餐，早晚則步行來往，同寓之黎超海協理有三子女在聖功小學與幼稚園，上學時間相同，每日由公司汽車專往接送，凡往返四次，本可搭此車以免步行，但余與德芳均認為不必養成子女好逸惡勞之習，仍以步行為切合學生身份，況路途並非甚遠，且曲折不多，平坦易行乎。紹雄及衍樂姪入太平路幼稚園，其地距余寓萊陽路宿舍不過一箭之遙，直路可行，現已一週餘，均由德芳陪往，在校二小時且不能離開，直至下課帶回，熟悉後或可無須矣。

體質

半夜忽覺喉管奇癢，雖咳嗽不足以止之，急起飲茶少許，僅祛其一二分，如是者數十分鐘，始朦朧睡去，今晨起床仍有異感，咳嗽略有痰，秋涼後夜間頗寒冷，開窗有時入勁風，稍一不慎，即為所乘，自進九月以來，即似深秋到來也。

9月8日　星期三　晴

參觀

下午，同德芳及紹南、紹雄、紹寧又香南姪同至水族館參觀，所陳海族標本，與以前數次所展觀無異，但所養有生命者則大為增加，其兩側窗口完全修好，不乏怪魚，庭中則除海豹外尚有新增綠蠵龜一隻，此龜乃中權軍艦攜來青島相贈者，得之於西沙群島，乃熱帶及亞熱帶動物，大約周徑兩公尺，世多誤認為玳瑁，去年在南京者亦此物也。

師友

牟祖綬君來訪，因家累希望調青島行服務，託余代函濟南央行劉經理懇請。

9 月 9 日　星期四　晴

師友

上午，前山東財政廳科長祝建琳君來訪，謂濟南山東省民生銀行已成立董監會，對於總經理人選一節多數屬意於余，詢余意向何在，余謂事先不知，且就現局言之，亦當敬謝不敏，祝君復謂余主持省銀行兩年，社會上以繼余之任者相比較，多有去思，可見人心頗有是非云。祝君又云，王主席主山東省政府兩年，其部下親信如羅幸理副參謀長等且離心離德，甚且以曹瞞目之，且痛詆其以名器為結納上層之手段，亦可謂旁觀者清矣。

家事

今日紹寧週歲，中午約姜仁山姑丈及姑母吃飯，晚諸弟返，亦聚餐，余繼祖君亦在座。

9 月 10 日　星期五　晴

師友

楊天毅兄來訪，因最近由於市府改組而退出之同學計有石鍾琇、張輝、蕭寄踪、張敏之、王玉忱、潘詠珂等，一部分且將離青島南行，故發起一部分同學設宴歡送，參加者有杜元信、龔祖遂、張振玉及余與楊兄，又談及同學會青島分會籌備事宜至今未能進行，決定下星期開會商討，地點在民言報，將由徐嘉禾君任召集之責云。

家事

紹雄女因行路不慎在庭前顛仆，面部搽傷數處，幸僅係表皮之創，塗紅藥水後即停止出血，此女入幼稚園已十餘日，仍須有大人送迎陪伴，似甚缺自立情緒焉。

9月11日　星期六　晴

師友

上午，張敏之兄來訪，談青島有私立黎明中學，乃參議會副議長姜黎川等所辦，因經費支絀，基金無著，有意改組校董會，重立基礎，並向地方教育行政機關立案，張兄本有意利用其基礎，改辦先志中學，只需另籌基金若干，就原有設備加以鋪陳，豈非輕而易舉，但不保留原校名義，非姜君等方面所願，故只能此刻協助該校加以充實，容後先志果能復校，此校亦可予以協助也，如此辦理，張兄先參加校董會，並以余加列董事一席，此等作法余本不願參加，但張兄堅謂必須幫忙，亦即未言其他，張兄因多年在教育界有其聲望，聞其散處各部門之學生，曾表示如彼辦學，渠等可負責籌畫基金約五千金圓，再加校董會方面充實新人予以補充，能籌到一萬至二萬之間，即可將該校現有校舍買進，立案可以無問題矣，張兄自離市府參事職後，刻尚無何出路，今既出其老本行，圖謀發展，自當予以贊助，其實此等辦法與先志復校可謂風馬牛不相及也。張敏之兄又分析數年來青島政情及黨派，有若干事為前所未聞者，如接收時期之貪污，漢奸市長移之新任者即有黃金七千兩，其他尚不計及，而黨部負責人亦復多有，惜因其桃色問題，恐未必能完全據為已有，第三則為青保方面，因彼等擁有武力，勝利之「刦搜」為不可免，其領導人則所將漢奸古董玩器刼為私有者，亦有駭人之事實云，張兄所言，不過其犖犖之大者，此外為彼所不知者如兵站之類，貪污之鉅，亦復更續難數，雖遭行政處分，但仍逍遙法外，甚且仍在青島為其寓公云。

9 月 12 日　星期日　晴

師友

上午，張振玉經理來訪，談該分行自幣制改革後與一般銀行同業蒙受影響，即存款未增，利息降低，開支不減，故損失方面視前增加云。又談及省行總行信託部主任高連佩前次隻身來青，由總行撥款大購黃金、美鈔、銀元以及紗布、麵粉等物，至今未經處理，而購買之時亦無正式處理帳務方式，高亦至今未有入帳辦法，將來此批物品處分後所得盈餘亦不能正式記入行帳，結果不外即逕行解省府公家私人，但無論係公抑私，在銀行責任上均為不法，設有追究者，彼等上下均將不能脫卸舞弊之責任也。

交際

晚，與杜元信、龔祖遂、張振玉、楊天毅合請此次因市政府改組而交卸之同學，計到有石鍾琇、張輝、蕭繼宗、張敏之、王華文、王玉忱等，地點在中國飯店，九時散。

9月13日　星期一　晴

師友

上午，張慎修經理來訪，談日內回濟辦理銀號增資事，但飛機票甚為難買，託余設法，余已囑公司辦理交通人員進行。鄧邦政君與姜慧光女士先後來訪，謂本學期教職因證件始終未能辦妥，本學期將不能成功，目前準備先向省政府教育廳領取檢定證件，然後再進行下學期之工作。宋志先夫人及其姊來訪，談宋兄刻在京辦訓練班。

交際

中午，于錫圭君在青島咖啡請客，在座有李俊杰君及其他商界數人。晚，本公司橡膠廠陳國瑲廠長及植物油廠廠長彭用儀夫婦在樓上請客，到者皆公司內部中人，亦有外客少數三、五人，男女客參半，飯後並有謝賡年工程師就客廳中拍攝小照。

9月14日　星期二　晴

師友

上午，同德芳到荷澤二路訪劉健夫太太，因今晨接電話謂將回濟也，至則已到飛機場，等候一貨機之機會。途遇杜元信兄，為振祥弟奉中央合作金庫規定舉行考試，今日辦理，請其協助，大致並不嚴格，因徵諸已往之例，係一種照例之手續，過去數次皆然也。

家事

振弟在合作金庫為臨時見習員，今日考正式見習員，題目為國文、公文、數學、珠算、常識、黨義等，其中有數項由余與德芳幫助參考，直至夜分後二時始告一段落。

體質

連日有乾咳，久久不癒，因秋涼早晚侵人，衣著難如此小心也，煮食生梨一枚。

9月15日 星期三 晴

師友

日昨宋正軒兄由濟南來信，謂下月十二日將舉行省參議會第若干次大會，此次會中將選定省銀行董事云，按此項改組省銀行辦法去冬即已提及，因採取延宕政策至今未辦，半年來亦未聞有何動靜，現在既有此事，乃於今晨到高苑路訪于永之兄，于兄為本縣參議會副議長，省行董事民選十人，係每縣參議會所提之一人中由省參議會複選，余在山東省行有特殊淵源，只須縣參會能提出，省參會無落選之可能，于兄亦以為然，允與各參議員洽商辦理，俟公文到達即辦，當時並就各參議員加以分析，認為絕對可以得多數票，縱有少數另有他圖者，姓名送至省參議會後必因資望不敷而落選，結果本縣無人參加省行，想彼等亦必計不出此也。

9月16日　星期四　晴

交際

中午，約林鳴九兄午飯於洪海飯舖，並有其同住之孫慕僑參議員，又於上午楊天毅兄來訪時亦約同參加，並順便約畢圃仙參議員亦來，共五人，席間林兄極豪於飲，且談鋒特健，於山東當前之行政，認為空前未有之腐敗與落伍，於趙季勳兄之當選監察委員而不加以深刻之調查研究，認為不夠血性，快人快語，在座者亦皆共鳴也，酒酣耳熱後，二時散。

師友

上午訪林鳴九兄、孫慕僑兄於蘭山路九號恆源昶樓上，孫兄為省參議員，又余約來之畢圃仙兄亦係參議員，二人提及省銀行正進行各縣參議會選舉董事候選人事，謂各縣業已展開，余謂據棲霞方面人云，公文尚未收到，彼等均謂早已發出，省參議會下月十一日開會即將複選，並悉有若干縣分已經選定，楊天毅兄並謂前次在濟曾聞省府係限各縣亦於七月底以前將候選人報省，然則且已過期月餘矣，諸兄並向余提供意見，謂只須縣參議會方面由議長辦一公事送省參議會及省府並余本人，實有同樣效力，不必定候公文來到云。飯後余到高苑路四號訪于永之副議長，向其說明此項經過，並將省銀行條例檢送參閱，于兄謂各縣參議會負責人之流亡青島者近來均未提及此事，乃同出訪平度邵珊舟，因該縣參會與縣府均在青島，不致如棲霞之分在福山、青島兩地，當可知其真相，至則邵君外出，未知其詳，余歸後函財廳韓延爽兄請將此項通令抄送，以便作為根據云。

9月17日 星期五 晴

中秋

今日為中秋節，不放假，中午營業處同仁與火食團人員在客廳聚飲，臨時參加者為譚嶽泉董事與余，美口酒廠所出各種洋酒添加和成雞尾酒，余飲一杯，事後頭暈竟日，此等酒類不宜多飲，晚在寓聚餐，除余繼祖君外，皆余家人，菜餚甚適口，而德芳所燒油菜最佳，月餅則有上海杏花樓與泰康等出品，皆友人所贈，又今年政府提倡節約，送禮者每受干涉，故未送禮與人，但仍接受禮品四、五份，皆未能免俗者也。

9月18日 星期六 晴曇

師友

上午，牟祖綬君來訪，余示以劉健夫經理來函，對牟君請調青島非不同意，實因青行所用手續係逕請總行，並未與魯行先行談妥，遂不予核准，望後再行設法云，牟君又謂濟南軍事情況危急，劉太太今日回青，借車往接，余因所用之車無通行飛機場之牌照，臨時借用省銀行車交牟君往接，下午與德芳同至荷澤路訪問劉太太，據其同院云，今日未能接到，因濟南機場附近情況緊張，民航機不能降落云。下午到地方法院訪周旋冠院長，並答訪由濟來青之胡章甫院長，僅與前者晤面，因胡院長不在，留字謂明日赴滬，容回青後再圖良晤云。晚，張敏之兄來訪，託余到滬後訪其姻兄帶回應用款項。

職務

廿三日上海舉行董事會之應準備事項，已由趙少文秘書備就，其中議程今日已印出，另有董事長報告詞一件，乃由公司提出，其中甚強調資產實值增加一萬二千億一點，殊與事實不符，僅所減千噸花生油一項，價格即抑低五、六千億，其餘則散見零星物資中，如此矇混，顯見於職務為不忠也；又明日能否成行，尚不能完全決定，德芳則已決定不同行。

9月19日　星期日　雨

飛行

上午接公司電話，謂今日可以成行，乃與譚嶽泉常務董事同到中央航空公司過磅，因北平來飛機濟南軍事緊急不能降落，故到青時間提早，過磅後即到飛機場，飛機於十一時廿分起飛，中途因天氣不佳，顛簸甚烈，機內空氣悶熱，尤不舒適，且不供飲食，空腹亦極難過，一時半到南京，天熱如蒸，二時一刻由京起飛，三點半到滬，齊魯公司辦事處褚處長在場迎候，即入市下塌金門酒店，今日途中聞飛機過載，有相當危險，過京後始減輕。

9 月 20 日　星期一　晴、下午雨

職務

上午，與譚嶽泉兄應粵漢路總務處長高君之約至大東吃早點，十時半同譚兄到岳陽路一九五弄探陳果夫先生病，照例簽名，並與程世傑秘書談病狀，已過危險期，但溫度未退，吐血未止。中午到愚園路中實新村本公司招待所與曾董事長養甫談董事會舉行前之準備工作，於公司實值增加估計之表冊提出注意，蓋花生油減少六千餘億，公司有意低估，以示帳面之優異，既與會計原理不符，且在財委會引起不實之印象，使會方認為政治力量所獲之物資增加公司亦歸之經營成果下，殊無以自解也，但曾氏對此似乎無所動，蓋其好大喜功之習慣似乎樂於公司如此辦理也，談一小時辭出。譚嶽泉兄表示目前公司總協理之人選徒知其小範圍之把持，示人以不廣，彼代表董事長駐公司既不能問事，又不能喪失身分與此等人爭口舌長短，故決定向曾氏辭去，將來有意赴粵漢鐵路，名義彼只就顧問，但有副局長代理局長之醞釀，余勸其勿去，因有彼在青，曾氏尚能知公司實在情形也。余繼談余在公司之苦悶，余所知者不能毫無選擇不顧後果的向上反應，但心所謂危者又不能不言，去取之間殊非易易也。曾養甫氏因本公司常務董事又缺一人（王子壯氏病故），詢有何人可以補充，以魯籍為宜，余答崔唯吾氏，曾氏謂已向陳果夫先生提出，不蒙採納，故又思提張靜愚，詢余意見，余以為甚妥，因彼向來穩健而不著色彩也。

師友

晨在岳陽路遇朱國材秘書約定明晨相談。下午，同譚嶽泉兄訪顧竹淇、余建寅兩兄，不遇。下午，在大中銀行訪楊志瑩、朱興良兩兄，據談同班同學正在滬籌備會計師事務所，以為事業基礎，又談最近同學中有兩位出洋，其一為李鴻漢，乃交通銀行所送，業已出國，其二為張中寧，似為學校以前侍從室第三處名義撥用五千圓美金所送，張兄刻已來滬，定後日起身，又最近石光鉅同學辭去財政部國庫署副署長職務，本係由關係方面談妥發表經濟研究處（中央銀行）副處長，但中間又有變化，改為專門委員，已經來滬即將就任。余在大中銀行盤桓凡二小時餘，託楊兄代召西服店裁縫為余製西裝一套，據云最貴者需費四百餘元，余選中等花呢，尚費去二百四十元，物價較抗戰前高者，僅此為甚，辭出後在南京路一帶購物，並至新雅晚飯，悶熱而裝冷氣，不甚適。

9月21日　星期二　晴、有陣雨

職務

上午，同譚嶽泉兄到霞飛路泰山公寓訪朱國材秘書談公司當前問題，譚兄提出不回青島一點，並無結論，但對於公司會計處長與總稽核之應迅速確定人選一節，則一致認定，朱君認為人選極難，希望由余及譚兄加以考慮決定，會計處長頗屬意於政校一期同學闞靜遠，亦未作何決定，財務委員會自陳果夫先生臥病後幾不能處理較重要之問題，此實為當前極重大之癥結，今日余提出問題不多，蓋鑑於以前提出各種迫切問題，當時均獲決定而事後無一兌諸實施，固知此公司不能照合理求進步也。

師友

上午，在朱國材兄處遇張中寧、石光鉅兩兄，張兄明日放洋，余約於晚間為其餞行，地點六合路九如湘菜館，屆時參加者尚有譚嶽泉、朱國材兩兄，又聞風而至者有任維均、劉耀文、余建寅諸君，又參加者有石光鉅兄，臨時又擬請任象杓兄，電話未能接通而罷，張兄出國一年，欲考察與讀書並重。孫光宇君來訪，談及半年來經商無一事成功，但余見其生活似尚不艱窘也。省銀行程少芹、湯人絜來訪，不遇。

9 月 22 日　星期三　晴、有陣雨

師友

上午，張敏之兄之戚王蘭齋君來訪，余面交張兄託帶之信，並談鄉況，敏之兄託買自由車，交余帶青，余允俟詢明齊魯公司上海辦事處人員能否裝船，再行通知辦理。上午，原於日昨約定由劉耀文君驅車約余同到中央合作金庫樓上送張中寧兄登輪戈登將軍號出國，余晨起後候至十時半，忽來電話，謂分頭前往，其時王蘭齋君來訪余甫進門，初晤未便辭去，稍一耽擱，彼乘三輪車至，公役云已出發十五分鐘矣，余因其碼頭在楊樹浦，同時如已登船，其船並不准送客者進入，故廢然而返，張兄在校同

班，過從最密，近有遠行，而不能送，真可憾恨，然事非得已，亦無可如之何也矣。

家事

下午，玉祥弟來，謂前日甫由南京回申，開學在下月初，南京三、四兩弟婦尚無生活不能維持之情形，於銘祥去信至青訴苦事不知，又謂衍訓確於已收到五十圓尚須接濟云。

交際

晚，本公司在申各董事監察人在豐澤樓吃飯，到有葛覃、譚嶽泉、畢天德、吳風清、范予遂、姚大海等，連余七人，又有蘇雲章及褚保三兩人參加，菜為北式，精良而價高。

9月23日　星期四　晴

職務

上午十時，在岳陽路陳宅舉行齊魯公司第二次董事會，出席董事長曾養甫，常務董事譚嶽泉、趙葆全、畢天德、孔士諤及余，董事吳風清、葛覃、顧竹淇、余建寅，余並代表杜元信，又列席者監察人姚大海、范予遂，協理蘇雲章，上海辦事處處長褚保三，由曾養甫氏主席，先報告公司概況，即照議程進行，報告各種議程內之報告事項，最後為畢天得總經理報告公司生產與業務情形，最先為若干數字之敘述，中間夾敘夾議，最後所述當前困難問題最值注意，計有以下各端：一為原料價高過成品，二為產品滯銷，三為環境不容製造業存在，四為工人囂張，應付不易，五為資金不足，輸入品恃黑市補充配額不足部分，又米麥無收購來源，六為財物費大，購銷不能主動，七為地方攤派太多；至於今後應著眼之點則為：原料不易取得，各廠如花生米與小麥等加租與加工之取得，二為南方市場之開闢，三為軍鞋製造之爭取云云，報告凡歷一小時餘。午後四時續開，討論提案共十四件，其中有極重要而不獲具體結論者，如今後業務方針一項，按諸新經濟措施以後情形，進貨原料不能以限價取得，售貨則不能加價，政府緊縮信用，又不放款，照此情形，愈生產愈吃虧，尚何方針之可言，此外各案勉強有結果者，如台灣、華南市場之開拓，台灣橡膠分廠之積極籌設，加工業務之極力爭取，均經詳細討論，而於無辦法中尚能勉有可能性之進行辦法，關於上期決算提會審核，經推趙葆全、譚嶽泉及余詳加審核後依章轉送監察人會，會議至七時完畢，由曾董事長出面宴客，九時餘始散。

9 月 24 日　星期五　晴

職務

上午，同姚大海、譚嶽泉、畢天德、吳風清等到上海辦事處及倉庫視察。下午擬具公司上半年度決算審核意見，要點為會計方式應求穩健，多提準備，暫付款應多多轉正，內部往來餘額應予對清等，擬好送譚嶽泉、趙葆全兩兄會同簽字，即轉送姚常駐監察人大海。

交際

上午，到海寧路河南路口訪安徽茶葉公司儲應時、韓鈞衡等。中午，中合保險公司及亞東銀行在南華燕雲樓請客，在座尚有新東公司馮春明、韋仁純、馬鍾良等，似亦為主人，客人為趙葆全夫婦及朱國材、汪天行等。晚，齊魯畢天德、蘇雲章、褚保三在凱歌歸請客，全體董事。

9月25日　星期六　晴

職務

下午四時到福開森路六十七號葉秀峯寓出席永業公司董事會及股東會，據公司當局報告，開辦之事為五億法幣資本，現在存鹽值二百萬金圓，亦即六百萬法幣，計漲出一萬二千倍，約為各黨營事業中盈餘之最大者，報告後討論，僅有兩案，一為資本折合金圓問題，二為退職金辦法問題，均經討論後交公司酌量修正辦理，七時散會，今日到會者余多不相識，近主席葉秀峯處有顧建中、鳳純德、許紹棣等人，相識者則有趙棣華氏及汪茂慶、朱國材、虞克裕等兄，此公司董事為十五人，今日出席僅有半數云。

交際

晚，黨營事業大中銀行、亞東銀行、樹華公司、建新公司、永業公司及中合保險公司在新雅酒樓公宴齊魯來滬各董監事，惜多數已歸，到者僅三、五人，主客共兩席，菜極佳。

娛樂

孫光宇兄贈票，晚與虞克裕、朱國材兩兄同到中國大戲院觀劇，為言慧珠、葉盛蘭、王和霖、馬富祿、王玉讓等合演之全部雙姣奇緣，該院最好角為葉盛蘭，僅飾拾玉鐲之傅朋，未能有充分發揮，趙廉應為主角，而王和霖則嗓音不佳，言慧珠先演孫玉姣，次演宋巧姣，大審時飾劉媒婆，學三花臉唱腔，殊無是處，即其著衣花衫之唱工與扮相，亦未有何等精彩之處，該院如此陣容，顯見並不堅強也。

9 月 26 日　星期日　晴

師友

上午，與譚嶽泉兄談公司內容，並勸其仍早日返青，但渠對公司不滿已極，謂已向曾養甫氏表示渠駐公司結果與曾氏派彼代理董事長原意相背，不願再往，曾氏竟謂彼可不必管閒事太多，何妨讀書休息，此可謂愈說離題愈遠矣。譚兄晚赴京，余因不能往送，留字告別。張敏之兄之姻兄王蘭齋君來訪，託帶敏之九百五十元，並云不必代買腳踏車。中午，汪茂慶兄約在錦江便飯，在座尚有侯大夫。下午到金山飯店訪虞克裕兄，遇楊卓剛兄於此。下午到中國飯店中國造紙廠訪任象杓兄，已三年餘未晤，據稱近來在申為事無多，但亦不回宜賓云。

家事

玉祥弟來閒談，因學校尚未上課，定明日往探衍訓，余囑其將經濟狀況詢明。

娛樂

晚在天蟾舞台觀劇，為紀玉良、高盛麟、姜妙香等之群英會、借東風、華容道，配搭尚合宜，末為童芷苓之紅娘，除嗓音嘹亮間有可聽之處外，其餘做工等均平平也。

9月27日　星期一　晴

師友

上午，汪茂慶兄來訪，即同到中央合作金庫信託部晉見昨來申之壽總經理勉成，謂余係開齊魯公司會議而來，聞壽氏來滬，余日內即回青，詢庫方在此山東局面惡化之時有何指示可以代達，壽氏謂青島局面如何，余謂絕不能仰仗外力，但至少數月苟安可無問題，因濟南方失，共軍所付代價極大，絕非旦夕可以整補者也，又詢青島支庫情形如何，余謂經營甚活潑，杜元信君頗能適應環境，繼閒談齊魯廠務業務情形甚詳，即辭出。

家事

下午，玉祥弟來談今日已赴蘇州縣中將衍訓用費面交五十元，除繳學雜費三十二元外，餘數謂係買禮物送韓學玉兄及買用品如熱水瓶等，但並無細帳，自己亦說不清楚，此次所帶之款除還人因交第一、二兩個月伙食廿四元外，即應買米備交三、四兩個月伙食，可維持至寒假開始。

娛樂

下午至共舞台觀劇為王椿柏、吳翠雲、趙如泉、郭玉崑等合演天河配，凡三小時始畢，其中插有東鄉調及雙簧，完全低級，而若干丑角用上海話道白，亦只有此等戲院有之，甚至主角亦偶用之，布景時有變換，小電燈、霓虹燈均用於景內，又有真牛上台，觀眾大感興趣，出浴一場，尚無色情意味，因裸露部分不多，且為時甚短也，唱工則無一足取，王椿柏乃一主角，竟完全隨便亂哼，鬆懈應付，此類海派作風，殊可厭也。

9月28日　星期二　晴

交際

上午，因代張敏之兄帶青款九百五十元恐超過法定限度，乃到山東省銀行訪程度主任託其代匯，程君約晚間小酌，至時來約者除彼外尚有行內陸小松君，又有程君之二兄程繡虎君，即代余刻牙章者也，乃同至豐澤樓吃北方菜，相談甚歡，程度又談及自濟南失守已完全不知總行消息，現各行處已呈群龍無首，究將何以善後，希望各常務董事能有所集議，余雖為常董，但並不負責，故謂應俟獲知省府消息後始能有所表示，蓋事實使然也。

娛樂

下午，到皇后戲院觀電影，為文華新片「小城之春」，費穆導演，全劇只有五個角色，由石羽、韋偉、李偉、張鴻眉等主演，寫不能完成之戀愛，甚有曲折，但故事發展甚沈悶，觀眾有不終場而去者，其長處則有若干鏡頭富詩意，張鴻眉飾少女演技極佳。

9月29日　星期三　晴

飛行

晨五時起，整理衣物，七時由金門飯店動身赴龍華機場中國航空公司搭乘天王號飛機回青島，同行者蘇雲章協理，在機場登機時余攜有大紙盒一個，內裝大衣，因紙盒怕壓，必須手提，但體積太大，致引起機場一辦事人注意，經說明通融始攜之登機，此項天王號飛機，余係初次搭乘，內部裝置設備如皮沙發、通風洞以及飲食與讀物等供應，但其中有八個座係對兩張長座，對面而坐，類似火車之飯車，此點與霸王號有異，飛行亦甚合霸王機之標準，穩妥之極，九時起飛，十一時半到達青島降落，中間不經過南京，機上因飲水食盒及糖果等均有供應，加以並不顛簸，故絕無旅程中之疲勞，視上次所乘中央航空公司之沙發位飛機直有上下床之別也。

師友

李德民君偕其新婚夫人來訪，二人為輔仁大學同學，甚有長時期之友愛，十日前結婚，因余赴滬，未能應約為證婚人。啤酒廠廖副廠長毅宏來訪，詢問公司董事會情形，又談及公司人事方面最近恐無改善之望，因果夫先生有病，此刻財委會各項事業只能以少發生問題為是，況中央監察委員會及中央執行委員會青年團部分久有染指財委會各項事業之企圖，故在有所舉措之先不能不顧及副作用也。

9月30日　星期四　晴、下午雨

師友

下午到蘭山路九號訪趙季勳兄，不遇，留片。到萊蕪一路訪牟尚齋兄，牟兄由美回國已近一月，據謂下星期即將赴京出席立法院會議，又談近來美國社會風尚等極詳。

交際

晚，啤酒廠朱梅廠長夫婦及廖毅宏副廠長夫婦在匯泉青島咖啡請客，客人僅余與德芳及蘇雲章協理夫婦，匯泉秋深後已現蕭條，吃飯者絕少，極清閒。

看書

讀錢鍾書作長篇小說「圍城」，主題在描寫若干知識分子青年之戀愛游戲，穿插作者若干對於文學藝術人生之見解，雖不乏極有意思與極有智慧之發掘，但太過頻繁，有時失之於賣弄，因而使讀者對書中男女主人之印象變為十分特殊，不類一般富有通常興趣之男女，從而加重作者虛構故事之氣氛，故其成功處亦可謂為失敗處也。

10月1日　星期五　晴

師友

下午，到民言報社訪楊天毅兄，詢濟南失守後情形，據談根本自上月廿四日後無來者，故所傳種種，並不可靠，但此間正醞釀一種運動，即清查王耀武主席之財產，及其所屬事業如此地之濟魯公司等，蓋王氏主山東軍政二年餘，只知經商發財，部下亦驕奢淫佚，離心離德，彼則尚無所知，馴致濟南有事，竟眾叛親離，有如摧枯拉朽，一省大勢至此皆彼一人所斷送也云。又此間山東人亦有主張將山東省銀行內容加以清查者，謂以前吳茂如因不肯為其個人做生意致被排擠以去，然則其目前之內容如何，豈不大可研究乎云云。晚，張敏之兄來訪，談及時局之險惡，殊令人憂慮，蓋濟南失後，青島孤立，幾乎隨時可以有危險，南方則台灣夙被視為樂土，現聞凡內地人在台北，亦因國內情形之不安，而逐漸增加其惴惴之情，因台民對中國官吏之情緒極其惡劣也，至於南方各省，如京滬一帶亦將不可終日，反之北方為共黨所控制，鐵路交通恢復，懷柔政策亦取鬥爭方式而代之，收攬人心，竟亦成共軍此日之手段，其實政府威望之損失，誠不可以數計，其最險惡處，即在此也云。

10月2日　星期六　雨

師友

上午，到交通銀行訪季獻之兄，詢濟南情形，據稱渠最初之安排為只留姚智千與楊中天兩襄理，但後因彼丁祖艱返回鎮江，青行必欲有一副理代理，於是王慕堂兄奉令回濟，倉促濟南起事，恐已陷入矣，近來情形如何，尚不知之，僅知合作金庫有數人逃至徐州，亦有逃至天津者云。上午，本縣縣長鄧必豐來訪，余不在，乃至金口一路吳寓答訪，據談係奉綏靖區司令部令到青開會，明後兩日即須參加，又談縣參議會議長病故已久，省令由參議員中推選，關於人選問題余意應由于永之補正，而另選其他參議員為副議長，鄧君謂應民主，則似乎不主于君，又談宮在青滬募捐事，余謂此人聲名不佳，請注意，鄧君謂其募捐殊嘖有煩言，設非有此玷，當保充副縣長，余謂此事決不可行，因此人無品，已為外界所習知，如再升遷，輿論非所許也，但由此亦可見宮某之逢迎技巧為何如矣。

交際

中午，在夢香飯店請客，到者有趙季勳、季獻之、牟尚齋、孫慕僑、孫典忱、鄧必豐諸兄，趙兄新來青任監委行署職，牟兄新回國，季兄由南返，鄧兄甫由煙來，餘作陪。

10 月 3 日　星期日　晴

師友

上午，同德芳到啤酒廠訪朱梅廠長夫婦，遇此間中國蠶絲公司李冰主任，談該公司此間業務甚詳。又訪廖毅宏副廠長夫婦，不遇。到貯水山路四號訪謝松雪兄夫婦，又訪該號屋主直接稅局局長錢菊儂夫婦，謝兄前託為其弟謀事，余告以實無法可以應命。

交際

晚，公司協理黎超海夫婦在寓請客，到有余及德芳、孫毅廠長夫婦、朱梅廠長夫婦、蘇雲章協理，請客原因殆為朱梅夫人始到，又有彭用儀主任夫婦，其夫人將去。

見聞

余近來對女性之印象習於都市化，頗因裝飾而異。下午，張振玉兄來訪，談濟南失陷後省銀行總行迄無消息，此間地方軍事當局因對於省屬各機關意存染指，連帶即對省行亦有所意圖，經說明無何可以接收應用之物資，或可使彼方斷念，又儲信部主任高連佩曾來青大購金鈔及貨物，現在貨物倉庫檢查，戶名用省行，故甚費周章，而此等事歸高個人所辦，青行並未經手，現在總行負責人不知下落，青行又不能袖手旁觀，故已會同高在青所託一行外趙某及正在青島之會計主任湯人絜將金鈔送國行收兌，貨物則俟查出後再聲明係省行總行所辦，如須照限價出售，亦只好照辦矣，又關於此等物品，總行並無帳冊記載，由法律觀點言之，無論為省府為行抑為行內之私人，均屬舞弊無疑，如王耀武主席有被清查之日，此亦應在清查之列，刻在青立、監委等頗有此等醞釀云，由此觀之，省行目前作風對省民為功為罪，實已無待辭費，聞王主席已被共軍俘獲，刻回濟南看管之中云。

10 月 4 日　星期一　晴

師友

上午，財政部派駐青島稽核汪逢棨兄來訪，談立人中學募捐事，除已由余向齊魯公司募捐到一百元外，其餘已分別交山東省銀行張振玉兄及中央合作金庫杜元信兄向金融界募集，但尚無答覆云，又談論濟南已有山東省銀行總務科長袁紹安逃難來青，係於八路軍進城時由另一城門逃出，沿膠濟路東來，其餘該行主管則多向西南方逃亡，故汪兄談其本人最近已不能不將濟南之行打消，俟此間任務告一段落後，即候命由此逕返國庫署云。

10 月 5 日　星期二　晴

師友

上午，楊天毅兄來訪，約同至三新樓洗澡，在浴室並遇林萬秋君，浴畢同楊兄到福源樓午飯，因該樓以炸菜為最好，而價亦不高也，據楊兄談，濟南失守後，已有第二綏靖區司令部副參謀長來青，係逃避共軍檢查闖關來此者，據悉關於濟市情形，已知破壞最甚者為普利門及車站一帶云。飯後同到中央合作金庫訪杜元信、龔祖遂兩兄，據談濟南分庫高希正兄已安全到達徐州，即赴南京報告云。楊自謙君下午來訪，談近來因病未做任何營業，又談蕭繼宗兄已赴鎮江，本應丁主席治磐約為省府顧問，後聞又改為參議，因年事未高之故，其眷屬則尚居青島云。

10月6日　星期三　晴

師友

下午，到山東省銀行訪張振玉經理，知臥病，但仍談及濟南失守後所知情形，據逃出者談，共軍到濟曾到山東省銀行宿舍對中下層職員布達其意旨，願留此者繼續服務，不願者自行離散，上級者則均向此間逃遁，但經過濰縣時頗有被扣留者，亦有被困城內不能輕易出城者，目前無消息者為司徒履光副總經理，又國家銀行除中央合作金庫外亦無消息云。余又詢張君前日勻讓洋油一小桶，取價若干，據稱行內購用時只法幣七十餘萬元，合金圓券不過二角餘，余謂自不能照原價，容查明限價，照數奉還云。

游覽

下午，同德芳率紹南、紹雄兩女及香南姪到中山公園游覽，自入秋後此尚為初次，林木尚無蕭索之象，紅葉亦絕少，此園在秋季殊無特色，花圃植有桂花，係在大花盆內，而緊閉雙扉，只能隔牆觀望，其香亦不可聞，蓋為防止攀折，但極掃興。

10月7日　星期四　晴

師友

晨，牟尚齋、孫典忱兩兄來訪，牟兄託為其買麵，余以公司存麵告罄，又久不開工，無以應命，又託為其姪牟致祥謀事，適余以前託省銀行張振玉經理為李淑英女士之弟所保留之行僮，李本人已不能來，詢明省行尚未補缺，乃備函託其以牟補入，牟兄與孫兄在余處瀏覽法帖等，便中談及卅四年牟兄代余保存之戲鴻堂法帖，雖置之行篋，而至今不知下落云。上午，省立臨中校長王秋圃兄來訪，託為其學校經費事設法，緣自濟南失陷，省府已七零八落，該校經費自八月份即未發清，乃託余寫片託省銀行以省庫應撥該校經費作抵，供用一千至三千元，王兄不日即行赴京與教育廳長李泰華商量維持辦法，又談及近來省府與教育部對於魯南及昌濰流亡學生收容辦法尚未就緒，而濟南逃亡學生紛紛就道南下，恐南京方面又有一番熱鬧云。楊天毅兄來訪，同往太平路九號吳竹銘寓訪裴鳴宇議長，不遇，裴議長係濟南失陷時逃出，日昨始抵青島，聞已將鬍鬚薙去矣云。下午，郭淑濡兄來訪，談曲學海君因所服務之輪船公司結束，其本人業已離職，正謀另起爐灶，意在設立小規模之進出口行，資金只需千元左右，主要財產為打字機，俟有顧客訂貨，臨時買進，發貨時作七成押匯，所需墊頭實屬有限，預計由李俊傑君出四百元，郭君與王雲閣及余各出二百元，余告以因靠薪水度日，須稍緩並分期始可，又關於業務方面，余對於目前青島經營事業認為值得慎重，因時局發展至現階段，青島已首當其衝，而幣制改革後，金圓券已有膨脹之象，如繼續膨脹，出口照官價結匯，又將如過去之摧殘出口事業，賠累堪虞，郭君於此點並不否認，但謂除去打字機外，並無其他財產，更無存貨，不虞時局原因之損失，結匯損失亦有其他方法可以彌補，至於進口方面，謂將請余與輸出入管理委員會青島辦事處孔士諤、楊康祖兩負責人予以聯繫，如能特予便利，則利益殊大，余謂風聞輸入限額之分配因等於政府對商人之一種補貼，故歷來經辦其事者每有不實不盡之情形，外間人言嘖嘖，設由余出面與負責方面聯繫，只能言公，不能言私，其事必無所成，俟將來余以第三者立場介紹曲君往洽，負擔必不可免之打點，或可有濟，郭兄亦然此說，遂辭去。

10月8日　星期五　晴

師友

上午，同德芳到綏遠路廿二號訪王樹法組長夫婦，王君任濟南陸空聯絡組組長，失陷時經過魯北與天津陸路轉航空來青，據談濟南陷時外出人員分三路逃逸，由濟北行路最長，全係起旱，但乏人注意，最為安全，由濟東行，經益都坊子間有火車，兩端旱路，比較盤查甚嚴，由濟南行，至泰安有火車通兗州，陸路至臨城，又有火車通徐州，此路利用兩面火車，比較最近，但留難最多，聞兗州扣人最多，濰縣次之。王君住處為陸空聯絡組丘參謀住，丘赴平，其夫人在寓，今日約其三人明日午飯。下午，教育局主任秘書李滌生君來訪，係持第二麵粉廠張履賢廠長之介紹片到營業處與趙錄絅處長接洽買麵，余派人與其洽妥手續，據李兄云，濟南來青人員到者仍屬不多，原因為濰縣一帶發現重要公教人員漏網，近來盤查比較認真，又在濟未逃出人員似乎尚不被注意，蓋因其目標並不顯著，且只應注意漏出，故此間頗有主張報端捏造若干重要人員到青之消息，以為掩護彼等逸出之煙幕云。

10月9日　星期六　晴

師友

上午，楊天毅兄來電話，謂約牟尚齋兄早點，請余參加，余候至九點，楊兄來謂牟兄等候啟程赴京，到寓送行者太多，不能抽身，故所約做罷云。上午到萊蕪一路廿一號孫典忱兄寓所送牟尚齋兄赴京，送行者尚有路孟凡、劉秉鈞、于永之、王崇五、孫典忱夫婦、王秋圃等，車輛臨時不夠，余亦著車前往，至機場時，見有新近由濟逃難來青之社會處處長王平一亦在候機飛京，據談濟南係於上月廿三日夜分失陷全城，渠潛伏數日，於廿八日衝出城門，化妝來青，此次戰事失利全因吳化文叛變，設無此項叛變，共軍或不致攻濟，故情報工作不靈，實為失敗之主因云。二人飛機分別於十一時半前後起飛，乃返。蔣仲芳君由濟南逃難來青，今日來談余在經九路之住宅始終未為戰爭破壞，亦未被搶劫，主因為車伕老李係共軍地下工作者尚有情感，同時德光弟未離其地，在吳化文叛變前頗有在此宅設立指揮所之議，後已不及，做罷，近來國軍仍時往偵炸，有時尚有驚慌，其實共軍於攻陷濟南後立即將部隊撤移，目前在濟者為政治工作人員，各銀行聞均將工作人員登記，並責成移交，省銀行行屋已被炸成瓦礫，此外則普利門內外及二大馬路緯三路以東亦均破壞慘重，濟南經此次破壞，復原恐非易易，收復則更非旦夕間事也。

交際

昨日約陸空聯絡組王樹法組長今午吃飯，本定上午十一時半在寓候余往接，但余由飛機場回寓時已過十二時，亟同德芳往訪，見王夫婦及同住之丘太太已進午餐，乃道歉後改為下午六時，至時往訪，即同到順興樓吃飯，所點各菜有對蝦、西施舌等，均為該樓有數之拿手佳餚，惟取價稍貴耳，王君談日內即行赴平，刻陸空聯絡組業已取消，今晚所約之丘太太，其丘君亦早日赴平，將來工作方面似尚未完全決定云。

10月10日　星期日　晴

師友

上午，到太平路九號吳竹銘寓訪裴鳴宇議長，裴氏脫險來青後，尚著其由友人借來之布衣破履，鬚髮均薙去，據云路過八路區之時，見共軍只有工商管理局人員經商，其餘無人經商，我方則軍政人員無一不以經商牟利為主，公務為副，共軍檢查人員獲扣物件雖私人用物如鋼筆手錶之類，亦均呈繳，絕無飽入私囊之情形，即此一端即見雙方風氣之不同，政府設不再下決心為有效之改進，則任何地方可為濟南之續也云，甚為警惕。裴氏又談民生銀行復業事已經準備就緒，並擬聘余主持其事，今已不可復談矣，余告裴氏以應注意省銀行主管人迄無下落，其派人來青所購物品金鈔，除金鈔已經兌換外，物品則託行外之人保管，此事應絕對勿為行外或行內之私人據為己有，又各行處群龍無首，似可指定一分行經理負聯繫之責，現有府駐青辦事處已由徐軼千、楊展雲組織成立，此等事不可忽略也，談竟辭去。上午，高希正太太來談高兄已經由徐赴京向中央合作金庫報告，聞損失衣物極多，又云煙台各機關奉令撤退，其弟于文章君往放農貸，急於回青而無交通工具，將來局勢緊張，渠認為只有避難上海最妥，因人數眾多，不易為人注意云。晚，叢芳山兄來訪，談及濟南中統人員，多已逃出，但到青者尚甚鮮。下午，同德芳游中山公園，遇牟祖綬君，據談濟南中央銀行迄今完全無人逃出，曾聞廣播，劉經理被拘，行員內高級者有隨從共軍指揮之一部分，被稱為開明，又行內似已開始營業，其他各行情形相似，但均有逃出之人云。

10 月 11 日　星期一　陰雨、大風

師友

上午，杜仁山科長來訪，談現在奉派為昌濰中學校長，尚有人事問題須要應付，緣此校之設，為救濟來青昌濰學生，地方人士對此事頗有注意之者，如安邱劉次蕭曾電李泰華廳長薦舉劉旭初主持其事，李泰華廳長未予接受，逕行發表杜君為校長，於是安邱在青人士為之不快，數日前楊天毅兄對王秋圃兄所談認為李泰華舉措不當，即係此種表示，杜兄謂反對李泰華為一事，此中學之應迅速成立又為一事，過去所派王校長已擾攘數日，無何結果，

即屬前車之鑑，渠託余向楊天毅兄先容，約時再行面談，杜兄又談及濟南戰役所聞王主席耀武之下落，謂在壽光被俘，係佯為臥病，坐土車且有鄉村婦女跟隨，但適檢查者自稱為該縣縣長，王氏見為縣長，諒不致受虐待，乃自稱其為誰而就俘焉，此說與王平一處長在京宣稱在黃台戰事中殉難，共軍中先後俘獲四個王耀武，無一是真，其中且有一為某縣縣長，頗有距離，未知二說誰是，又王平一在青時未作此言，在京所談謂係耳聞，亦未親見，是否是一策略，未知之也云。

10月12日　星期二　晴

師友

上午，到民言報社訪楊天毅兄，取來所贈魏瑤光寺尼慈雲墓誌銘縮攝照片，此石甚新，書法秀媚可喜，但似現代人所作耳，又余在滬所見新印珂羅版柳公權神策軍紀聖德碑，亦係不經見之物，惜余因取價太高，未予購置耳，與楊兄談通訊處籌備改為同學會分會事，亟應進行，訂於明晨開會商討，又濟南失陷逃難來青之同學眷屬尚有需救濟並補助旅費者，恐亦應商討募捐，余又受杜仁山兄之託，與楊兄商量其昌濰中學問題，約期面談，緣數日前杜兄之校長已發表，似不為社會所承認，主要為昌濰安邱人士別有人選，將請楊兄詢問昌濰安邱人士之意見，據楊兄云，杜兄為軍統特工人員，雖不欲其滲入教育，但該校學生至今並無適當之安頓，亦希望其從速接辦，惟此間安邱仕紳又有枝節，曾聞市政府及綏靖區司令部表示推薦另一人員，不無可慮耳云，又聞楊兄云，上星期六民報刊載山東參議會裴議長談話，對山東戰事失利，頗多責難軍事當局之處，又有描寫共區內軍政人員秋毫不犯之穿插，但有一點記載錯誤者為對於陸空聯絡組內有一奸細分子一節，係記錄錯誤，實為第二綏靖區司令部第三處作戰指揮人員與聯絡組負責聯絡者有奸細在內，業由該報更正，現在軍方人員即鼓動空軍與該報及裴氏為難，甚至在報紙上謾罵裴為匪作倀，且有不堪之語調，由此足見現在局勢雖危如累卵，而驕橫如昔，不知自反亦如昔，以此種風度而欲奠定國家，殆緣木求魚也。下午，到交通銀行訪季獻之兄於其辦公室，據談其所主持之濟南行已經正辦移交，由共軍全盤接收改為北海銀行，從業人員將俟交清後集體退出，此外如中央、中國各行聞亦在相同情形之下云。到新亞飯店訪由津來青購辦菸葉之恆大公司捲煙廠副理高維民，係答訪，不遇。上午，石鍾琇兄來訪，談明日將赴京，渠原任青市民政局長，交代後無事，故將赴京有所活動云，余於晚間往訪送行，不遇，留字謂如明晨同學會之會散會較早當再來送行云。晚，到常州路訪張敏之兄閒談，咸認為當前軍事經濟情勢最為危險，而物價管制之結果，物資退藏，現在有錢購不到東西，蓋因金圓券發行達九億五千萬元，其中用於收兌法幣者不過五千餘萬元，餘數六億餘為收兌黃金美鈔所增之籌碼，二億餘為財政部所增加之財政發行，僅此一項即等於改幣前夕之全部流通法幣，如此膨脹，安得而不造成今日各地退藏與搶購之風波乎，閒談至九時返。

交際

晚，參加孔士諤經理女公子全仁之婚禮於匯泉青島咖啡，男方為申福田之三子其文，二人為西南聯大同學，由戀愛結合者，儀式於四時半開始，介紹人、主婚人、證婚人入席後，新郎繼之先行快速入席，新娘則由其父扶持入席，無男女儐相，交換飾物亦自為之，孔君在答謝來賓時演說頗有意味，謂其長女出嫁時，曾訓其女謂應效其母而其婿則應讓其妻說最後一句話，此日則贈其次女一字曰恕，其婿一字曰忠，繼加以解釋，甚得體，禮成後即在四週入席，賓客無慮三百餘人，飯後且有舞會，新人導首，新娘衣古式繡花衣裙別具一格，今日場面之盛大，在此動亂時期為比較罕見，萬方多難，亦非易易也。

見聞

余於參與孔申二宅婚禮後到張敏之兄家閒談，俄見劉統宇君之未亡人往訪張兄，此人自去年來訪余求助後，今見其更為落魄矣，據談煙台撤退，來人不少，僅學生即有五百餘人，尚麕集中正公園，無處棲息，青島正在糧荒物荒，真不知何以為繼，余辭出後過其外面大門過道，蜷伏者有乞丐已入睡，烽火漫天，哀鴻遍地，使方由燈紅酒綠中退出之余，感慨無限也。（聞煙台非戰鬥員已撤，人民多未撤，軍人亦尚未撤。）

10 月 13 日　星期三　晴

師友

上午，到民言報出席同學會分會籌備會，到有杜元信、楊天毅、廖毅宏等，決定按各會員服務處所分組產生代表，組織代表大會制定會章，選舉理事九人，候補三人，監事五人，候補二人，此項代表大會訂最近在民言報大禮堂召集，又談及有未畢業之女同學徐寶志率子女由濟南逃出，將赴京尋夫張樹聲，亦為畢業之同學，請求協助，決定選定有負擔能力之同學八人，每人分擔十元。晚，廖毅宏兄來訪，談公司情形，謂有中澳公司，係本公司畢天德、黎超海等所辦，出面者為前山東民生公司青島辦事處之曲主任，曾有向公司銷貨情形，又最近啤酒加稅，公司有若干箱已售未稅，損失稅款萬餘元，利益為商人所得云。叢芳山兄來訪，談及煙台業已撤退來青人員極多，有應接不暇之苦，蓋叢兄辦有時行日報，工作人員均已來青也，又談及當前軍事頹敗與經濟紊亂，認為甚少有效之挽救方法，其大病在軍事方面為百病叢生而又不能痛改，在軍事方面有此缺點已足致命，而況經濟上自八月十九日至今只知濫發金圓券，老百姓至今已完全認為係變相之法幣，且因面額易於膨脹，更懷危懼之念，現在流通數額已超過改幣前夕法幣價值之五倍，而物資不暢，生產萎縮，安得而不發生搶購囤積現象乎？崔子健兄來談此次煙台各機關之撤退乃出於命令之錯亂，緣國防部據煙台方面報告軍情緊張，電令撤退，政府機關請示行政院，行政院根據國防部之舉措亦令撤退，是時海軍總司令桂永清巡視到煙，見狀大驚，請示在平之總統，不知其事，復令無動，而政府機關已上船先行矣，外間又傳軍隊繼所接撤退命令之後又改為不撤，與此項傳說正若何符節，當非全屬子虛也，崔君係偕由濟逃出之高訒來訪，謂王平一到京所發佈之王主席耀武殉職之說不確，或係對共軍之一種煙幕，使懷疑其所俘者為誰何云。

娛樂

晚，同紹南到青島影院觀電影，片係魏鶴齡、童芷苓、周婷等合演之「粉墨箏琶」，為一愛情穿插特務工作之故事，有若干場面均為其他影片所習見，殊無特殊之點也。

10月14日　星期四　晴

師友

晨，到太平路九號訪裴議長鳴宇，在座尚有八區程專員韞山，係日前由濟南徒步轉至天津來青者，據談八路區之寬大政策確已執行，不惟不實行過去之無止境的鬥爭，且將以前地主之還鄉者發還土地三畝，使能生活，長此以往，共軍足食足兵之局已成，將更難予以摧毀矣，而政府上下根本無知己知彼之意思，一味驕橫顢頇，貪污自私，此風不改，恐無倖理也，又此間王耀武主席所遺爪牙對前數日裴議長在報端所刊談話仍在繼續攻擊，謂申述八路軍秋毫不犯為反宣傳，又策動組織省政府駐青辦事處為不合法，前者實因其談話內對王主席有對照批評，後者實因省府若干在青之假公濟私機關畏怯清查，即如王氏所辦由尹文敬為董事長之濟魯公司負責人已離青，事先且朋分金條若干，照此情形，更令人髮指也。談頃約定中午吃飯，十一時半裴氏到公司來訪，乃同到龍口路四十四號約同程韞山，又加約孫慕僑與趙季勳兩兄，同到東興樓吃羊肉涮鍋，此地羊肉較之濟南尚遠遜，且此酒館非回教所營，若干作法不甚道地，二時半始散。

10 月 15 日　星期五　晴

師友

上午，杜仁山兄由教育局來電話，謂教育廳李廳長所發表渠任昌濰中學校長之命令已復電表示辭謝，因在青安邱人士意見複雜，渠不願費此腦筋也。上午，山東民生企業公司青島辦事處主任崔伯堅君來訪，談該公司根本已無業務可言，現任總經理李致和已由濟南來青，據稱濟南淪陷尚無損失，因公司內部空空如也，又青島辦事處近兩三月業務為買進中紗公司配紗轉手售之黑市，前數日利潤可觀，現在則已停配，又該公司有進口分配外匯若干，運貨進口頗有額外利益，近來公司賴此維持而已，是則正當工商業以外之途徑，亦畸形之存在而已矣。中午，蔣仲芳君來訪，余介紹至民言報與楊天毅兄晤面，並希望其能充外勤記者，惟彼本人似乎無自信力，認為對外未必有採訪能力與把握云。

見聞

自市面搶購風熾，數種日用必需品須憑身分證購買以來，其他物品多半絕迹，余今日至齊魯公司南隔壁永安百貨店，見貨架根本空虛，櫃台縮小為大門內一行，縱屬強買亦無對象，甚至茶食店之火腿薰臘，亦不可見，聞麵食小販多告歇業，糧食則被政府封存倉庫，益以退藏不賣，更無覓處，升斗小民，殊無以為生也，本公司經營業務中之麵粉早已售空，而倉庫所存者則多為非糧商所購存，尚未聞如何處理，食油則各機關紛紛接洽購買，且多向三方面接洽，其他兩方為益中公司與中國植物油料廠，有力者三方均可購到，有餘部分則入黑市矣，政府所封之糧聞將配售市民，如照限價，每袋不過九元，但黑市已昂至六、七十元，甚至喊到百元，直無正價，聞政府恐市民太佔便宜，將加一種救濟捐，以經濟管制手段開州官放火財源，亦別開生面矣，又封糧極周遍，綠豆不例外，於是若干粉房難買綠豆，又起而呼籲，此外則菜市因違反限價，有小販被兵槍傷，賣紅芋者違反限價被買者一搶而空，難民伺隙入住戶大門，硬欲參加吃飯者，種種怪現象不一而足，經濟情況如此紊亂，不惟為勝利三年來所未見，即抗戰八年中，後方生活日趨艱困通貨加速膨脹過程中，亦從無如此之甚，其原因固屬心理脆弱，但兩月來金圓券流通額超過八月十九日改制時之五倍，又無術加以疏導，軍事情勢惡化，流通區域日蹙，行政風氣日敗，實為其主因，故欲根本解除，實非僅是宣傳或干涉所能奏效也。

10月16日　星期六　晴、夜雨

師友

上午，王崇五兄來訪，談及目前青市糧荒聞有內幕，即軍政當局勾結，有意造成藉機牟利者，按本市十月份配售戶口糧至今渺無音訊，市面即減少三十萬袋麵粉之供給，而檢查囤積隨即封存，碼頭到糧亦不能免，甚至即為軍方照限價購去，結果市面正當糧源即告斷絕，而官僚資本所囤積之糧不在封存之內，此時即利用高昂官價五倍以上之黑市拋售，故如謂糧荒造成係因政府低能，則尚為合於恕道之推測，其實用心險惡可誅也，又配售麵粉遲遲不辦之另一原因為民調會自九月份起改換配售店，此項配售店因有百分之四之利益，同時又可拆封摻雜，於是亦須出重價向官府活動，改換云云，實即重新出賣之意，目前政府之腐敗較之李先良時代真有上下床之別云云。王兄又談其離濟南市長任之導火線為財政廳長尹文敬將濟市稅源完全控制，市府陷於無米為炊之境，尹之理財方針為逢迎王耀武主席，上下其手，營利自肥，即如所辦濟魯公司即利用公款囤積發財，而山東公教人員八、九月應補薪給迄今積欠不清，其肉尚足食乎？王兄又談余去年離省銀行時，實即經商營私萌芽之時，渠受陳雪南先生之託，曾兩度與王主席建議主張慎重省行人事，根本未予採納云。上午，謝松雪兄來訪，談青市軍事經濟局勢日惡，似不可以久居，將送其夫人奉母回四川岳家，謝兄又託余繼續為其弟謀事，余在青活動範圍有限，實無以報命也。史紹周副理來訪，談日前由煙台撤退來青，同仁十五人，連眷屬三十人以上，在當前總行尚無下落之時，殊不知如何以為計，又謂省銀行科長周公彥操川語稱天津籍貫，在濰縣被扣，金子瓊則冒充棉布商，在藍村因盤查時不知棉布每件若干匹，敗露正當身分被扣，總合省行除主管人完全未逃出外，科長階層者亦有半數陷於共區云。市面糧荒，花生油黑市需每斤三元金圓券，高希正兄之眷屬託買一百斤，王樹法之眷屬託買五十斤，已向營業處辦就，每斤五角八分，照限價也，聞今日市上麵粉黑市價已有跌落之勢，油價或亦可降低，人心浮動稍殺。

家事

晚，姜仁山姑丈來寓閒談，因青市物價太高，軍事亦無把握，決定送姑母住滬，渠本人則至香港經商，余甚贊同其辦法，又七弟瑤祥自願隨流亡學生赴京，余亦表示同意矣。

10 月 17 日　星期日　晴

師友

上午，到魚山支路訪于潔如女士，德芳同往，據談高希正兄尚在京繼續整理由濟南撤退之帳目，其本人則居住於山東省銀行云，又據云其弟于文章君已由煙台撤退來青，農行貸款停止辦理云。下午，張振玉兄來訪，談山東省政府辦事處已成立於膠州路省行所租屋內，但近日又復撤退，聞已取消，此後將只有徐州辦事處一所。當前最大問題為省府辦事處並不能擔當一切事務，故不能解決一切問題，此間省府有關機關均失所秉承，濟魯公司負責人均不在青，物資如何，帳簿如何，無合法合理之機構加以問聞，結果少數自肥人員必達其從容舞弊之目的，俟政府注意及之時，則作偽之帳目報表，均將布置就緒，絲絲入扣，縱欲知其真相亦不可得矣，至於省行方面，近來由濟逃出分至京、青者各有數人，亟待救濟，無人負責，聞來青者由青行先墊發款項若干，到京者發薪一月，以後如何，亦復無人能說，京行經理馮有辰君曾在京呼籲各董監事出而維持，似乎亦無甚結果，蓋如此殘破之局勢只見流亡行員眷屬，陸續集聚京、青，亟待維持生活，業務如何進行，濟南有無數字可查，如何清理，均屬茫然，何人肯多負此責乎？余意不妨請示財政部指定常務董事一人如李青選氏在京就近照應，以待新省府之成立矣，張經理處有行僮一缺，余曾介紹牟尚齋兄之姪致祥補充，今日再度與之面談，或可到行。前省行同仁耿成琨科長與鄭吉溥主任來訪，耿君係上月卅日動身由濟南逃出，據云商埠失守時曾移入城內辦事處辦理發放政費事，至城內不能支持時，董事長尹文敬、總經理田叔璠均分別潛伏，行內最後應變措施，無人可以請示秉承，故臨撤退時尚有庫存十餘萬金元只好棄置庫內，此外信託部所存物資數目亦屬可觀，均在商埠，最後如何處理，則未知之，至今尹、田及司徒副總經理則無消息，司徒或在濟寧被扣，科長外出者與在濟或途中被扣者各半云，鄭君係由煙台撤退來青，行員有將近二十人，均已來青，如何善後，亦無處請示，據談煙台為無戰事之撤退，但秩序極亂，軍事當局扣留登船用划船，上船時爭先恐後，生命財產墮水者不計其數，現共軍入市與否，尚未聞確訊，惟據揣測，軍隊亦已撤守，則共軍之推進入市，似已無何問題矣云。

參觀

下午同德芳偕紹南到匯泉看中小學秋季運動會，今日為第一日，尚無何特殊表現。

10月18日　星期一　晴

師友

日前崔唯吾先生之姪公子仲燦曾隨崔伯堅君來訪，因渠服務之玻璃廠停工解散，初來之時係崔先生紹介於畢天德總經理者，今既不能維持，須面謁辭行，但近來畢君對該廠職員往見者一概拒絕，故不得一晤，託余向畢先容，今日崔君復來，余以電話詢之畢君謂彼並不一定有何要求，只希望面晤一談，遂允於今日下午往見。前省銀行練習生李雲章由煙台逃難來青，下午來請託謀事，余近來對此等事幾乎束手無策，亦僅能漫應之而已，據李談日昨由煙台來青者尚有其人，據云共軍與國軍仍隔夾河相峙，此為福山失守後之情勢，迄今未變，而煙台駐守之國軍亦尚無撤退之模樣，但當初爭搶船隻逃青者因而衣物盡棄乃至性命不保者不知凡幾，到青後窮無以生露天興歎者更比比皆是，誠不知其何以如此惶急也。中午，蔣仲芳君來訪，日前余介紹其到民言報見楊天毅兄，業已往晤，據楊兄談關於該社添外勤記者事，暫難實現，因自經濟問題嚴重，物價黑市猖獗，食糧貴至三、五倍，社內已無力量可以維持也，因而託余另謀他事，余允設法但恐無甚把握。晚，余繼祖同學來談，青島近來人心浮動，一為受濟南失守、煙台撤退之影響，二為物價波動太甚，民生日艱，聞今日景興輪駛滬，乘客擁擠，秩序紊亂，公司內有某君去滬，船票購就，而艙位為軍人所佔，因而不成行，畢天德總經理與蘇雲章協理託帶細軟至滬存放，亦未能帶走，照此情形恐將來青市不保，其亂將超過煙台也。

見聞

前接安徽省銀行同人寄贈新出版之安徽地方銀行紀念刊，近略加披覽，內容尚稱周備，其所記載始自廿五年皖行成立，截至卅五年改組省行，凡歷時十一年，其間余身與其事者凡九年，主編者為專員朱一鶚君。據凡例所載則原始資料有為工作報告，有為通函輯要，立煌事變前兩年文卷散佚，最難蒐集，則有憑記憶者，具見苦心，但亦有十分欠妥者，如朱君纂集此編，儘量插入其個人之見解或儘量顯露其個人之姓名，前者如抗戰中皖南經濟結構表，後者如例言寫明朱君所識，均不當也，又充塞內外之文字圖片多以編輯時在省行服務之人員為重心，譬如序文中有現任總經理馮達璋一篇，而創辦人楊綿仲先生則付闕如，圖片中歷任正、副行長內之副行長照片僅限於改組時之兩人，全係編者過分政治化之所致也。

10月19日　星期二　晴

師友

上午，山東省銀行青島分行張振玉經理與近來由濟南總行逃來青島之總務科長袁紹安、會計科長湯人絜、出納科長耿成琨，及由煙台撤退來青之煙台分行經理張乃惇等會同來訪，謂總、副經理至今均無下落，逃難人員紛集各分行處，各行處業務失所秉承，存放款無論矣，即匯兌亦無法經營，同時濟南損失重大，如此情形之下，不能不謀善後之策，乃向各董事請示辦法，余謂余雖為一常務董事，但對濟南總行情形久已不復知曉，同時省政府瓦解後聞政院又通過在徐州成立臨時辦事處，則省府之整個動向應先明晰，又在京董事亦有數人，其中且有一常務董事，部方意者如何，亦須先知，故主張由彼等邀請在青各董事先行集議，交換意見，再作計較。五人即分訪各董事定期辦理，據五人談話情形，濟南損失殊重，庫存金圓拾壹萬元已交共方接收人員，留濟行員集體向該方登記者大約有七十餘人，各倉庫所存貨物，均已損失，余詢帳目情形，謂自十四日至廿三日全陷之十天內空運停止，故會計數字未能寄出，彼方已可全部接收整理，大約放款可以收回一部分，存款大半為政府機關戶頭，共軍方面自無毋庸償還，故省行之損失幾乎十分徹底。余又告以儲信部高連佩來青所購物資均無正帳記載，為防逃逸，亟應由在青人員會同青行負責人予以控制，據云前已照辦云。旋統計在青董事有余與趙季勳、靳鶴聲、徐軼千四人，在京者有崔唯吾、李青選、王仲裕三人，較之下落不明者六人，尚屬過半數，但群龍無首，同時不在一地，多數又與京、徐不相聯繫，至下落不明者為尹文敬、田叔璠、劉玉田、丁基實、張敦鏞、劉健夫等，刻下均有被扣或在途中不能到達青島之消息云。下午，省臨時參議會劉幼亭秘書長來訪，據談係前日由濟南逃抵青島，所述友人消息，無新進展，但對於尹文敬則認為在魯劣跡多端，即如民選省行董事事彼始終尼阻不辦，經一再催促，始發出公文逕至各縣參議會，省參會則未知之，其內容為限半月將候選人報省，同時又定辦法報部，主張凡縣參會不能報送者則由省府指定，其法即使有意逾限以便於其指定也，而其所發通令又確有若干未發之單位，無非為遂其上下其手之陰謀，但此事此刻亦談不到矣，劉兄又談副議長周幹廷受劫持而無結果云。

10 月 20 日　星期三　晴

師友

晨，徐軼千委員來訪，略談省銀行邀請各董監事會商行務內容事，並申述其在青對於省府事之立場，因彼為一省府委員，駐青者僅渠一人，故遇事不能過分主張，譬如濟魯公司為王耀武主席交由尹文敬廳長主管之營業機構，所存貨物極多，濟南、煙台逃亡來青之公教人員與難民為數集中，頗有主張由該公司撥辦救濟者，但該公司負責人均不在青，辦事人員則不能作主，同時且表示應待省府改組後辦理交代，因而彼以一委員資格即不能再事深究矣。又此間省屬機關用款者即多，南京方面所成立之臨時辦事處由李泰華廳長負責，至今無款撥到，照此情形，亦造成公教人員極不安之情緒，彼亦無之何，只能向京方催索而已。談頃，新任昌濰中學校長杜仁山兄及省立青島臨時中學王秋圃校長及省立臨時師範王校長先後來訪，即與徐兄會談各校經費之維持辦法，謂省府駐京辦事處長佟錦標將於今明日來青，已電請將款帶來，或可辦到，關於煙台流亡來青學生，將由鄒鑑與趙蘭庭率領赴京，此間地方當局為恐留青無力供應而物價復高騰不已，誠恐日久滋事，故亦極力代為接洽船隻，聞今日下午可以上船，現教育部派有督學來青勸阻成行，而無補救辦法，自難生效，又聞鄒、趙兩君因立場不同頗欲爭赴京領導權，亦可謂無意識之至矣，杜兄今日來訪為代省行行員李德民請託注意其位置，蓋行員聞董事將集議行務，恐不免出於裁員之一途也，余謂此若干董事大約尚不能有此明確之主張也。下午，裴鳴宇議長來訪，談不日赴京，正等候天王號飛機即可成行，據談其在濟所主持之民食調配委員會曾向中央銀行借款五百億元，在滬買麵粉及大米，後來亦換麵，總數在二萬袋，在青者為一萬四千五百袋，俟限價調整後不致虧蝕，即可在青辦理山東方面之配售，將委託數人在此辦理。又渠赴京一般事項須有可靠人員協助辦理，望余介紹，余即推薦馮有辰兄辦理其事，且其所屬行員亦可供馳驅也。楊自謙君來訪，聞省行將舉行董事會，要求總行人員之處理不能優於濰處被遣散之同仁，以示平等，楊君又談其所聞共軍區內種種現象，認為政府區再不改善將無及矣。

娛樂

晚，同德芳偕紹南到中國戲院看電影，李紅、舒適、黃宛蘇主演「怨偶情深」，尚可。

10月21日　星期四　晴

師友

上午，到太平路九號訪裴議長鳴宇，不遇，據屋主吳竹銘參議員云，今晨已赴機場飛京，余本備一函託帶南京分行馮有辰經理，亦只有改為航郵矣。吳竹銘參議談，因煙台學生及公教人員來青者多，所聞怪現象亦多，煙台市長延珍卿之主任秘書孔某在撤退來青之船上帶有鼓娘及其眷屬，反之公務人員在船上無處委身，眷屬能同行者更少，且八、九月份應領之薪俸，尚未發清，致起公忿，連日群趨延之寓所滋鬧，孔則避不見面，但長此亦非辦法，聞疏通尚無眉目云。下午三時，到山東省銀行參加留青董監事談話會，此會係由總行在青三科長湯人絜、袁紹安、耿成琨及青島、煙台兩分行經理張乃惇、張振玉所發起，今日參加董事為靳鶴聲、趙季勳、徐軼千及余，監察人為蘇文奇，列席參加者有董事會秘書于啟民，又有日昨由京來青之省政府駐京辦事處處長佟錦標，討論問題甚寬泛，第一為由濟南逃出之行員生如何救濟，現已決定仿照京、徐兩地辦法先發救濟費一百至二百元，此係由救濟公教人員之款項內動支，此間合此規定之行員只有四人，問題甚簡單，第二為膠州路所租房屋之續租問題，房租由總行負擔，使用亦由總行使用，但訂約承租則由青行負責，現在租約滿期已月餘，是否另訂續約，此事因總行無人作主，且亦無款可用，故研討再三，加以東客間尚有若干糾紛，致未獲結論，第三為總行在青有若干物資，此間無可稽考，即會計科長亦不知之，買就後均由儲信部主任高連佩交此地一趙某保管，此趙某有謂係一雇員者，有謂係行外之人者，近來對行內各科長及青行經理頗有不肯就範之意，經決定責成會計科長湯人絜會同其他兩科長及青行經理切實調查有無隱匿，予以清理，至以前曾買有金鈔，已向中央銀行繳兌，餘物中有麵粉八百袋已由經濟檢查隊封存將辦理配售，決定由徐軼千委員交涉撥充煙市難民，未知有無成效，第四為關於整個行務失其首腦之善後問題，多數主張原則上應候新省政府之成立，但在未成立前不能一無辦法，決定聯名電託李青選董事就近洽詢財政部，至青島方面之總行有關事項則推一董事先行照料，亦以便於清理工作之進行，推舉時余謂徐軼千為省府委員，最宜為此，徐則以余明瞭內容，推余主持，結果推定余二人共同擔任云。

10月22日　星期五　晴

師友

晚七時在民言報大會堂舉行同學會會員代表大會，出席者十餘人，均為事先劃分各小組所選出之代表，今日開會主要工作為分會之成立，蓋自今夏同學會總會在京召開會員代表大會後會章已有變更，各省市通訊處均改為分會，理監事均由所在會員選舉，青市則至今尚未成立也，開會時首由余報告自同學會總會改組後其內部組織與工作動態與此次召集青市代表大會之經過，繼由徐嘉禾君報告通訊處時期事務方面情形，繼即討論選舉方式，其原則為按同學所屬之院班別分別統計，按人數比例出理監事，以符合組織規程之精神，於是按此項劃分口頭提名，立即討論確定，以代投票，至九時始全部完畢，繼商談今後聯絡會員方式，在舉行娛樂節目，以增加見面機會，詳細辦法交理事會決定辦理，並定期舉行理事會議，又今日開會所支配之名單大致尚稱允當，僅今日出席者多數入選，而在挑定正式與候補時，又往往以出席者為正式，未出席者為候補，照此情形，殊欠缺謙讓之精神也。開會前談天，多屬於現在青島之物價與糧食問題，此次物價尤其糧價之大風浪多半由於市政府及社會局之措置乖張，其間凍結食糧後之處理辦法，朝三暮四，號令不能發佈，辦法不能決定，因之糧價如火上加油不可收拾，而新官辦事之荒誕，為下級職員所訕笑之事更多，故在政治與官風不整之狀況下，政府多一事不如少一事，設此次政府坐視不顧，糧價雖漲，而絕不如此之甚也。

職務

中午，山東省銀行青島分行張振玉經理來談關於省銀行總行自董事長總經理均無下落以來，京方董監事亦曾注意善後問題，今日接到在京董監五人所擬通函各行處文一件徵求在青董監事簽名後發出，余即簽後交張君帶往訪詢其他董監意見，又在京董監有致此間董監函每人一件附有開會紀錄一件，除決定通函各行處維持現狀外，並決定各行處公文表報應寄青島總行臨時辦事處，其實此間並無此項組織，不過總行會計科長在青，會計數字仍應在此彙總而已。又張君談煙台分行撤退此間後未知對會計科已未將帳表核明或交出，庫存亦未交青行，余即寫條致徐軼千委員，謂數字應報會計科，庫存應交青行代總行收，如以為可行，即請就近交會計科照辦，以示慎重云。

10月23日　星期六　晴

職務

公司事務已見減少，董事會尤然，重要事項須轉請示財務委員會，普通事務無多，財委會近來來文亦極稀少，公司方面向董事會請示事項又有直接向上海請示董事長，甚至更有代擬董事會請示財委會文稿送上海判行後寄回交董事會繕印發送者，事之無條理不上軌道無逾於此，在曾董事長朕即國家之觀念下，此種特謬現象復無從予以糾正，真怪現象也。中午，張振玉經理與湯人絜科長來談在青查察省銀行儲信部主任高連佩所購物資情形，大約有黃金、美鈔、火柴、煤油、棉布、麵粉等項，其中麵粉一項已將提單由其所託保管人趙某處收回，金鈔則已向中央銀行兌成金圓券，煤油由趙分散託管，無憑證可執，火柴亦將提單收回，棉布則僅聞有之，且約略知其地點，而未知詳細數量品質等，有待進一步之調查，以上情形將備文簽報徐軼千董事及余，以存案卷，此外有無趙某隱匿物資或其他方面代管物資，則須再加調查。又余詢其帳目如何整理，湯君云銀行部分有傳票十天缺少，正詢之出納科長耿成琨，彼收付至最後一日始逃出，耿君或可記憶若干，但亦不能完備，儲信部方面物資情形則既無人員逃出，亦無副本帳頁寄外保管，而當時復有一荒唐制度，除主任高連佩外，其他人員則無人知其內容，亦有經管帳目人員只知表面記帳數字而不知物品內容者，此部分恐不能補出，將無從究詰矣。又湯君談上海、徐州兩省外單位限於法令經營放款與金鈔不能將盈餘記帳，均匯之總行，總行又買成金鈔交行員保管，此亦為帳上所無，而只能就事實上所知予以勾稽，故此次總行將無完整數字可以求出，最後如何是了，實為可慮也。又煙台分行退青後帳款均自行保管，余昨日寫一便條託張振玉經理帶徐軼千董事徵詢意見，余意數字須報會計科，庫存交青行，據談徐氏已交湯君，正與煙行經理洽辦，問題為今後彼等用款如何支用，余意此事應由會計科核明辦理，重要者請示兩負責董事，但實際上頗非易易，因余與徐氏二人不過在此過渡期間受託予以照護，既不能根本將此等行員解職，又不能無限制發給薪俸，余等又何必多管如許閒事，故亦只願能勉強維持至省府成立為止而已。又照省行大體資產負債情形以判斷真實內容，則元氣已傷，恐今後實無法維持矣，今日在青島之物資應不容有一分之走漏，蓋此項殘餘為省行當前之唯一憑藉也，至保管人趙某有推諉情形，應付之法須剛柔兼施，手續上不妨給以書面通知，其應得待遇亦應照發，以加重其責任，為恐其逃逸，應隨時與市府警局取得聯絡，總以不將物資有所損失為原則。此外關於省銀行善後各項問題，余對兩人表示，余只可在事實上策劃並對徐軼千氏供獻意見，余與行內此刻負責人有前後任關係，不便多所主張，且余與省府毫無關係，責任亦與徐軼千氏之為省府委員者不同，故重要問題之解決，應由徐氏作主始見妥善而無物議云。

交際

下午，到青島咖啡為吳竹銘參議之姪結婚道喜，證婚人為項蔚如，在該處遇中央銀行王副理，詢濟南該行劉健夫經理消息，謂刻在濟南，辦理移交，報載被殺消息不確，余未及待至行禮即辭出，事先與楊天毅兄合送立軸一件。

師友

上午，民生公司崔伯堅主任偕玻璃廠職員崔燦仲君來訪，謂崔君係在玻璃廠被解散者，定後日星期二搭乘啤酒廠運酒船赴滬轉京，民生公司近來自濟南失陷總公司瓦解後亦無何門徑可以探索，現僅存有以外匯買進之硫化燐一批，行情不佳，因此間火柴廠不甚需要原料，而濟南各廠則自失陷後已不能再有銷路也。晚，楊子謙君來訪，堅主應移居江南，因連日此間市面秩序已不能維持，飛機輪船均已登記一空，同時本市經濟情形極端惡劣，糧價高昂，而轉瞬冬季即至，煤源又大成問題，軍事情形則尤不敢判斷，聞美軍已登記僑民眷屬，似係必要時準備撤退，其實美軍縱不撤退，欲由彼等與共軍作戰，亦係不可思議之事，此刻人心浮動大原因乃人民對政府與國軍已全失信仰，而煙台、濟南相繼撤守，青島尤其孤懸，同時四面無一國軍區域，設待淪陷後旱路逃遁或木船偷走，均較之煙台、濟南、濰縣為尤危險而困難也；今晚振祥弟來亦作此主張，並謂合作金庫已與中央信託局合包飛機運送眷屬，又余繼祖君來談，有由南京來者云，濟南陷後，徐州吃緊，南京正做工事，人心極度浮動，故如此刻遷居，京滬一帶亦僅可暫安而已，公司內聞正登記眷屬遣送上海，惟余未見有何通知，同時連帶問題太多，須俟部署妥貼始可談到如何遷移，故暫持鎮靜云。

10月24日 星期日 雨

師友

晨，同德芳到觀海一路訪問姚智千夫人吳玉珍女士，渠生育匝月，因母乳不足，方在哺喂奶粉，蓋姚君陷於濟南未出也，聞中央、中國等均已有人來青，帶來行內消息，獨交通行無之，故甚懸念，又談所聞共軍到濟動態，與其他各方所傳略同。繼到湖南路西端訪周淑明女士，據謂宋志先兄刻在南京，其書記長在徐州北兩軍緩衝地帶被共軍所扣，聞宋從順兄之眷屬刻尚不知在何處云，周女士談及南遷問題，余等意其夫既在南京，則以赴京為宜，渠則因安家不易及幼兒讀書等關係，尚在猶豫不決云。下午到江蘇路三十五號訪徐軼千委員，據云每日均在廣合興省銀行所租屋內辦公，即星期日亦不例外，所辦為有關公務員救濟事項，談省銀行事，徐氏表示不願過問，甚至廣合興房屋之續租問題，彼雖正在使用一部分之房屋，亦不願過問，余則申明自己之立場，即本身雖為常務董事，但與省政府毫無關係，在此情形下過問省行事務，深固不可，淺亦不行，即不若少管為妙也。余談及將訪劉幼亭、王崇五兩兄，據云均已先後赴南京，余尚不知也，聞省府其他廳委消息，聞徐氏云，曾有一說建設廳長丁基實、前民政廳長劉翔均已被扣解至青州共軍省政府所在地，二人均為青年團方面人員，丁則為共產黨變節做官者，恐不能輕易放出，又聞省府秘書長劉玉田似亦在內云。到膠州路訪王玉忱兄閒談，至則有張敏之兄等已先在，尚有兩客，正在討論是否南行問題，蓋月來逃難赴京滬者踵接，張、王兩兄在青均無職務，無株守之必要，余意甚贊同其南行之意見，但二人因眷屬是否同行問題尚在猶豫，談話間似乎代表當前政府方面純潔公務員之苦悶，憤激之時，認為政府既無革新之可能，則其崩潰必在最近之將來，如共軍攻徐州即在旦夕，則徐州失陷後南京即已自亂，各地軍事當局不乏自打主意者，其時即另有新局面形成矣，此等說法，不失為一洞明國情之看法，但軍事演變殊有若干難於捉摸者。又今日報載張治中、張群、邵力子又有時局新方案，似乎與和談重開有關，值得注意云。

家事

晨，同德芳到陵縣路探視姑母及姜仁山姑丈，送水果一籃，因二老即將南行也。下午，廖毅宏兄來訪余外出未遇，德芳與談，其故鄉在湘之衡山，已託覓屋準備逃難云。

10 月 25 日　星期一　晴

師友

上午，謝松雪兄來訪，談其弟已進行高等法院事，諒可有成，但尚未能十分肯定，又談近來人心惶惶，紛紛南下逃難，照此情形，對眷屬不能不有安排，擬送其夫人回其四川原籍，僅其太夫人是否赴川尚未能定云。省銀行出納科長耿成琨君來訪，持有簽呈一紙，謂夏間儲信部主任高連佩代購麵粉五十袋存於膠州路所租房屋內，購後曾由青行用款即划至總行歸墊，請將此麵准予取回，末附有青行經理張振玉與總行會計科長湯人絜之證明字樣，余見其情形絕非虛偽，故即批似可准予取回，仍請徐董事軼千核奪云云，余當時表示余對行務之立場，決不願主動問事，因徐軼千氏為省府委員，余則與省府絕無關係，且余係前任負責人，此刻殊有深淺兩難之感云。廖毅宏副廠長來訪，謂日昨與德芳談及赴湘避難事，業已去信請在南嶽市覓房，據謂南嶽市在衡山縣西三十里，為上衡嶽之基點，該地建築頗多，而甚空閒，又物價極低，且秩序安寧，至衡山縣城內則抗戰中破壞甚烈，廖兄本人之故鄉則為衡山北路，距縣及南嶽市均有五、六十里云。（按衡山為粵漢路沿線之縣分，在湘潭之南，交通便利，物產豐富，避難極易。）

職務

下午，參加駐青國大代表聯誼會舉行之例會於市政府禮堂，總幹事龔學遂市長未出席，但此時間係彼所訂，故出席人員深致不滿，有提出將其總幹事職務取消，理由為本會討論事項多有涉及政府者，設開會時彼為主席，實不妥當，但此議未獲通過，討論事項之重要者為有欲為戡建委員者，可列名請龔市長函該會洪蘭友秘書長介紹，又本會工作方針根據前次會所議，整理文字，成為六條，全係官樣文章，最後談及當前青島市之若干問題，為：（一）糧食封存後無下文，致造成糧價飛漲，亟應糾正，（二）外圍部隊兵額不足，常有點放時拉集鄉民充數者，影響軍事民心，（三）軍眷及商賈紛紛逃難，究竟有無保衛青島決心等，即決定由張履賢起草送各常務幹事核閱後送政府並公布，又有尹志伊君提出要求政府必要時先輸送國大代表並建議青島劃為國際管理者，因內容不妥，未獲通過。

娛樂

晚，同德芳、紹南到銀星影宮看阿里巴巴四十大盜，為天方夜譚故事，但內容頗有出入，主演者馬利蒙特斯，無論演技及攝影與彩色，均臻上乘，布景發音，亦均甚好。

10月26日　星期二　晴曇

師友

晨，太平路小學校長李淑秀君來訪，因昨日渠曾託德芳及余向公司買麵粉若干，以免其教職員斷炊，故今晨特再來接洽，余昨日已向公司營業處洽妥用余個人名義買麵三袋，繳款單已送來，當致轉交，囑其到銀行繳款，到公司取貨，但社會局對公司麵粉根本尚未解封，尚須候交涉妥當始能提取，據李君云，太平路小學之教職員待遇仍照八一九改幣時之規定，但物價漲高三、五倍，例如待遇每月六、七十元僅足供麵粉一袋之市價，於是乃啼飢號寒，不可終日矣。上午，同德芳到大學路十四號中國銀行宿舍訪周壽民太太及牛鳳英女士，牛女士前日由濟南逃抵青島，途中凡廿餘天，據談濟南已恢復秩序，各銀行經理均交代，行動極自由，打牌吃喝，恣聽其便，對此輩人並不留用，但此刻尚不放出，又商埠自普利門外至緯三路破壞最甚，其中之最者為緯二路經二路轉角上海銀行招待所及緯三路轉角山東省銀行，省銀行房屋自轉角至南鄰整個炸毀，無一倖存，至經九路余之住宅，則牛女士曾由外邊周行一次，未見有何損毀之表徵，牛女士對於八路軍佔領濟南後之情形，認為商民負擔極輕，軍紀森嚴，士兵均極溫飽，而外傳公務員遭受殺害與虐待，並非事實，凡此種種，均值得政府方面之反省云。同德芳到天津路四十二號甲訪張慎修、于紹奎兩君，二人均由濟逃來青島者，于君外出未遇，張君談其脫險經過甚詳，且談及與其途遇之省銀行兩科長周公彥、金子瓊分別在濰縣與南村被扣經過，周因形迹可疑，彼請保釋未准，金則偽為布商被盤問露出破綻，致均被扣，現彼正設法繼續予以營救，張君談不日有人赴濟，余與德芳託其轉託去人洽同該銀號楊孝孺君詢問德光弟之情形。由張君處辭出後，德芳即個人往訪司徒履光太太於廣合興房屋，聞司徒君在臨城附近逃難被扣後有解回濟南說，亦有解至青州共軍省政府所在地受訓說，其夫人將接洽飛機回南，亦因此間局勢不寧，南下者接踵，彼亦不願在此株守，德芳代為接洽者一為陸空聯絡組之王樹法太太，無何眉目，二為中央合作金庫職員將洽包機赴滬，比較可能云。

職務

上月二十四日會同趙葆全、譚嶽泉所擬審查公司上半年度決算書之意見，當時即交常駐監察人姚大海氏，頃接來函仍致余三人，寫明監察人會對決算書與營業報告之審查意見，頗為詳盡，其重要者為損益計算書之編列方式有欠清晰，應加入期初期末盤存，又麵粉廠應將兩廠併為一廠，植物油廠人位太多，應予裁減，並改革上海辦事處，但內容如何未及提明，此案即轉公司照辦。公司處理事務者有不得要領及誤解法令公文者，如社會局來一訓令，因國大代表曾建議工商業合理化，主張工廠應加入工人股份，政府交工商部研究，工商部即陳明應切實照工廠法辦理，而工廠法實無關於此等事項之規定，亦即工商部對此案無異推翻也，社會局轉來後，公司即加具按語謂工人入股事勢在必行，但本公司資本有特殊情形，請示董事會如何辦理，此等事根本無何問題，而竟張大其詞，何不思之甚。今秋政治大學派來實習服務學生四名，中途已去一名，其餘三名因到公司已滿三月，簽請改為正式職員，呈文送蘇協理雲章處即被批駁，原因為實習條文規定為六個月，但聞橡膠廠有一實習職員三個月即改正式職員，係西北工學院畢業者，迨調查該廠情形，知該人係去年畢業曾在其他工廠實習，則情形又自不同矣，聞公司各同學對協理蘇雲章極為不滿，因其平時對於同學之事特別難辦，即同學會亦從不參加，表示其立場超然，以見好於公司內佔優勢之北洋系，此人之見解亦可謂特殊矣。公司內庶務之腐敗，余以前只知其遇事漫無頭緒，現在復知經費開支不無弊端，例如若干工役之圖章係在庶務科代為保管，而領錢時又不知如何算法，頃有工役領之借給薪津少付五元，經詢明後再行補出，此種作風，殊可惡也。廣合興房屋乃以前青島山東省銀行出名承租，交與儲信部主任高連佩在青使用，現總行無頭腦在此，租約到期房東問之青行張振玉經理，張君謂係總行所管，今日余接一信，封套係山東臨時救濟會，知為徐軼千董事送來，拆閱見為房主與中人函張君質問之件，張批請示總行，或即逕送徐氏，徐氏則早已表示不願過問，於是又改封送之余處，余對省行事更不願過問，收到後亦只好不予處理，其實亦無法處理，若勉強言之，徐氏現在該處辦公總不能完全不管也。

娛樂

晚，同德芳及紹南、紹雄兩女到福祿壽電影院看「浮生六記」，舒適、沙莉主演，大體採用浮生六記沈三白與芸姊之故事，剪裁去取，煞費斟酌，然原書關於閨房游樂之韻事記載特多，此則採取甚少，其後生活艱難，其姊以至病死，所佔太多，至演技則均好，淒豔動人。

10 月 27 日　星期三　晴

師友

上午，到山東民生企業公司訪崔伯堅主任，據談該公司業務平平，最近在青舉行董事談話會，大股東董事代表濟南仁豐紗廠之崔景山曾對以前主持該公司之畢大事攻擊，據云畢主持該公司於公無所貢獻，而私人則獲得利益甚多，其時在滬有黎，在青有曲，皆假公濟私，實際利益歸己，其中有細大不捐者，如上海分公司之廣東路房屋以低價頂進，使用若干時日再以高價頂出，公司收回原價，差額自肥，新堡在哈同大樓則亦高價頂進，出入之間，損公司而利私矣，又畢在青島所住信號山路房屋係其本人在濟南時接眷於青島，以公司出錢二百萬元頂進，其時金價不過每兩五、六萬元，迨其移交之時，言明即按原法幣價歸還公司，至今未還，二百萬不過金圓券六角六分而已，將來其本人頂出時又可獲利若干矣，至於業務上利用民生公司名義買進配售物品，自行售出，更成家常便飯，今夏董事會准畢辭職，並將青島、上海兩單位原有人員遣散，青島即留數人由畢等出資組織中澳貿易行，專以套購齊魯公司配售出品為業務，資本金圓二、三千圓，大半為畢所出，又據崔君云，畢在抗戰期間在重慶經營中國製鋼公司，亦私弊重重，其時崔唯吾先生亦曾參加，知之甚詳，此次出面主持民生公司，乃為崔氏所力舉，結果如此，崔氏亦為之遺憾不已，又畢近來自齊魯所培養之羽毛已豐，提及崔氏仍株守中央行專門委員之職，似乎有相當之比較優越的感覺，聞之亦不禁倒抽一口冷氣也。中午，廖毅宏兄夫婦來訪，談準備日內先赴滬杭一帶避難，如不能有適當居住，或為局勢再緊，即回湖南衡山，余告以候衡山方面居住無問題時，當亦送德芳赴湘，但不主張分兩次遷居也。下午，省銀行科長袁紹安來談明日將送眷赴滬，余謂應請示徐軼千委員，據謂業已談過，余謂如此可以照准，袁談同行者有湯人絜科長之眷屬，又尹文敬、田叔璠似未扣在青州云。

娛樂

晚，同德芳到永安戲院觀劇，為馬玉良等合演群英會借東風，馬飾魯肅，後孔明，僅借東風一段唱工尚略可聽，其餘做工台步，無甚可取，最後為鄭冰如演鎖麟囊，此為程派特有，唱工繁重，且有若干新腔，鄭伶演來均尚可取，此劇費時近八刻，余尚為初次觀賞，以劇情論，較一般佳人才子先起風波然後團圓之格調為獨出新裁，別具一格也。

10月28日　星期四　晴

師友

上午，逄化文兄來訪，渠係前日由京滬回青，據談近來南京各方面人士對時局極端焦慮，因無論軍事政治，以當前之保守腐敗即以一人之喜惡為施策標準，以少數利益為保障對象之體制下之情形觀察，殊無樂觀之表徵，且最大危機為均知其病根而不知治療之方法，或治療有方而顧忌多端，結果不至完全崩潰不止，逄兄又談其在齊魯公司謀事一節，謂在滬曾往見曾養甫氏，但未談及此事，回青後曾與畢天德總經理談起，目的不在實際職務而在顧問之類之閒差，畢君謂將函商曾氏再行決定云。上午，徐軼千委員來訪，謂省銀行所租廣合興房屋因張天佐太太之一再呼籲，已有不能不決定是否續租及租金如何繳納之困難，希望能召集各董事解決之，又謂省銀行事殊屬難於處理，將於明日聲明不再負責，余對此點深為同感，蓋以董事一分子之立場過問動亂時期之行務，一切既無根據，凡有難題有解決之義務，行員生享受不應享受之權利致行內造成損失，反無權可以干涉，結果於公於私均無裨益也。煙台分行副理史紹周君來訪，因二十三日余曾寫一條轉徐軼千董事提及煙行帳款主張應分交會計科與青島分行，該條徐氏並無表示，即交湯人絜科長，湯將此意告之煙行，史君代表煙行前來聲述困難，其困難為為將庫存交出，該行本身開支須向青行借用，實際不易辦到云，余知其實係托詞，但為免多問行務，即告以當時所以如此提出，係因假定省府在十天半月內可以成立，如何善後，自有所秉承，故只能主張撤退行處應如何臨時措置，現時過十日，省府毫無消息，余等雅不願再行負責，故煙行應如何辦理，余無意見，前致徐氏之小條係余二人間事也。仲崇祐兄來訪，並託人送來香南姪治蛔虫藥。下午，于紹奎、崔子健、李宗唐三人來訪，于、李現同住一處，于君由濟南逃出，前數日始抵青島，所談關於臨逃時之情形，謂在商埠入混亂狀態省府守城內之時渠與省行副總經理司徒履光均在恆祥銀號，司徒謂其總經理田叔璠已先一日隱匿，彼亦不問行務，決定一同出走，出係向黃台山濟口方向進發，後司徒脫陣，以後即失聯絡，于君係經津來青。在公園遇濟南市長張之檠兄，據謂亦係由濟南轉平津來青者，渠眷屬已先行來青，故衣物尚未完全遺失云。

游覽

下午同德芳與于紹奎君等到公園賞菊，一部盛開，一部含苞，間有佳種，而多係凡品。

10月29日　星期五　晴

師友

中午，同德芳到膠州路訪司徒履光太太，因彼將於今日下午赴滬轉京也，余等到時見牛鳳英女士亦在，據稱司徒確在青州被扣，現正設法為之帶衣物送往云，余因有事早辭出，留德芳乘車送至飛機場。晚，在民言報舉行同學會分會首次理監事聯席會議，到正式候補理監事共十三、四人，幾乎完全到齊，當由各理事互選常務理事，口頭推定由余擔任，各監事互選常務監事，口頭互推廖毅宏擔任，又選定徐嘉禾擔任秘書，並分別選定四股股長，各股幹事由股長提請理事會聘任之，最近工作為兩星期演電影一次，詳細計畫由第三股進行，最後由新近由京來青之逄化文同學報告青市赴京（夏天）出席會員代表大會之經過，與同學會現狀，及最近京中時局，時局方面可樂觀之成分極少，除非全部改革，殊無起死回生之望，然全部改革之阻力殊為巨大，甚至不可想像云。楊天毅兄談，昌濰中學事愈演變愈複雜，教育廳李廳長泰華所派之校長杜仁山兄在報上發表新聞即將接辦該校，而此間安邱人士前向市政府提出趙夢梅請推薦任此職，尚未醞釀成熟，因而決定發動反李運動，派人赴京聯絡各方，務以根本打倒李泰華為目的，其實此全係意氣之爭，李固有對不起昌濰學生未能迅速安排之過，但安邱人士節外生枝，使此問題更難解決，亦不免有對不起學生之後果，此學校仍以迅即有人主持為宜也。

職務

下午三時在省銀行舉行在青董監事談話會，到徐軼千、趙季勳、靳鶴聲、蘇文奇及余，列席有青行、煙行經理，總行科長三人，討論事項之重要者為廣合興址房屋續租問題，緣該房係青行以前奉總行令代租，後歸儲信部主任高連佩使用，訂期三月房租調整一次，現已四個半月，只付租三月，房東催索極切，決定續租，其未騰出之部分，則不再使用，租金改為六十五袋麵粉相當之代價，關於出面人選一節，徐氏指定青行代辦，張振玉經理堅持不肯，其意以為前次開會渠曾提出複決，而予以緩議，現在彼已成詬淬之叢，又由徐氏提出解決，彼不反對，但絕不負責辦理，後經再三說明，始予首肯，又徐氏與余二人被推為青島方面暫時照料之人，原為預料日內新省府即行成立，現見毫無動靜，且南京董事決議案頗主管理機構置於南京，余等託李青選詢財部意見亦未獲復，今後困難正多，當聲明即日解除責任。

10月30日　星期六　晴

家事

自政府改革幣制形成加速與加大之膨脹，近來生活維持已感特別困難，余自有之家屬雖僅五口，但在青須供應近十口之生活，二弟振祥在合作金庫工作已半年餘，自謂所得待遇須清還以前失業時期之欠債，最近數月自賺自用，其夫婦及攜養四弟銘祥之子，一家三口，均唯余是賴，又父親在此，除余外亦幾乎無人接濟，五弟昆祥在啤酒廠所得有限，既不能贍養家口，有時且需補助，七弟瑤祥本在此就學，最近因有機隨煙台流亡學生南下，得減輕余之負擔不少，衍訓在蘇州上學，費用毫無預算，三弟玉祥雖在申求學，余有時稍加補助即可，尚無固定負擔，以上種種，除去現在已不負擔者不計外，僅每月吃飯即非五百金圓不辦，以余每月收入全數用於吃飯，尚不能供一飽。余自去年此時交卸省行後，今已一年，不但所入薪津完全按月用完，且將所存飾物貼入，其實屬於余一家之負擔不過佔其中一部分，其餘皆用於扶助諸弟，此不過一短時期即已有無力負擔之苦，設長期為一大家庭，勢必因拖累之重而無翻身之一日矣，甚矣我國傳統習慣與制度之利少而害多也。近來因煙台、濟南撤守，青島若干人陸續南下準備避難，余雖因胸襟坦蕩，無惡行可供清算，亦無不當之財可供鬥爭，因而無所畏懼，至今屹然未動，然亦因年來毫無積蓄，而振祥弟婦又表示有同進同退之意，以致無力成行，此種苦處在兄弟之間亦不能坦白說明，因而只有因循拖延再圖解決矣。以上種種余向來不以為意，近自生活困難，乃深感無從擺脫之苦，德芳之見解亦同，其對於家庭經濟之看法，亦從不小氣，主張有收入者大家坦白，各就所得提供炊事之需，完全採能力原則，與余見解相同。

師友

中午，同德芳到浙江路十八號附七號訪由濟南逃來青島之張戟門夫婦，不遇，留片。

10月31日　星期日　晴

游覽

下午，同德芳率紹雄女及香南姪乘車出外作秋游，今日氣候溫暖，郊外游人甚多，余等先至湛山寺，寺內各殿因最近舉行法會，故均開放，菩薩前所供為盌菜及素肴麵饌等，各處電燭齊明，景象視平時為不同，看各殿後轉至後門到藥師琉璃塔，因住有難民，不可攀登，塔外則難民追隨要錢者蠭湧，幾於無可排解，而自法幣限制兌換以來，角以下又無新輔幣，行人非付以一角以上者不可，彼等之收入亦為之大減矣。離寺後赴太平角，步行看海，由東門出，西門入，路上游人頗多，外人居半，出太平公園後到產業館參觀，此處余已數度來過，德芳則初次來，惜因時間迫促，未能細看，五時回寓晚餐。

見聞

因濟南棄守後遺棄法幣大部運來青島，地方政府與中央銀行規定每人限五十金圓，於是央行門前良民排隊，軍人則暗中折價收買，備函向央行兌換，此一新行業又為牟利之藪矣，由此更足證明我政府不能有任何新舉措，利未興而害先見，故政府以少出花樣為是也。

11月1日 星期一 晴

職務

上午，永業公司分公司趙經理來訪，據談上星期五接滬信知余在此，星期六曾來訪不遇，今日乃再來，希望對公司多所指示，余詢以此間業務情形，據云此地分公司因在鹽之產區，故經常買入南運，所接洽之機關經常為鹽場公署、鹽務管理局、各銀行及招商局等運輸機構，今夏一切業務由分公司發動，故在鹽價將漲運費將漲之時，往往以速買速運而能掌握時機，獲得大利，九月間曾有一次僅運費即省六百億法幣之多，近來因總公司集中調撥頭寸，必須鹽價有利有船可運始可請款，款到再買，買後交運，即無法可以控制，本月初接汪總經理電如有船可運即買鹽若干，其時已近鹽價漲高之前夕，如是先洽輪船，始而無船，迨有船又不能久候本公司之請款買貨，待一切條件妥貼之後，款到開始買鹽，價即上漲矣，因此受總公司之記過處分，但自認實絲毫無過云，趙君又談及買鹽及裝運等手續甚詳，並謂現在限價在銷地尚未取消，而產地場價已經調整，再加稅費負擔，愈賣必愈蝕本，而照鹽務管理辦法，又不能長囤不賣，所只能自己伸縮者，只有自開零售店，因鹽於銷地出倉後，鹽務機關即不再管也，談兩小時始辭去。

師友

下午，到民言報社訪楊天毅兄閒談，該報及另外七家報紙今日起發刊青聯報聯合版，外間物議沸騰，謂各報將準備南遷，亦有小報數家寫評論攻擊，余詢此次聯合版之真正動機，據謂動機在調整各報財務，因如此辦理，廣告費可以增加，發行數亦可增加，至於有數家報紙是否乘機南遷，則不得而知，然則出聯合版之目的雖非為逃難，至少亦係便於逃難也。楊兄又談及昌濰中學最近之演變，謂杜仁山兄接到正式委任擔任校長，即約集人員準備接收，亦曾發動一部分學生歡迎，後因另有反對李泰華廳長所策動之學生謂杜曾表示不幹，不希望其接事，今午且鬧到杜服務之教育局，索取教部撥來款項，扯拉至市政府始經排解而散，但杜兄之衣服已被扯破矣。在民言報遇逄化文兄，談將謀為齊魯公司顧問，託余函曾養甫氏一詢，余允酌量後辦理，據云生活甚艱，最近且曾失盜云。

娛樂

晚，同德芳率諸女到福祿壽觀「黛綠年華」（The Green Years），此片為一倫理教育文藝片，無論演技、配音、攝製，均臻上乘，女主角歌唱尤佳，最難得者為故事平淡而極感人。

11 月 2 日　星期二　晴

師友

上午，蕭鴻順君來訪，談此次舉行救濟棲霞難民義演於上星期六舉行，成績極佳，大約可有九成之淨收入，刻已統計已收票款數目，余承銷五十張，已收到三十餘張價款，未收者約有十張，退票者不滿十張，又有一做兵艦生意之某君，慷慨好義，曾捐製棉衣一千套，分配本縣難民即達五百套云。于文章君中午來訪，談本月七日渠與龔福貞女士結婚，擬請余證婚，初擬在青島咖啡，準備二百人以上之賓客，現則改為準備六、七十人來賓，以資節約，地點改為銀行公會，席價較低於青島咖啡云。上午，徐從文君來訪，渠前日甫由南京返青，據談南京人心不安，官民均對政府失卻信心，目前對共軍之戰事為古今中外所無，兵不用命，將不知兵，人力、資源均超過對方遠甚，而一到疆場即望風披靡，揆其原因為將帥層層失其有機的關係，困守據點，一有失利即投降或被俘，並從歷來國防部指揮不靈及判斷錯誤情形觀之，恐敵人已滲透國防部之本身，正起反面作用，此外蔣總統之家事國事不分，亦為造成心理不安之因素，現南京謠傳與共軍又再舉行和談之說，但就所提條件而論，幾於全部投降，恐非事實所許，如不能和，就當前華北軍事失利情形言之，徐蚌已有不能保持之勢，結果必將形成隔江對峙一個時期，設能重新振制，或尚可為，否則亦僅時間問題，徐君謂不久將遷居廣州云。上午，楊子謙君來訪，談將於明日赴滬轉鎮江、蘇州，同行者有蕭繼宗太太，彼到鎮江或可由蕭兄代為謀事云，楊君堅主此刻應向南逃難，余謂此固最為正確，但現在軍事逆轉往往在於俄頃，最應注意者除各人之眷屬外尚有有職務人員之個人，蓋如局面一變，即不可能成行，淪於共區，其命運不可預知也。下午，濟南中央銀行邵光裕、牟祖綬兩君來訪，據談濟南中央銀行行員多數不願留共區工作，彼方允予遣送來青，預料日內即可分批來此，至如何善後，尚待決定云。

職務

晚，啤酒廠工人十餘簇擁廖副廠長太太來余處尋廖君，聲言改善待遇接洽結果如何，須待立時解決，余向眾解釋謂廖君不在余寓，但其夫人並不負有職務責任，如此深夜擁婦女各處巡行，殊為不妥，且於事無濟，工人不聽，仍呼嘯而去，余以電話通知畢天德總經理，渠謂今日開會並未解決，工人如此越軌，殊有未合，已聯絡軍政當局予以鎮壓，免生意外云。

11 月 3 日　星期三　晴

職務

今晨據主管勞工之專門委員段念祖談，日昨啤酒廠工潮起因為該廠因停電暫時停工，而上月工資辦法迄未決定，工人要求提前解決，致有此項風波，至上月工資所以不能解決之原因，為照八一九限價凍結工資後，糧價步漲，幾達十倍，但啤酒不能漲價，形成欲加工資而無從挹注之困難，社會局在本月一日前對此類問題死守法令，以拖延為應付之方，本月一日政府補充辦法公布限價放棄後，社會局亦在考慮調整，希望明日能有核定之結果，五日為發放工資之日，即可解決矣；段君又談因近來物價波動，工廠問題層出不窮，橡膠廠工人干涉廠方運出原料，謂將妨礙生產，影響工人生活，今日甚至干涉成品運出，殊無理由可言，然此類軌外行動，應付時亦煞費唇舌也。南京方面之山東省銀行董監事數人由李青選氏出面來函致此間董監事五人，函寄靳鶴聲局長處，靳轉來傳閱，大意為在京各人對於青方推薦徐軼千及余二人照料總行事務，均表贊同，但所以主張總行移徐者，因省府設臨時辦事處於徐州，代理省庫，較為便利，同時可以經營業務，彌補開支，如設於青島，僅靠青島一處，能否養如許人員，殊不敢必，至於管理部分所以主設南京，因與財部及各關係方面容易聯繫，但如設青島有徐、吳二兄主持，亦無不可，此事彼等均無成見，只求能辦事能維持之目的達到而已云，此函為上月三十日發出，尚未知徐氏與余聲明解除青方之責任也，京方意思照當前情形言之，大體切妥，此間各董事亦均無具體意見，因此間不願管閒事者多也，惟在徐州辦事處已來電告急之情形下，徐州設行又已不及，則根本呈請在京復業亦無不可也。

師友

上午，張戟門兄來訪，謂其本人將赴京，眷屬無地居住，知本公司後樓以前由田糧處佔用部分尚有空屋，可由田糧處職員騰出移轉，但希望本公司不予干涉，余即召庶務告以此事，據云屋早騰出，且住屋者早已不在田糧處服務，現由總務處派警保管，余即囑其逕與畢天德總經理接洽，並先與通電話約定時間，且告以張兄有事相託，請予協助一切云。下午，楊天毅兄來訪，對時局謂無特別消息，徐蚌一帶甚緊，徐州空軍眷屬疏散來青島，據云徐州之緊張超過此地遠甚，但戰火愈南移，此地即愈孤懸也。

11月4日　星期四　晴

師友

上午，到魚山支路六號訪日昨由京來青之高希正兄，並同到三新樓洗澡，又到洪海飯舖吃飯，高兄係九月二十二日由濟南砲火中逃出，經過濟寧曾一度被扣，偽稱為書商得以放出，但濟南中央合作金庫尚有兩組長留濟，聞正辦理移交之中，渠退至南京，衣物盡失，乃一一補充，目前在總庫服務，外調一節尚未實現，且其本人亦不願再負責任，又其眷屬刻尚住青，日內即遷居南京，重要物品則放置上海，因南京人心亦甚浮動，只能暫時居住也。高兄又談此次由濟逃出至南京之友人亦非甚多，據稱劉明順兄因與何冰如同行，致被扣留，其夫人則逃至南京，囊空如洗，刻仰賴朋友接濟過活，又談自瀋陽棄守，而徐蚌亦繼之告緊以來，京中人心不安已極，向上游逃難者亦相接踵，現在南京大小官員對政府更已將信心喪失，於是謠言繁多，有謂正醞釀對共軍議和者，其方案為蔣總統出洋，李宗仁代行其職權，凡反共最力之軍人均下台，由國、共、民、青四黨組織聯合政府，甚有謂無論蔣總統是否願意，結果必將趨於此途，現在華中方面之勢派白崇禧及湘贛方面之程潛均未必能對政府軍事行動支持到底，最後局面非大變不可也云。下午，到新亞飯店訪廖毅宏兄不遇，據其夫人談，日昨啤酒廠完全遷來新亞暫住，遷出之時並無工人在廠，故未遇任何阻撓，現在工人上月待遇問題尚未解決，故廖兄兩日來並未到廠，廖太太日內將移至函谷關路宿舍許俊千副處長處暫住，候機或船赴滬，設朱梅廠長能於日內旋青，則廖兄或可請假送其回湘，現尚未能完全決定云。晚，孫典忱、曲蘭華夫婦來訪，談在彼寓居住之牟尚齋老太太一家，已與尚齋兄通信商定即行南遷，先到上海，牟兄本月十日可以赴滬，並以通信與福州方面友人租房轉往居住，惟船票、飛機票均極難買，詢余公司內有無赴滬船隻可以接洽，余允容即洽詢辦理，孫兄等將來亦準備移至福州，或竟至台灣，孫兄認為台灣並不如所揣奪之危險，因將來政府或作最後退據之地，斷不容其秩序有所破壞云。孫兄又談及京中來人所談和謠與此間某報所收合眾社消息相似，此項消息甚至將政府內各重要職位亦有具體分配，一若此事正入於實現階段，然由此等消息傳播之廣而且速，即可見人心之如何紛亂，內戰之如何可怕也。

11月5日　星期五　晴

師友

上午，到常州路訪張敏之兄，余知其準備於日內赴滬也，至則適見其行裝已備，謂將於今午改乘飛機赴滬，而昨晚接教育廳長李泰華來電約到京一行，故尚須轉京，李電所約之使命未知是否為昌濰中學抑煙台赴滬學生之安插問題，但昌濰中學似乎經教育部方面同意改為部款市辦，雖公文未到，但已成定局，恐未有變更，故已非李廳長所能過問，在滬學生則由鄒鑑、趙蘭庭兩校長率領，雖不孚眾望，似亦非立即可以改換領導者，則此電是何用意，未可判明也。在敏之兄處遇有送行者王玉忱兄及龐邁千君等，談論當前青島局勢，據云外圍刻完全無共軍勢力，同時美軍亦無撤退模樣，且與國軍會防若干據點，又傳聞甚盛之和平消息，有極具體之說法，見於香港大公報，甚至雙方談判代表，共軍電台亦廣播經各指定四人，又有謂瀋陽英美領事不因國軍退卻而撤離，即有作為和平中介之使命，種種傳說不一而足云。今日前來請求謀事者有李雲章，又有吳伯誠為劉家及其自己之兩弟謀兒童收容機會，余對李事告以根本無法可想，對吳事告以須託人向外間打聽，刻間尚無回信云。

11月6日　星期六　晴、大風

家事

晨，廖毅宏兄來訪，談已接其兄由南嶽市來信，代渠及余又另一友人租屋十餘間，此屋在當地為相當優良者，每間月租不過十餘元，囑其從速送眷南旋，又談頃由許俊千兄與中國紡織公司湘籍人員接洽，日內有飛機一架包飛漢口，降落武昌徐家棚，運費較去滬只貴三成，由武昌搭火車赴衡山亦可直達，謂此種行程最經濟省時且免吃苦，詢余是否參加，余當即與德芳商定由德芳率紹南、紹雄、紹寧參加赴湘，談妥余需要重量為五百磅，余即到公司接洽借旅費，同時公司包有飛機一架赴滬，原希望余亦參加者，余即將磅位三百公斤讓之牟尚齋兄之家屬，至中午接通知謂明日可以成行，傍晚又通知晚飯後到民航空運大隊過磅，至時余陪同德芳前往，諸女與俱，費時二小時全體人員始過完，發覺總重量超過數百磅，隊方堅執不肯通融，於是將廖兄超過之一百五十磅及余超過之二百磅商洽核減，德芳堅決不肯，遂與其他旅客有激烈爭辯，然終以預定只有五百磅，乃抽回二百磅，德芳因在此嘈雜場合不能習慣，歸途即嘔吐大作，夜間亦噁心不能入寐，經余慰藉始稍有寬解。

11 月 7 日　星期日　晴

家事

晨五時起床，因一夜未能酣睡，德芳更噁心腹空，均覺精神不濟，略進食後即將隨手應自行攜帶之物件整理就緒，其時廖毅宏兄及其夫人亦由函谷關路來此，余車亦至，遂上車行，於七時到達滄口飛機場，見空運大隊已將昨日所收之行李運至機場排列室外，由所有人自行認定，經憲警略看後，仍由彼裝車運至停在附近之飛機上，同時將旅客號牌確定，唱名排隊步上飛機，其時為七時半，該機為XT 八〇四西安號，八時發動前行，余等即行返回，此機能如此按時起飛，且有秩序，殊出意料之外，聞三小時餘即可到達武昌云。四弟銘祥之子衍樂，年來居於振祥弟處，因時局動盪不定，未便使其遠離父母，且知余之數女亦南遷，彼之游伴均去，今晨在機場送行已感落寞，乃於今日余繼祖君赴滬轉京之便，託其帶往，亦於下午三時成行，余君日昨來告，將請假赴京滬並回四川省母，不願回青，託余函吳先培、汪茂慶兩兄介紹至合作金庫工作，今日更來電話託再函壽勉成先生介紹，余亦照辦，交振祥弟帶交余君，余君一年來在青極知立場，時時來談公司情形，且對余之立場及態度極為尊重，夏間為紹南補習功課投考轉學，至今仍繼續作課外指導閱讀，均自報奮勇，每日往返奔馳十里左右，毫無難色，日昨來寓辭行，表示惜別，如此富於情感之人，殊為友人中所罕見也。今日起余青寓已只餘余與振祥弟夫婦及一公役，倍覺寂靜，而振弟婦因衍樂為渠帶養經年，余三女紹寧甫在學步，渠日夕抱撫，均有情感，而均於今日南飛，談及更眼圈濕潤，又據振祥弟云其本人無小孩拖累，將隨于錫圭君赴滬暫住，振祥則隨合作金庫為轉移，庶在青負擔較輕，行動將更為輕便，一面並進行借用于潔如女士現在所住魚山路房屋之一部分，如其本人離青，則再將姑母之子婿鄧邦政君夫婦遷入，因彼本人無房居住，如此亦可稍形舒緩也。麵粉市價已高至百元一袋，余人口已減，今日五弟昆祥來，交其運去兩袋，暫時勉強維持，但恐一月後仍須設法也。

交際

晚，參加于文章與龔福貞之結婚禮於青島咖啡，因于宅家長不在，託余代表主婚，並於典禮中照料致詞謝執事及來賓，今日原請余證婚，後改約戴翹霖經理，據戴君談及濟南各行情形，謂中國交通兩行及農行負責人均於交清後放行，前日已經到青云。

11月8日　星期一　晴

師友

上午，廖毅宏兄來訪，談及日內尚有人包飛機赴漢口，其叔廖園長同行，尚有餘重可以攜帶行李，詢余日昨未能帶走之行李是否托運，乃與廖兄同往膠東路訪廖園長，據其夫人云，日期尚未確定，且無人照料亦多不便，搭運殊不易易，廖兄謂如在二、三十磅以內之小件，託其逕帶衡山，則可以照辦云。到萊蕪路一號訪孫典忱兄，詢日昨牟尚齋兄太夫人搭齊魯公司包機赴滬之情形，據稱已全部成行，其行李並不多，牟兄十日左右在滬，此刻或能在滬迎候亦未可知云，又據孫兄談時局，謂大局極可慮，但青島一隅短期內不致有危險，因共軍未必願與美軍發生糾葛，而美軍最近在飛機場修築油庫，並派守兵護衛郊外水源地，一時似尚無撤退之跡象也，但其本人亦先作疏散準備，小孩均在十歲左右已託海軍方面友人帶至台灣，暫行居住，其夫婦俟再緊張時再定去路云，談一小時辭出。

職務

前日接在南京之山東省銀行董監事王仲裕、崔唯吾、李青選、孔澥庵、張靜愚諸氏來電致余及其他在青董監事靳鶴聲、徐軼千、趙季勳、蘇文奇一電，謂在京董監集議推青選常董暫代董事長，茂如常董暫代總經理，如荷同意，即請電復以便呈由省政府轉財政部云云，此乃一無法收拾之殘局，余決知難而退，且昨、今兩日在青各董監亦無表示，眾意如何，茲難參詳，故於下午到省銀行青行撥發電報一件作復，文曰：南京山東省行分轉諸先生微電奉悉，承蒙厚愛，本應遵命，惟墉不能久在青島（原電有總行機構設青之句），近期亦難赴京，而總行來青高級人員近已星散，省府在青亦無正式機構，內部既無從著手，省方亦失所秉承，乞另推其他董事擔任，或候省府成立再謀善後，請垂查並鑒諒云云，一面將電文備函分達在青各董監事，以免脫節。在青行遇有本月一日由濟南動身來青之省行人員宋天韶，據稱彼係由青州折回濟南經過登記後要求送出獲准照辦者，據稱對於金融交通及其他技術人員，歡迎歡送，留否悉聽自便，即行後願意再回，亦表歡迎，待遇則仿照以前，高於此間，又除對直接負軍事責任者目為戰犯外，其他各種人員均不虐待，亦不拘留，省行總、副理田叔璠、司徒履光因出走被查出始在青州受訓，否則不致有此，又各行准離去之人員攜帶帳目數字並無關係云。

11 月 9 日　星期二　晴曇

師友

上午，到中央合作金庫訪杜元信、龔祖遂兩兄，杜君日前始由京滬回青，因此間避難者接踵，故該庫亦將以一部分人員南調，今日總庫又來通電，分支庫撤退時除留一部分主管人員外，其餘均就地遣散，俟局面好轉後再儘先任用，余因此項規定，忖及振祥弟在庫服務如亦能南調自屬較妥，故託龔君於明日赴京時向總庫報告時相機為力，此間如討論時，亦請加以主張，以免渠再告失業云。龔君謂上海昨日物價狂漲，米過金圓千元，幾乎逐日加倍，西餐館則早晚市價不同，人心空虛，達於極點，今日此地情形雖無如此之嚴重，但麵價較昨日已加五成，且此地行情往往跟踵上海，前途亦絕不能樂觀，於是若干人本欲向上海逃難者，近亦趦趄不前，不逃亦似將無以為計，乃有進退兩難之苦，就當前安全程度而論，青島不在京滬之下，京滬國際關係不若此地之重，聞共軍高級人員亦自承不願逕攻青島即以此故，即糧食問題之嚴重亦較上海昨日情形為輕，故若干人又考慮動不如靜，況青市交通工具日來輪船全供兵差，飛機則當局又不准包用，且須審核，層層困難，非一般人所能戰勝者，又航空運價較前已漲六倍，自昨日實行，有此力量者日少矣。

職務

下午，山東省銀行青島分行約集在青董監事在分行商談所租廣合興房屋付租問題，緣此事上次開會決定按六十五袋麵粉月租訂約後，因往返交涉，延至昨日始為定局，租價照六十袋計算，但麵價上次開會時為六十元，現在已漲至一百五十元，預定三月需付租一萬元餘，現則近三萬元，款無來源，乃約集各董監事商談，經決定處理總行儲信部存青之火柴，其方式先與房主商洽以火柴折市價付租，如房主顧慮麵價漲速而火柴漲遲，則由本行變價付租，付時設青行頭寸充裕，即作為押款歸青行支付，以免幣值再跌，掌握物資自勝於掌握貨幣也；今日又討論南京董監事來電主張推李青選暫代董事長推余暫代總經理一案，均表示贊同，而徐軼千氏為尤甚，余則表示對諸君盛意極感，但現在內部無人，亦無省府可以秉承，幹則必致僨事，故知難而退云，但其他四董監仍覆電同意此事；又據張振玉經理云，現任總經理田叔璠由青州被困中來信，設行內新任發表，委託袁紹安、湯人絜兩科長代辦移交，但二人均已不告而別，其事殊為荒唐云。

11 月 10 日　星期三　晴

師友

上午，監察院行署魏伯騏、祝建琳兩兄來訪，據談魏子逵已由濟寧退京轉來青島，祝君之夫人趙建鳳則不日可由濟南來青，二人皆在省銀行服務，今日之訪問當係聞余暫時主持省行之善後，惟未明言，余已坦白相告，省行根本無數字可查，余非不熱心地方事，只因無法下手，故已覆南京董監事辭謝矣云，據祝君云，濟南省行行員對余去思獨深，此係事實，並非恭維，接余之田叔璠君，本以為完全信仰尹文敬董事長之鼻息，行員對彼尚無惡感，現已知大謬不然，現尹、田均在青州，一說王村被扣，省行行員有發動對二人鬥爭之說，此說或即前數日所聞專員洪岳將尹劣跡向濟南共軍政府舉發一事之傳聞略有出入者，魏、祝二君因眷屬即將來青，託余探詢有無大戶人家房屋房主南遷須託人保管者，彼可負其責任云。下午，中央銀行牟祖綬君來訪，談該行員生有四十餘人均在濟南交代完畢，共軍核准來青，劉健夫經理亦於昨日到此云。下午，省銀行稽核崔藩五君來談彼離濟經過，據云係昨日到青，在途凡一星期，因有共軍通行證件，故沿途留難甚少云。又談及德光弟在濟情形，謂北海銀行對省行人員一律留用，均支原待遇，省行員生已逃出及在途者凡廿一人，其餘均在留用之列；聞德光可能亦只有參加工作，惟至今未能決定，所住經九路房屋並無損壞，惟近已通知遷讓，因共軍之政策對於不在地主之不動產均不准遙遠決定其使用，此係通例，濟南此種情形之房東近來甚多云。

職務

下午，省銀行煙台分行經、副理張乃惇、史紹周，總行來青專員宋天韶，出納科長耿成琨，稽核崔藩五同來，謂聞各董監事推余維持行務特來歡迎，余即謂業已覆電京方董監辭謝，因余既無可用之人，亦不能在京與省府取得聯絡，數字則根本已無，實屬無法著手，並非余對余所創辦之事務竟漠不關心也，繼談彼等當前之問題，謂總行及煙行在青人員與眷屬凡六十餘人，刻即將斷炊，應如何接濟糧食，須一、二日內即有所決定，余謂目前總行不能解決之事項均應召集在青董監事談話商決，望即訂於明日召集談話一次可也，繼即告以現在全行恃以維生者乃儲信部在青所購物資，而在無人、無帳、無數目之現狀下，僅賴一趙某保管，此趙某之控制最應嚴格，俾免偷漏云。

11月11日 星期四 晴

師友

上午，逄化文兄來訪，談其內兄在台灣聯勤方面服務，最近將有運輸船由青運物赴台，約其夫人移台居住，余謂此事良佳，至其本人則不妨俟出處決定後再定行止，逄兄對陳、余兩先生函曾養甫氏介紹彼入齊魯公司事，仍未忘情，聞橡膠廠在台將設分廠，而公司難免有若干在台接洽事務，希望能發表一顧問名義在台服務，其實際目的仍在有若干待遇云。上午，到菏澤三路訪劉健夫兄夫婦，渠係前日到達青島，在濟凡辦理中央移交月餘，與共軍北海銀行負責人多所接觸，即軍事方面人員亦有會晤，認為國軍戰術如不能改革，恐無戰勝共軍之望，至於政治經濟方面之作風尤值得政府方面之警惕，絕非僅宣傳其殘暴即可了事者，又謂政府被扣官員均在青州受訓，僅有建設廳長丁基實已回濟南擔任共方政府工作，且登報招致其以前服務之技術人員，其登報文字有謂對八路軍之政策澈底擁護，聞丁本係共黨重要份子，現在發現其以前共事者甚多，此次參加係非脅迫與否，殊難斷定云。中央銀行人員幾已全部撤出，計分若干批，彼方對運輸工具等充分予以便利，又對於帳冊雖已接收，但表報仍准帶出，故整理帳目並無問題云。上午，濟南交通銀行姚智千襄理及夫人來訪，余不在寓，下午亟往答訪，據謂係五日由濟到青，係得共方之允許而撤離者，據談北海銀行人員甚多接觸，極其虛心，此點大值得注意，又談在濟友人情形，余詢明華子修李淑英夫婦均無損失，且執業如昔，前數日且應彼官方之邀參加為國軍被俘傷兵治病，杜振英女士仍在儲才小學，該校因尚有基金，故照常開會，北海銀行下學期且有繼續予以維持之表示云。余今日所晤由濟南來此友人，均對共軍治下之濟南有嚴肅之看法，無論其能否長久如此，乃至是否係為放出此輩客觀人士為其無意中做義務宣傳，仍均不容予以全盤抹煞，是點殊可深長思也。

交際

晚，在順興樓為劉健夫兄夫婦及姚智千兄夫婦洗塵，到者尚有中央銀行劉縵卿副理與邵、費兩襄理及姚、趙兩主任，因訂座較晚，且該樓生意清淡，故菜餚極為遜色，八時散。

職務

中午，張振玉經理來訪，持來南京董監事連署致此間保管儲信部物資之趙某函一件，余即加署。由濟退青省行人員余慰萱等五人來訪，談總行在濟帳戶餘額尚可稽考云。

11月12日　星期五　晴曇

見聞

政府於昨日行政院臨時會議，將金圓券發行辦法重新修正，其重要之點為貶值五倍，但鑄金幣，在相當條件之下可以兌現，同時外匯限制放鬆，照新比價為每美元換金圓券廿元，每銀一兩換金圓券十五元，每銀元換十元，黃金每兩由換二百元提高為一千元，金銀外幣准許人民持有，但除銀幣外不得買賣，但此項改訂比價仍去黑市有間，現在美鈔黑市為二十一、二元，黃金為一千二、三百元，自新辦法布出後，預料黑市又將騰漲矣。又自限價政策改變後，此間美鈔黑市逐步騰貴，政府收兌美鈔限期已過，因美軍甚多，不能不有補救辦法，乃仍由中央銀行委託其他國行局到酒吧、飯店等地兌換，為切合實際，初由官價每元換四元提為換九元五角，昨日又提為十六元，但仍低於黑市，今日振祥弟來談，渠在中央合作金庫擔任赴美軍俱樂部與另一同事兌換，方將兩天，今日聞政府兌率又改而未見公文，故暫停一日，又謂在兌率為九元五角之時期，與黑市相差達一倍左右，以前派出兌換人員經人密告有以多報少持往黑市售出牟利情事，由以前經手人收支情形及生活態度觀之，所言恐不虛，但無切實可查之證據耳，自接獲密告後庫方即考慮防止弊端之方法，振祥弟主張現在每組兩人應於結束時間到達時，立即由辦理出納之一人將數目結清交之辦理保管之一人，但此法對於二人有串通者尚未能適用，余提出一辦法為由中央銀行印就一種複寫之小型水單，無論兌換若干，均須開發，此項水單事先編號，每日憑副本繳帳，同時在兌換處貼一英文通告，希望兌換者必須取具水單，以昭慎重，此法當有防止之實效，唯一流弊為經辦人大頭小尾，但每組兩人，且鉛筆繕寫，縱使不用複寫紙複印，其下面一張必有凹痕，辦事人未必有此膽量留此漏洞，且手續嚴密後作弊之念自然不興也。

娛樂

晚，到青島影劇院參觀濟助濟南、煙台流亡來青難胞義演，係由和聲票社擔任，第一齣為紀根垠、孫振群、秦士元之會審，尚平妥，次為張鳳栖、徐九皋、江衛甫、穆子珍之洪羊洞，唱做繁重，尚無大疵，飾焦孟二花面者亦極佳，第三為曲學海、孫振群、袁立幹硃痕記，此劇搭配極佳，曲學海君廿年票界經驗，的是非凡，青衣則全為程派，高亢凝厚，均未曾有，收珠聯璧合之妙，末為王振金豔陽樓，王飾高登，架子甚好，功夫不淺，因已至午夜，未終場而返。

11月13日　星期六　晴曇

師友

中午，省銀行譚慶儒專員來訪，據談係昨日由濟南到青，談及省行情形，對於出納科長耿成琨深表不滿，謂耿自田叔璠主省行後，因其總務科長袁紹安為阜陽流亡省府時之同事，故遇事互相勾結，其重要者如合作社麵粉最後處理不明，又臨撤退時均主每人發款若干，獨耿、袁極持異議，但彼等先期到此，又向青島分行出具書面聲明，謂彼等臨撤退時有匯款若干筆匯青，自董事長尹文敬起，至彼等數科長為數不等，合共六千六百元，同時濟南共軍接收省行庫存時，則短少萬餘元，此中殊有弊竇，又耿君在總行奉命撤退城內之時，彼係在新運里宿舍內皆得電話通知，正在遷移之時，相遇仍諱莫如深，再今夏濟南一度緊張時，彼等眷屬紛紛送青居住，當時所包飛機謂係由行負擔經費，但譚君之子搭此機來青，反欲索其應攤之價，種種措置，均表現極端之自私云；譚君又談濟南經九路住宅仍由德光弟居住，但外間客廳書房則為共軍設一營部，但並不騷擾，頗能相安，德光曾返益都省親，現因家屬太多，不能脫離，且須照料房屋，故決定暫時參加當地銀行工作云。晚，余以前在省銀行辦公室行役後改升試習生之崔居順來送德光弟來信，並閒談該地情形，渠係日昨由濟到青者，據稱德光弟決計不來，同時經九路房屋外間所住共軍亦無騷擾情事，彼曾到劉主任處詢問，所住營部人知該房房主為曾任省銀行總經理者，但亦並無惡意或敵意，又司機高家祥曾赴青州為司徒副總經理送衣，在彼處曾見及自王耀武主席以下之省府大員均在受訓，飲食均佳，每星期且肉食兩次云。晚，廖毅宏兄來訪，據談其夫人迄無消息，余因已接德芳來信到達武昌，料此時已到衡山，又日來青島局勢特別穩定，物價亦不高，糧食竟至低於上海，設非國際戰事發生，殊無遷移必要云。

職務

下午三時，在膠州路開在青董監事談話會，僅到徐軼千、劉健夫及余三人，當時總行及煙台行列席人員因儲信部物資經在京及青董監決定交青行接管，而彼等連眷屬八十餘人已將斷炊，有以不交為要挾意，經余及徐氏痛駁，認為係兩事不可相混，始無出此聲者，至於退出人員已經發兩個月薪仍不足以養家，應如何解決，經決定請南京方面董監事交換意見，此間則主將以發之兩個月作為臨時救濟，但如何籌措此款則屬另外問題，遂散會。

11月14日　星期日　陰

師友

上午，崔藩五君夫婦來訪，談省行大概情形，據稱總行對青、徐滬、等行處均有欠額，徐、滬尚少，獨青島為多，而所以造成此種情形，乃由於濟南大戰已起，雖對外已不收匯出匯款，但有數家銀號則仍託匯，據此數家銀號云，根本並非彼等自己之款，而係省銀行內重要分子欲圖隱名託其代匯去者，結果造成十餘萬元之差額，甚至各科長到青後又自行證明有六千六百元之匯款，向青行領取，此款已有另外到青數人之證明，當時並未將現款交之總行，結果共軍方面接收時庫存短少一萬餘元，此項弊竇，即係原因之一也。崔君又談及總行數字中斷，先後來青人員亦無攜來者，殊為缺陷，將來無論何人接主省行，恐對此事極關重要，而實際上共軍方面並不禁止將此數字資料攜出，似應早為之計，余亦認為此事極關重要，因囑其寫信致會計科第一股主任張國華抄帶來青，余料此事非屬特殊困難，且亦無秘密必要，大約可不致有何問題也。同崔君到萊陽路四十五號訪叢芳山兄，不遇，留字謂頃與崔兄來訪，彼將以洪小東君之消息奉告，盼能再行約晤也云。下午，到魚山支路訪高希正太太，不遇。到德縣路訪于文章龔福貞夫婦，訪問其新婚新居，據談中農行總管理處已來公函將此間分行人員調開十六人，彼亦在內，其地點為廣西大墟，正舉辦農業倉庫，聞此次全行疏散人員一、兩千人，均在西南一帶，在于君談話時另有一農行同仁談及眷屬已赴滬，不能生活即將回青，而于君則將攜眷赴西南小鎮市住兩三年再待太平年歲之到來，此輩銀行員在公務員中之待遇為最優厚，而臨難苟免之心思亦最濃重，甚至最近徐州戰事有利於國軍，青島漸有安定之象，彼則已經請調而不能請留，同時其新婦亦須放棄現有職業，乃認為此局面不能明朗化，殊為掃興，全係一種自私與小我之人生觀也。崔藩五君告，總行在青同仁與青行張經理將通電促余主持行務，余託其設法尼阻此舉，因余之願否及能否收拾殘局，全視客觀條件為斷，望勿涉同人情感也。

娛樂

晚，觀各界救濟濟煙難胞義演，由業餘求知會票友演出，第一為落馬湖，短齣，平平，第二齣為王振宇擊鼓罵曹，甚有功力，而身段稍差，最後為季硯農之鳳還巢，青衣唱做均穩練，唱工尤其平妥無疵，得梅派精神，惜無花腔，彩聲不多，觀眾自不知耳。

11 月 15 日　星期一　陰、上午大雪今冬初次

師友

上午，張之棨太太到公司來訪，據稱半月前余與德芳往訪，彼等因尋找萊陽路未著，故未答訪，繼即臥病，小孩亦有病，張兄則赴滬，曾洽濟南仁豐紗廠經理馬伯聲滬寓可以暫時居住，但飲食起居不便，且非久計，故頗躊躇，又自張兄賦閒，曾來公司洽妥借用中山路八十二號後樓三間，迄今尚未移入，擬俟小孩病癒再移，余察其情形，是否南下尚未定奪，又謂其浙江路房屋係向省田糧處長鄭希冉借款頂進，故將頂出還債，又自稱張兄為官一貧如洗，曾勸其以後不必再做官云，但余由其諱言鄭希冉為山東富宦一點言之，似乎均有不可告人之隱焉。叢芳山兄來訪，係詢崔藩五均居住地點，準備前往答訪者。

職務

公司辦理勞工事務之段念祖專門委員來談，啤酒廠工潮方興未艾，在昔公司認為最難應付者為橡膠廠，只須此廠工人無問題，即可高枕無憂，現在各廠皆相繼有風潮，即不開工之植物油廠亦要求疊出，甚至干涉廠內物資之移動，啤酒廠則因須向上海發貨，停工不可以久，將即準備開工，工人知廠方之需要，乃提出每人分給啤酒十箱為條件，其理由為廠方將存貨運完即空無所有，勞方不能不預為之計，其實全不成理由也，又研討何以近來廠內工人問題特多，其原因殊非簡單，最為一般所易於測知者為難免潛伏有共產黨分子，甚至工廠外有此等分子，藉題鼓

動，其實我政府及一般社會之作風與習尚，亦為助長之主要力量，蓋近年來任何社會階層，甚至公務員亦復在內，非呼號存取不能有生存之望，只須有群眾力量，雖屬要求不合理，亦必全盤或折衷接受，其最顯著之例，如學生之聚集部門要飯吃、要書讀，必俟擾及社會秩序始獲得解決辦法，更如國民大會代表以簽署召開臨時國大為理由，要挾政府破壞國家預算發放戡亂委員薪俸，皆是，反之雖合理之生存亦無人顧到，於是相習成風，在政府縱容之下，以有今日，工廠更難例外矣。

娛樂

看電影「璇宮豔后」（Bernard Shaw: Caesar and Cleopatra），攝製技術極好，色彩亦佳，費文利演技亦佳，但故事似無動人之處。看濟煙義演於青島戲院，今日為全體青島伶人合串，黃寶岩雅觀樓，唱做均尚佳，王媛罵殿，平淡無奇，嘯奎童追韓信，極有騏派功夫，全體武生鐵公雞，打場有新穎處，李芸秋、馬玉良、葉盛茂二進宮，平庸之至。

11 月 16 日　星期二　晴

師友

上午，山東省銀行青島分行前副理現煙台分行副理業已撤退來青之史紹周君來訪，謂將脫離山東省行，希望余另為介紹工作，余告以此刻另謀應以南下為宜，在青絕無另圖發展之可能也，嗣又談及各董事推余暫代總經理一事，余告以所以固辭實因濟南弊端重重，刻既為共軍所踞，實屬難以究詰，況縱能查出相當數字，亦無從將損失追回，費一番心思，於實際毫無俾補，不知者或尚以為余採取報復，有類主觀，殊非余之所願也，史君意此刻帳款物資具已淪亡，縱余主持恢復，亦只能另起爐灶，余告以不可，因行名相同，且為時非久，決不能如省行成立時之視民生銀行者然，吾人為桑梓服務，此點更不能不注意及之，否則本省金融機構永久留一有始無終之印象，則地方之罪人，余又何必身蒞其境乎？

體質

兩三日前，大便不甚通暢，有一日且似下贅，而年餘不發之痔瘡下血，亦因之連續兩日，昨晚半夜服蓖麻油一劑，其味視余夙昔者為特別腥臭，當時即欲作嘔，略吃白糖而止，今日黎明起，凡水洩三次，而腹內並不覺空虛，反有漲滿之感，或係服油陳腐所致歟？

11 月 17 日　星期三　晴

師友

昨晚接劉健夫經理來電話借車明日赴飛機場，余乃於今晨前往送行，並至飛機場，該機係該行新浦行與濟南行所包，於十二時起飛，候機時談天復知近來濟南若干消息，聞以前山東省銀行副總經理趙翔林君亦於濟南淪陷前三數日由平回濟，不知有何任務，又濟南三紗廠經理有二廠在外，獨成通苗海南在濟，該廠亦無特殊股份，共軍政府並未加以若何管制，但苗有被拉出任商會主席之說，苗為保全其產業，恐只有就任云。下午，逄化文兄來訪，漫談其來青仍將發動組織地方武力事，謂贊成者多，出頭者少，此意即友人所謂無人能反對此事，但亦無人能辦成此事，其實際癥結，逄兄對齊魯公司閒職仍積極進行。

家事

振祥弟談，其所服務之中央合作金庫現有職員四十餘人，總庫忽來電飭裁廿六人，且有標準規定為家有兩口在庫服務，身體不健，能力薄弱及臨時性質者均在被裁之列，如此則其本人亦不免在內矣，經商定仍圖補救，設庫方不向總庫抗爭，將奉命辦理時，當由余函總庫方面託人將其調至他分支庫服務，以避風頭，否則萬一失業，則將來擔負又多矣。

11月18日　星期四　晴

師友

上午，到堂邑路省政府衛生處青島辦事處訪由濟來青之張景文會計長，渠曾於昨日來訪未遇，據談十四日始到青，在途凡五十天，最大部分時間係在濰縣潛伏，詢知途中已不緊張，始行攜眷來此，其在濟衣物在戰起後即被亂民所搶，滋再經過逃難五十天，隨身衣物現已所存無幾，余見其所居之室殆無長物，渠不盡喟嘆，認為做官平時無所獲，離亂則隻身逃出，幾至求乞，殊為灰心也。又談其會計處表報帳簿均無存，僅有以前寄青保管之一部分尚可按表補帳，正躊躇將來新省府成立尚須待王主席辦理交代，其處內所屬科長等則多半為八路軍政府留去，聞正辦理會計專校，造就人才，彼方技術人員極度缺乏云。晚，廖毅宏兄來訪，持閱其夫人由南岳市來電謂已安抵南岳，又閒談該處風物，九時去。

家事

因中央合作金庫醞釀裁員，今晨往訪杜元信經理，據談彼於昨日接總庫來電，硬性規定凡一家有二人在庫服務者，身體不健者，工作不力者，在假期中者，以及臨時職員均在被裁之列，渠最近在京曾分別洽妥其他分庫調回青庫人員，回青後即又變卦，渠本不主裁員，因裁員須發遣散費，相當於數月之開支，但總庫不聽，亦無如之何，彼固不願對人多有得罪，故將覆電總庫請其照以上標準指名照裁云云，言下表示如振祥弟雖成績極佳，但為臨時職員，殊無法可想，且限期為廿日，無法再延，余即告以如此當向總庫設法矣，余乃辭出，立發一電致高希正、馮星北兩兄請向汪沛然、壽勉成二當局說項，請調他庫，同時發航快信致高兄與汪沛然副總經理，謂振弟在庫服務成績極佳，考試後數月不見揭曉，致至今尚為臨時職員，在被裁之列，希望調至其他任何分庫云。伯父家之堂妹因為其夫劉善恩所遺棄，現依其未婚之子婿吳伯誠為生，因不能維持，數度要求設法託人將其幼子及吳弟介紹進難童教養院，余因劉曾有極可惡之行為，吳則且挑撥余家之事，本深惡痛絕，不願理會，但因其情可憫，乃本以德報怨之旨，予以進行，託徐嘉禾同學在社會局予以注意，今日徐君來訪，謂嶗山之收容所尚有缺額，囑速開姓名簡歷等送往，余見徐君留字即以電話通知吳伯誠，開具姓名前往與徐君面洽一切矣。

職務

晚，新由上海回青之黎超海協理來談此行經過，渠到滬本欲治宿疾，但後又奉曾董事長之命到台北及廣州兩地勘查設橡膠分廠之地點，據彼考察情形，認為台灣設廠條件只有煤、電兩項較無問題，餘如廠房之建築材料及橡膠原料均非易致，至於市場狹小，當地橡膠亦需要有限，製成後勢須輸出至他埠銷售，則進出均賴運輸，殊為失算，廣州方面則此種缺點完全不存在，所不知者即國內時局惡化能否繼續發展至廣州之一端耳，渠在廣州曾覓得一現成之皮革廠可以改用，俟曾董事長不久前往勘查後即可做最後決定。又彼在滬期間值徐蚌緊張，京滬浮動，上海倉庫存貨曾向台灣及廣州分頭疏散，惟就目前情形觀之，徐蚌之戰復勝，目前自可無慮，其眷屬到滬後即居逆旅，現尚在金門酒店，每日房金即需八十元，不知其如何開支，黎君此次出差月餘，適為青島最緊張之時期，及其歸來，則已為繼續穩定之後矣。

體質

自前日服蓖麻油引起不適後，至今未能復原，現每晨便量極微，今日下午多出一次，但又引起極重之痔瘡出血，此後亦未緩舒，終日覺微脹，有氣體不斷排洩。

11月19日 星期五 晴

職務

上午，省銀行青島分行經理張振玉、總行專員宋天韶、譚慶儒、科長耿成琨、稽核崔藩五等六人來見，持遞代電一件，懇請速照各董監事之公意及各同人之希望出代總經理重振行務，該通電署名者凡二十餘人，皆總行在青人員，但由青行張經理領銜，此外無青行及煙行人員，余首對諸人來意表示感謝，繼謂余之所以堅辭，實因希望在新省政府成立之前，能由董監事共同維持行務，則力量雄厚，雖無省府為後盾，遇事有集思廣益之功，設推出一兩人負責，所有困難問題不能解決，本身則形單影隻，仍將束手無策，余既不畏困難亦非存心旁觀，余若主持行務，因行內收益無來源，余相信以過去之情感，號召大家束緊腰帶亦將無人抱怨，故余不畏困難，同時本行乃余所創業，余又焉能袖手不顧，而始終不肯接受大家之意思者，即因力量孤單，不能維持下去，反覺於事無補，唯今之計，余認為應由董事會全體負責維持過渡期間之行務，此董事會應為整個的，不分青島、南京，亦不必分別集會，應尅日發動全體齊集南京通盤檢討今後行務之如何進行，開會前總分行人員應切實搜集數字資料以備開會研討，同時目前尚在營業之行處如青行、京行亦應將資金情形加以估計判斷，以為今後經營之張本，至於將來業務重心，因有省庫及與財政部須切取聯繫等關係，自當設於南京，但余不能常駐南京，故未便負其全責，如董事會開會結果需余在京以董事資格照料一兩個月，則未敢辭，換言之如能由董事會負起彷彿總管理處之任務，業務交各行處執行，似乎比較順理成章也云，談約一小時，各人與辭而退，決定即分電各董監事呼籲，並電京行馮經理速約集在京各董監事確定會期云。余之所以有今日之主張，實因衷心不願出而代理此總經理，蓋行內已一貧如洗，欲圖復興，絕非一朝一夕之事，謂能在過渡維持之期內有何奇蹟，實不敢做此妄想，若僅維持現狀以待省府之成立，則舉目盡啼飢號寒之輩，又何能為此無米之炊乎？況政府事往往動輒得咎，此日無人主持，似不能坐視不顧，他日局面稍舒有人垂涎時，又何能免於小人之心之度人，故在於公無益於私有損之判斷下，余確不願接受任何名義也，但事既迫切至此，今日又接崔唯吾先生代表在京董監來信敦促，又似不能不了了之，乃有今日所提之辦法，此亦事實上必須如此者，因縱有總經理之存在，當此局勢，亦不能不從速召集董事會商決方針也。

看書

閱中建半月刊北平版一卷二期，有芮沐作「開明自由的中路知識分子」一文，謂在政治上社會上要爭取權利，可用之力量有三，一為武力，二為法律，三為人事，三者之任一均可做到一部分之成功，但弄得不好，工具反往往決定了目的的命運，世人有了工具，時常喜歡將其強化，工具因而成了目的，真正之目的乃為工具所遮掩，此為人類之大悲劇，亦是使懷具著多少良好心意的事業終於失敗之原因。武力非民主自由之工具，人事媒介為中國社會傳統之立身方策，就中國人看，實大有其方便隨和之處，且到現在為止亦無人願擺脫此種方便，但此是迂迴而費勞力的工具，作用所至，亦只限於社會一小階層，市村之一小角落，最適宜於內圈，而不能普及於大眾。以下作者即肯定合於重用的工具只有法律，作者雖或因習俗而有此見解，但其分析透澈，確有獨到。又謂中間分子之觀念存在著無量數之矛盾，依理中間分子應皆為開明的知識分子，其常識較豐富，觀察較深邃，自然亦有更大之機會去瞭解現實，其所享受的自由可以提汲他們擺脫傳統。因所謂自由當還包括超脫自身觀念的能力，一個人若不能認識現實、利用現實以排斥其上代賦予之傳統，開明自由云云即無意義，外表縱有無限自由，仍不免成為某種因素之奴役者。亦甚是。

11 月 20 日　星期六　晴

師友

晨，與張景文會計長到魚山路卅三號訪王崇五兄，渠前日由京滬、台灣一帶漫游回青，據談南京政情，一般充滿悲觀失敗氣氛，此情形較強敵之來為尤嚴重也，又談及濟南戰役，一般均認為共軍之攻濟南出於不意，其實早有迹象，惜乎當局對情報判斷不清而已，王兄有一通訊登大學評論近期內，分析濟南失敗之遠因近因，極為清楚，如同王耀武嫡系驕兵悍將之歧視吳化文部，國軍各軍師吃空之甚，鄭希冉、張望伯、丁基實、尹文敬等經商發財之無法無天，以致人心離散，雖吳化文部不變，亦不能支持甚久，又南郊高地在戰略上最關重要，軍事當局只知耗費民財沿市挖一大壕，至時果毫無用處，此皆當政者對不起地方人民之處也。談竟相偕辭出，留張兄在余寓便飯，並閒談尹文敬之無行，張兄謂此人對上最逢迎，又喜表功，對相關機關，喜攬權於己而推責於人，因之與會計處之間並不融洽，甚且反對主計制度，又今年所收自衛特捐本應用於地方團隊，但事實上大謬不然，且用於彌補主席個人之開支，如送國大代表及立法委員旅費，皆由此中開支者，總之此人乃一勢利小人殆無疑問也。下午同張景文兄同到菏澤三路訪劉健夫太太，謂劉兄赴滬後情形尚無信來云。下午，杜振英女士來訪，謂係本月十二日由濟來青，所任教之儲才小學已開學，基金維持至明年無問題，惟待遇太低，每月只發雜糧一百斤、北海鈔五萬，合金圓券二十餘元，有意來青後不返，又顧慮情勢惡化，青市不保，又須經歷一度危險，且在青無親無故，不若濟南友人眾多，有時且可掖助，又談華子修李淑英夫婦雖未遭損失，但境況亦大不如前，求診病人以赤貧或類似赤貧者為多，每日收入只是供全家吃青菜之需，又在濟南甫經易手之時，因未受損失，運氣良好，曾施診半個月，頗得一般好評，又余在儲才小學存有故宮週刊合訂本二十餘本，與舊衣放於一箱內，當亂民搶小學時，杜君自有衣物完全損失，余箱內舊衣亦被搶，書則完好，已改送姚智千兄家保存矣。晚，本縣縣長鄧必豐兄來訪，據談上次煙台撤守，渠正在青開會，聞訊趕回，將縣府職員及步槍二百餘枝、機槍四挺搶出，渠又談在任內向鄰縣借糧不成，行署對他縣撥糧，對本縣則否，全因主辦方面未作人事聯絡，省府善後委會借款於煙市府包括附近各縣，但亦落空，現正洽詢民調會，亦尚無結果，因而對於當前之吏治前途，深抱悲觀，余亦有同感焉。

11 月 21 日　星期日　晴

師友

上午，中央合作金庫杜元信經理來訪，談此次總庫電令裁員，彼於大前日電復望由總庫指定姓名，至今未覆，或係有何困難又已從長計議矣亦未可知，振祥弟因在被裁之列，雖能力甚強而只係臨時職員，在所定被裁條件之列，故恐無計可施，但杜君已向綏靖區物資購銷處介紹三人，渠亦在內，待遇甚好，故可不慮失業也，余當道謝。杜兄又談此間中央銀行經理奚勉之就任江蘇財政廳長，江蘇省銀行總經理許葆英請退，有以彼為繼之意，詢余能否擔任，及如何做法，余謂可做，其方法在財政部與省府之間互相運用，求其制衡，而最重要與最現實者則為與省主席之融洽無間，余所以謂可以幹者，因杜兄性情活潑，而不孤高，與現在蘇省主政當局自能氣味相投也，惟杜君謂此事近於五日京兆，余則不予否認，因杜兄非蘇人，而當局之主席丁治磐全因人事關係登台，未必能作長治久安之計也。上午，徐軼千委員來訪，謂曾接李青選參事來信，勸余對山東省銀行事勉出維持，余即告以並曾接崔唯吾先生來信，係在京董監託其向余催促者，又行內多數同仁亦曾來通電並當面有所懇求，余已表示應從整個董事會加強始可有效，余絕無畏難或旁觀之想，但目的必須著眼於如何始能於事有濟，此日省行人多而雜，已非余交卸前夕之舊觀，即由前次開談話會情形以觀，一種桀驁不馴之態已經顯露，既無省府為後盾，余敢保證此輩之絕不知大體，故主張速開正式董事會整個檢討行務，徐氏亦謂所見亦同，並謂僅由若干董事推出行內負責人，而無財政部為後盾，必無濟於事，而第一步則必須開會，此點極為切要，據云渠數日後即將去京，張景文兄亦為董事，亦有赴京必要，刻在京者僅董事已有五人，則人數上亦無問題矣。李德民君來訪，閒談昌濰中學學潮事，謂學生分兩派，將來問題恐多。

交際

中午，逄化文兄約宴，在座有張景同委員、楊天毅兄等，張委員飯後談濟南戰役王耀武主席失敗之教訓，甚為清楚，其大原因為情報不實，部隊吃空太多，判斷敵情錯誤，致倉促應戰，自亂戰線，又謂部隊無空額者現已罕見，僅有李彌兵團絕對足數，故戰鬥力強也。

游覽

下午同逄化文、潘詠珂諸兄游太平角與中山公園等地，今日深秋暖如春，游人踵接，觀海波不興，紅葉滿山，神怡心曠，塵慮頓消，惟公園內菊花已過，未得再見，為可憾也。

11月22日　星期一　晴

職務

中午，山東省銀行科長專員稽核等耿成琨、宋天韶、譚慶儒、崔藩五等來談彼等由濟南逃出人員在青者有十九人，前已按八一九限價時凍結之待遇標準先後支薪兩個月，至十一月份止，但低級人員最低之待遇有五、六十元者，實際無以維生，現政府已先准借發十一月份薪之一倍半，又有再加發兩倍之說，尚未證實，擬先借一倍半，勉維生計，其款項仍請青島分行墊支，余對彼等之要求深表同情，但各董事在過渡期間任何人未曾單獨解決問題，故告以仍須各在青董事全體同意始可，而現在各董事均已赴京，在青者不過徐軼千、張景文及余三人，尚有監察人蘇文奇，彼等謂即先往向徐氏請求，並望余亦向徐氏一談云。又關於呼籲開董事會正式會事，前次余向彼等表示後，彼等本擬即發通電致各董監呼籲，後因甫經通電擁戴余為總經理、李青選為董事長，再有表示，似嫌唐突，故未照辦，只電請京行馮有辰經理奔走促成云，余認為如此亦可，並告以徐軼千氏意向與余不謀而合，余並已於本日復崔董事唯吾信內具體說明，如正式開會，余定當前往出席，但望各人速將有關資料準備妥善，使此會能收宏效云。

師友

下午，到新新公寓答訪山東郵務管理局梅局長東華，僅遇其夫人，詳談由濟來青經過，據謂由濟撤來員工極多，亦感安插為難，又聞郵政總局形式雖在南京，實際有向重慶移動之事，只留一部分人員準備與政府同行，且聞遷都計畫中之目標為廣州云。晚，魏伯騏與魏棣九來訪，託代洽為姜嘯宇參議運吉普車事，又謂張敏之兄已就藍田山東學生之校長。

看書

讀最近大公報有星期論文一篇，張其昀作「杜魯門總統與美國農民」，其中說明杜魯門大選獲勝與其農業政策有關，蓋自杜氏為總統以來，深知農業人口佔主要勢力，故於農業方面之設施，多有不斷的改進，其中如農業生產之增進，農產運銷之便利，農民日常生活之提高，皆運用一切運輸力量、電力及金融力量予以有效的計謀與實施，而使其農民之選民的潛在力量有驚人之發皇，一般預料其必將失敗者，而結果有舉世驚異之成功，此文內容甚賅備，非膚淺之論可比，其最後引一八一三年英國化學家 Sir H. Davy 之名言為結尾，曰：「勞作加上智慧，天下無不可為之事，農學家真正目的與愛國志士相同。人們對於藉自己努力而得到的東西最為寶貴，因為由於自力而獲成功，愈足以增加自信。人們親見國家由於共同一致盡心盡力而獲得進步，才覺得國家之可愛。政府機關能保證人民的安全，國家的獨立，和文明生活的多種享受，人民才感覺政府利益與人民利益完全相符。」此言至今百餘年，仍有其不磨之價值，其所評者雖為美國，而所指者則毋寧謂為中國，今日我國個人努力未必收穫，政府與人民之利益亦無人能謂相符也。

11月23日　星期二　晴

師友

上午，到江蘇路訪李先良，同在者有張振玉、汪逢桀、杜元信、徐嘉禾、楊天毅諸兄，並留午飯，楊兄到較遲，據謂係因報業公會事，緣有張樂古者辦有平民報，近已參加青聯報，即聯合版，為八家之一，但其弟曉古辦有大民報，此前係與平民報出聯合版，現在則單獨發行，樂古將由大民報提名競選報業公會理事長，並主張青聯報紙能算一家，則彼之競選即有希望，且將進一步參加競選商會會長，張知楊君在報業處領導地位，故脅其表明態度，交涉良久，未能抽身，故到達甚遲，嗣討論同學會分會之活動方式問題，僉以為如無全體之集會，永不見面，亦殊覺精神渙散，反之，集會一次，會員八十餘人之多，時間與交通情形均非所許，故仍採娛樂方式，借影片演電影一次，較易號召且較有內容也。李兄又談其此次赴京滬之經過，謂其本身出國事雖已獲最高當局之口頭答應，但未有批交之形式，故仍須等候，目前若干事仍集權於總統一人，各主管機關仍無權責可言，照此情形，國事貽誤日多，將致不可收拾，現在政府高級人員對時局意見紛歧，因格於最高當局一人之集權，無從發揮力量，立法院議論紛紛，觸總統之大忌，有將暫時休會，加強行政院戰時權責之說，但當前最大問題尚為軍事上之絕無出路，以目前將校之戰略思想，設不澈底改造，如只知堅甲利兵，則徒然用以資敵而已，又談及母校同學之情緒，自陳果夫氏久病，陳立夫氏出國，外來打擊甚烈，現果夫氏赴台養病，而立夫氏回國後情勢亦殊孤單，故在京負同學會責任之同學曾集議提具改進方案，聞無具體結果云。晚，叢芳山兄來訪，談其親家在台，有意將其媳送台灣，連帶的送一部分子女前往，但亦思赴湖南內地，故煞費考慮云。

職務

省銀行同仁俞慰萱、崔藩五、畢鴻遇來訪，俞將於明日赴滬，余囑其勿與行斷絕聯絡，並將上海辦事處情形加以查詢，並轉達各董事意見，務愛護事業，為行保持元氣，畢則新由濟南來青，謂濟南情形有逐步加緊控制之趨勢，不可久居，崔則報告日前在膠州路宿舍高連佩所遺辦公室內抽屜查出抄本一冊，為高在青時六月間購存物資之紀錄，但前後對照，顯非全豹，而其中公私不分，亦有難於稽考之處，亦僅可作一重要參考而已。

11 月 24 日　星期三　晴

職務

關於山東省銀行由濟南逃出同人要求各董事准予將十一月份待遇照公務機關辦法加發一倍半一事，昨晚接徐軼千董事電話，主張照發，余在前日各員生代表前來請求時，亦發表余之董事一分子之意見，認為可行，惟今日與青行經理張振玉通電話商洽，渠曾接頭此事，當時渠答覆總行一部分同仁謂，現在待遇調整與以前照例墊發薪俸情形不同，須經過董事會之指示，不僅總行內人有此問題，即青行亦同有此等要求，相信煙行及京滬等行處亦均相同，設董會核准照加，亦須指定或籌定來源，蓋照青行情形言之，雖已將總行在青兌出之黃金、美鈔、銀元價款收帳，然總行欠青行頭寸仍在八、九萬元之數，長此籌墊，殊屬無力也。前數日要求加發一倍半者僅為總行同仁，現在聞風而起者有煙台分行撤至此地之人員，今日有書面分呈各董事，余亦接到一份，謂生活困難，火食不能維持云，但可怪者為煙行撤退至此地之時，本飭其將帳款移交，彼等以如何維持生活為要挾，正值余與徐軼千委員表示不再負責之時，故置之不理，彼等亦即自保其僵局，初未料省行之善後問題由於省府無主席而延至今日愈益渺茫也，今該行亦情急無奈而繼起要求，文中且有欲疏散而無權之語，可見當初在煙尚無業務即貿然用人十餘之非計，彼等今已恍然矣，其實煙行之設即為多餘，縱設亦何能如此鋪張，作風如此，真可駭怪也。

師友

下午，到關海一路訪姚智千襄理及杜振英女士，姚君尚在青等候其總管理處之指派，其中濟南行退出人員亦均在候命之中，惟王慕堂副理則已調至昆明分行為副理矣。又杜女士定數日後結伴回濟南，據謂儲才小學以目前所存之經費及物資尚可維持至明年暑假，而私立學校之待遇辦法，共軍官方並不干預，則渠殊不願留青以等候未必可有之機會云。

起居

數日來因生活清閒，獨居索處中之時間可以自由支配，乃從而整理所存之碑帖與書畫冊雜誌刊物等，自到青以來，已一周年，零星購入之雜誌等已近百本，而展觀已看過者不過二、三十本，尚有若干為自京滬帶回，至今仍置於公事包者，可見因循與生活無序之影響為何如矣，昔人謂浩如煙海，余所藏書籍，並不為多，插架經年不動者佔多數，現雖刊物之類亦不能完全涉獵，余之時間為有生以來最充分之期，結果乃如此，可不猛省也哉。

11 月 25 日　星期四　晴

師友

上午，魏棣九委員再來代姜嘯宇參議洽詢搭同本公司貨輪赴台灣事，經詢購料處，台灣非有省政府特許不能進口車輛，海關手續在外，姜車尚未辦就台灣省府之證件，設運至基隆時不許起卸，船即加收延期費用，則所費不貲矣，故彼須先將手續料理妥當，始能洽辦也。張景文會計長來電話託購飛機票由此赴京，余正欲與公司經辦人接洽，繼又來電話，謂另託兵站分監部辦理，鄭希冉為其副監，當可命令辦理，鄭為在青州受訓之山東省主席王耀武一批要員中之一，且兼田糧處長，謂係以出外照料彼等眷屬為理由請求來青島，經共軍方面當局准許來此者，但其內容究為何等情形，是否有何特殊使命或交換條件，則不能揣奪，鄭為王之重要幹部，私產大部在其掌握，共軍未必不知，但獨允放彼外出，其用心有為局外人所不能測度者，在此動亂時期，種種現象，真有五光十色之感也。

職務

省銀行出納科長耿成琨與專員譚慶儒來訪，詢請求加發薪俸一倍半事，余告以因青行亦未發，表示需要現款太多，故不能解決，只好從長計議矣，旋略談其他，即辭去。

11 月 26 日　星期五　晴

職務

上午，省銀行張振玉經理來，持送李董事毓萬囑譯轉各董監事之電，謂在京董監廿五日決定在下月一日舉行董監全體會議，望蒞臨參加，云云，余即復一電云，正洽購機票，並轉囑準備資料，妥即飛京，同時張君將分洽張景文、徐軼千與蘇文奇等董監，設彼等亦將往參加，即可連名作覆云。余決定赴京一行，齊魯董事會情形自須向中央財委會有所報告，但資料奇缺，兩月以來董事會所規定公司各處必須造送之表報，大半未照規定送到，乃於今日親筆通知黎超海、蘇雲章兩協理（總經理畢天德赴滬未返），希於月底以前供給以下各資料，七至十月份之購料情形，同月份之銷貨情形，同月份之生產情形，以及最近推廣業務之計劃事項與辦理情形，聞通知後各處已在準備遞送之中矣。

師友

下午，監察使署魏伯騏君來訪，談係來結算以前借用麵粉十袋之價款，聞借時係向第一麵粉廠直接辦理者，現在無力還麵，且麵價五倍於借時，故來商洽以借時之價格三十餘元繳款還帳，聞此機關奇窮，全恃此等方法向各方接洽補助，始勉能維持云。

11 月 27 日　星期六　晴曇、微雪

職務

上午，省銀行專員宋天韶及稽核崔藩五來談請求加給十一月份待遇一倍半事，謂青行張振玉經理太過固執，其實青行本身業已借支，而青行對總行一部分同仁莫須有之匯款六千六百元，不憑委託書僅憑三數科長之證明即予照解，亦不免顛倒輕重之譏，總行此部分人員實為一貪污集團，絕不應輕輕放過云。又余今晨通知崔君務於下星期一以前將資料準備齊全，以便下月一日董監會在京檢討之用，崔君謂可如期辦到，此外彼二人希望能赴京向董監會報告總行情形，以便關係方面澈底知悉一年來總行諸種措施之弊竇，請余通知青行借用旅費，余允其二人中去一人參加，如有交通工具始可前往，下午宋君來電話謂有飛機或輪船可搭，仍要求二人均往，余仍只允許一人，並通知

青行借給旅費一千五百元。晨，張景文會計長來電話，謂赴京參加董監會之董監事凡四人，昨晚與徐軼千委員談及旅費問題，希望青行照借，余即以電話與張振玉經理接洽，決定借一千五百元，其中包括機票九百餘元及日用費等，至回程則屆時由京洽借，旋張君即將現款及開就之空白收據分別送致。下午，蘇文奇監察人來訪，謂赴京開會將乘船前往，謂機票難買云。余宿舍用冬季煤炭，去年係由公司供給，其手續為由司閽工役隨時向總務處領取，取用者包括協理黎超海及總務處長吳道潛，今冬煤爐雖已裝就，但天尚不甚寒，而黎、吳等均已領煤生火，司閽役謂今冬須分領，余之待役欒廷仕遂於前日開條領取，至今尚未送來，今日余尚未至辦公室，有不知名之總務處辦事人員以電話告董事會專員金若珊云，今年煤斤是否供給尚未決定，余知公司主管人之一向小氣作風又在發展，而又不便為此等身邊瑣事出面與彼等理論，故仍暫時靜觀，且余不日赴京，在青僅餘寄居之一部分非直系親屬，如為此等事有所爭論，顯然係為身外之事，此刻自以不予問聞為是也。公司應備之資料正加緊催辦中，余今日閱其所送八、九兩月份月計表，大致情形尚佳，十月份則尚未送到，但就所接上海辦事處銷貨表以觀，則銷貨並不少於以前月份，而黎超海協理由滬回青告余以其在滬之貢獻為疏散存貨並揹貨不賣，因十月份限價已不能買到物品，買市高出十倍，凡能購到物資者，利益空前，黎所言不實，恐其中定有蹊蹺，此等人唯利是圖，有如許機會決難放棄也。

看書

趁暇讀金瓶梅，此係未經刪節之古本，日本印刷，與詞話本有別，今日已看完第二冊，計四十八回，為全書之半，其中最為一般所知之第二十七回李瓶兒私語翡翠軒，潘金蓮醉鬧葡萄架，性慾描寫，完全原義。

雜事

因收藏存青之書籍字畫，前向啤酒廠借來裝兩打酒之木箱五隻，今晚開始裝置，五箱已滿，不過裝下三分之二，因事先估計有欠正確也，在裝盛之時，余見所置之書籍碑帖多半未能細讀或鑑賞，歲月蹉跎，時不我與，今又須置之高閣，雖有若無矣。憶自二十年來，大局動定靡常，無時可作寧息之想，因而所置圖書之類，棄置散失，已不可以計數，以國內大局觀察，誠恐終我生不能復享藏書與讀書之樂矣，古人不云乎：書畫清虛之好，溺焉亦與聲色同，故先儒戒玩物喪志，收藏則懷苟完苟美之見，有善則存若無若虛之心；如此看法，庶幾可以得失之間，不至介意，而私有與天地共有亦復無所區別，處茲亂世而可以無溺之之苦乎！

體質

終日頭若昏昏，但不痛，食慾略退，又有下臼齒咬時作痛，微涼或微熱之水，該齒極為敏感，即用飯時亦多日來僅用左頰諸牙咀嚼，按余之牙齒本極強健，自今年三月往洗牙時醫云一向刷牙太重，牙根極吃虧，余即精神上極受威脅，加以洗時因過去煙燻發黃之處太多，鑽磨不免用力，余自覺牙齒因之受損，而半年來遂不正常矣。

11月28日 星期日 晴、大風

師友

上午，煙台山東省銀行史紹周副理來訪，談該行退青島後之情形，謂一部分款項退青後即就地運用，現在十一月份薪俸係照加發一倍半辦法先行發訖，現在政府公佈發薪辦法本月份又規定為照五倍發給，只好待以後再說，又省行待遇在八一九改幣時將各員生均得一定數，其數為照政府所訂待遇以四十元為基本數，過此者三百元內發二成，六百元內發一成，再照青濟區加七成之例，照加七成，公營事業復可照加三成，但有練習生、助理員薪額不過十五、六元者，亦一律以膳貼名義湊成整數，即練習生為五十元，助理員為七十五元起，將來如照政府辦法調整，應如何辦理，須仍加一番研究也。又談及省田糧處長鄭希冉得共軍政府核准由益都釋出來青，謂理由係外出照應被扣集團之眷屬，但此間又有謠傳係來此籌款以履行贖出彼等之條件者，其款額為美金二千萬元，至此說有無根據，不得而知，但亦可見其使命在一般眼光中為神秘莫測矣。下午，前省行周村辦事處畢鴻遇主任來訪，談其兩次陷於共區先後情形之比較，第一次為被俘解至魯北，雖不危及生命，然甚為苛待，但所見共區內人民多有怨念並盼國軍蒞臨之心，此次在濟見其寬大政策有時表現得竟無邊際，頗有懷疑其根本作風已不能把握，恐縱能取得政權亦將趨於腐朽之途者，又有若干幹部份子背後因連年奔馳，不獲小休，共黨政策又不容許家庭情感之存在，頗覺孤苦而無安慰，因而暗中牢騷，表示厭倦者，渠曾見之，此現象之後果於整個大局有關也。

11 月 29 日　星期一　晴

職務

上午，省銀行煙台分行史紹周副理來送所備報告董事會之資料，計有日計表、預支表、人員名冊等項，並表示其意見，希煙行撤來青島人員得免於遣散，由南京借給資金在青經營信託業務，並詢余此次赴會有何腹稿，余告以並無打算，亦不願擔任常董以外之名義，目前須全體董事負起責任，何人執行，根本無關，至業務問題，須先看有若干資金，再看有何業務可做，能容納若干人員，其中本末不容倒置，余個人固希望能全體維持，不致遣散，但此事須看客觀條件如何為斷耳。主管勞工事務之段念祖專門委員來談，希望能轉陳財委會，當前公司困難太多，如同工人之太阿倒持，地方之種種歧視，結果廠內一舉一動皆須受工人之扯肘，一切設施無從籌劃，而地方上見公司主持人無何奧援，若干欺凌現象因之而來，最近海角輪本允為本公司運貨直放台灣，但船方來青，即為一聯勤總部所辦被服廠扣留，名係軍用，實際勒索，正在交涉，尚無結果，外間現在根本對公司無人幫助，公司總、協理反認為現在軍政當局較之李先良市長與丁治磐司令時為優，彼等既無特殊存在之理由，復不接受他人之意見，到做不通時，仍不能不委曲求全，如此下去，公司損失大矣。余則告以公司之現狀，與財委會距離最疏遠之各事業中以齊魯為最，財委會因以前有種種不愉快之經驗，故近來對公司事等於不聞不問，余曾將此種態度之不妥向財委會主管方面談及，但客觀事實如此，其根本觀念不易改變也，況自公司正式成立後，曾養甫氏已不駐青，但彼等仍保持籌備處時期一種把持之傳統，上無掩護，旁無同情，其困難日增，自屬意中事也。向公司索數字資料，尚無一種送來者，僅知會計處已聲明月底前無法產生十月份月計表，理由為各廠尚未送齊云。晚，省銀行出納科長耿成琨來面遞其經管事務報告一件，謂其要點已容納於各科長專員總報告中，此項原稿較詳細云。晚，廖毅宏副廠長來訪，閒談公司事務，據談啤酒廠朱梅廠長於前日赴滬購買機票係託公司以外之人，其私人物品早已運走，其本人行前則無人知之，僅有知其係住醫院割治盲腸者，行後留請假函一封，此即其不再來青之張本也，聞朱君對廠內一部分人事極不和協，此去確有其不得已之苦衷，且其家中事業無人過問，個人損失重大，故早萌求去之念，但以此方式不告而別，徒使公司內與彼有隙之人有予以攻擊之藉口，殊不值得也。又談總經理畢天德逗留滬上不返，未知何意，其眷屬及協理黎超海之眷屬均長住金門酒店，每月開支超過其本人待遇四倍以上，聞係由公司開支，余則認為縱不由公司開支，其來源亦大成問題，其中消息殊耐人尋味也，嗣縱談大局，一小時辭去。

師友

下午，到常州路訪張敏之太太，據談下月初準備赴湘之藍田，敏之已在彼設立山東聯合中學，部款省辦，學生近兩千人，高中部分為校本部，另設分校數部分專辦初中，仍按在煙台時各校之劃分分別成立云，在張寓遇王玉忱太太，據談玉忱兄已赴台灣，係何任務，彼亦不知之云。

雜事

今日由啤酒廠續借來木箱四隻，繼裝前日未能裝完之書籍，成第六、七兩號，恰將兩箱裝滿，十分巧湊，裝成即封蓋，共計七箱，均一一寫有目錄，以備異日之查考並備忘。

瑣記

下午在公司理髮，理髮師談其以前學徒時係在朝鮮，彼邦對理髮師須考驗後始准執業，考驗時不但注重技術，更注重衛生處理與習慣，回國後即完全無用，又在彼邦對執此業者，社會一般並無輕蔑之態度，而在中國則又不然，凡此種種區別，日本、朝鮮皆與我國有別，此中理由可深長思也，又談中國日本與歐美人士之髮型與中國南北方理髮館之異同，亦皆有意思。

11 月 30 日　星期二　晴

職務

上午，省銀行崔藩五稽核來送總行來青人員所擬呈董監會報告書，附儲信部高連佩夏間在青時遺置屜內之小練習簿及所夾紙條等，其中有若干小條涉及外間銀號，余詢其內容，並主向青行查詢，後於下午又來回話，謂此項託銀號調款之紙條，係青行出具於該銀號者，今夾於高之小本內，當係高為該銀號之股東，亦未可知云。中午，在青代高連佩保管儲信部物資之趙某來見，謂其經過事務正草擬報告送董監會，又所保管物資亦將送青行接管，但有負債未能償還，青行表示並不負責，殊為困難，余告以須將帳目交出後始能核明應如何處理，何能先以此為條件者，趙乃表明心迹，謂彼若有不良居心，當初可以一走了事，但彼始終苦守，即係負責到底之表現，其中因總行來青人員往往對彼有懷疑表示，尤其總行會計科長到京後對彼有不利之宣揚，不能使彼無表白之機會，繼即取出致湯及上海辦事處信稿兩件，對其由青島不告而別，並攜去趙在銀號存款之存摺與火柴、麵粉提單提出質問，並詢其是何居心，余以為湯之不告而別，自屬不當，但居心尚不至如何嚴重，因存摺係用趙之印鑑取款，提單則貨在青島無法移出也，自望其不必多疑，並從速將貨及帳交之青行，設能事事清楚，余在出席董監事會議時自能予以公正之報告，彼始唯唯而退。傍晚，畢天德總經理與黎超海協理來訪，畢君係今日由滬回青，謂連日在京滬奔走聯勤總部飭令青島被服廠勿扣海角輪事，煞費周章，直至今日此船始行裝載開出，又談青島局勢日見孤立，究竟財委會方面有何萬一準備之指示，曾詢之虞克裕專門委員，據謂已通令由各公司董事長全權解決，但青、滬兩地均未見此公文，又曾以此事請示曾董事長，曾氏亦只表示由公司酌辦，如此情形，殊有無所適從之苦，如能最近舉行一常務董事會，或亦能收集思廣益之功，但余知彼等言不由衷，彼等從未考慮責任太重，希望常董均各負責，以收眾擎易舉之效，現在時局甚緊，不過以上說詞證明別人均不負責，彼等殊為苦心孤詣而已。晚，董事會秘書趙少文前來閒談，余告以公司絕無改善之望，因財委會自陳主委赴台灣養病，將更無重心，董事長曾養甫則繼續以耳代目，公司負責人上下其手，既無人知其高深，縱知亦無從糾正或改造，甚且因弊端為上級所知而不能有所措施，反更有恃無恐，故今日公司之命運殆已決定，大凡公營事業不易辦好，即因政治與事業衝突時，每每成全政治犧牲事業之故。

12月1日　星期三　陰

師友

上午，張振玉、廖毅宏兩兄先後來訪，因余預定今日赴京，係來送行也，廖兄對於啤酒廠朱梅廠長之不告而別，亦有不滿之意，但認為仍以不辭職為宜，因朱君擔任此項名義，廠內一切照常進行，不致羼入他力，變更局面，反之如公司另派他人為廠長，則恐不免從此多生枝節也。又廖兄對於恃一、二開工之廠維持多數不開工者，員工均不免煩言，設將來一旦工資不能如期發放時，則只好各自為政，自產自銷矣。上午，徐軼千委員與張景文會計長來訪，談二人赴京所定機票，係由鄭希冉處長託第九兵站分監部人員代辦，預定為今日，但至今無何消息，迨以電話查詢，經手人竟似不知其事，甚至將所交照片亦遍尋不著，聞當時所交涉者為行總空運大隊飛上海之飛機，由滬尚須另搭火車赴京，故認為並不適宜，刻又託人向中國航空公司接洽，余亦託本公司之主辦員曾君便中代洽，但曾認為此刻機位擁擠，恐明後日成行之希望甚微；至於余之機位，本為今日，因公司派員赴滬轉台灣接運物資，須今日動身，故余改為遲一日，但今日又知明日只有中國航空公司直達上海之天王號，後日為中央航空公司之普通班機，降落京滬，余即告曾君決定先詢問後日有無確切把握，如有，即將明日機會放棄，蓋如經過上海，事先毫無準備，住宿以及轉京之火車票均恐於倉促間措手不及也。晚，叢芳山兄來訪，閒談時局，並對其本人疏散眷屬計劃再度提出檢討，彼原有意送至台灣其姻兄家居住，後因房屋難覓，且費用浩大，又決定作罷，目前計劃遷至廈門居住，有友人可以照料，又談目前時局確屬險惡萬狀，今日此間英文報刊載消息，謂長江兩岸土共已有蠢動模樣，乃係策應蚌埠南北南犯之共軍者，但今日最大問題仍不在軍事，今日最大關鍵在能否刷新政治，與民更始，以目前之行政風氣與人事言之，此乃十分費力之事，由宿命論之觀點，似乎金陵王氣已盡，又有占星卜者流，謂最高領袖今年十一月為最厄運之時期，但至民國四十四年則海宇必可澄清，為此說者，據謂其算命看相均有十分準確之應驗，姑妄記之。

家事

二弟振祥服務之中央合作金庫青島分庫已於昨日發表裁員，計共裁十六人，渠亦在內，此後即專在綏區購銷處服務矣，聞此次裁員名單仍係照青庫所擬，但名義上為總庫所核定，又此案雖總庫定有被裁標準數項，此間實際被裁者則略有出入，故難免稍有糾紛云。

12月2日　星期四　晴

師友

晨，張振玉經理來談青行大約情形，準備為董監會開會參考，併主張如青行將來有總行設青，即可併入，以免房舍發生困難，及營業發生抵觸。上午，宋天韶專員與崔藩五稽核來談，宋赴滬機票已買到，今日下午即行赴京，其機票係託兵站分監部代買，但須在滬降落，同時聞張敦鏞會計長與徐軼千委員曾託該分監部買票，謂明日可有兩張，但余今晨曾與徐委員通電話，謂託人在中國航空公司接洽，須星期日始可成行，余曾囑其再與分監部接洽，今分監部既未曾忘懷此事，余乃囑宋君立即備函通知兩人趕速與該部接洽，據宋君云分監部所以始終未辦者，實因二人之票價根本未交該部經手人云。史紹周副理來訪，詢余行期。譚慶儒專員來取去託存箱子一隻，並談及在青總行人員有向青行強索強借情事，頗不直其所為云。下午，畢鴻遇主任來訪，係為送行，談頃即退去。下午，張振玉經理再來說明總行同人數人來青借去六千六百元事，謂責任在耿成琨科長云。晚，到青島廣播電台訪欒台長，並道謝其數度為修理收音機，半月前送去修理之機，即行帶回。

12月3日　星期五　晴

飛行

上午，到中央航空公司過磅，因此班飛機由平津載重已多，故余之行李超過八公斤，不肯收費代運，僅帶皮箱及皮包各一件，十時出發到機場，趙少文秘書隨行前來相送，十一時半起飛，係五三九號客機，雖有沙發位，但因所乘航空公司職員及眷屬甚多，所帶行李到處擁塞，水果小籃更多，空氣十分污濁，同時因機內或放送暖氣，故在內十分悶熱，惟飛行十分平穩，僅於到達南京上空時因降低高度，震盪劇烈，略有不舒適之感，同機客人多數嘔吐，一時半降落於明故宮機場，即以電話詢山東省銀行所定住處，答謂即在行內，移時有郭君來接，即到行住樓上。

職務

與馮有辰經理初步對行務交換意見，彼以前在徐蚌戰事未起之時，意料省府將設於徐州，現在情事不同，恐即將成立之省政府不免因只餘即墨一縣土地之關係而設於青島，當時彼於設徐之前提下，認為省府經費可在京撥發，則大可在京滬兩地運用頭寸，以財政力量配合業務，維持開支，現在又不同矣，但余認為在省府為成立前反可利用省庫資金運現赴青由滬賣出青匯，利益至大，因現在滬匯青款匯水總在一成以上也，談及余對省行之根本態度，余告以絕對不願接受實際名義，因余知自經尹、田、司徒等人各謀其私之作風形成以來，此一年間私人腰包已富，公家全部力量又集中在濟南，此次全部損失，再得復興，絕非旦夕間事，且此時亦無法接田任交代，余初以十分完整之省銀行轉交於田叔璠，現在又將此殘破不堪之機構接回，乃何為者，設董事會必須由余維持至新省府成立，當以常務董事名義，執行董會決議，不接不交，不支待遇，且以省府成立時能脫身為條件，此外余認為副總經理之設置乃董會權限以內之事，余意應提升馮君與青行張振玉經理二人充任，馮君又談李青選參事本已允就董事長一席，後省府醞釀改組有畀以財政廳長之說，彼趨避不暇，故近又不喜人稱為董事長矣，又謂並與楊綿仲氏談及此事，楊氏表示勿過於勉強余為省行總經理，楊氏乃客觀而又深知官場中之味道，併對余一向十分關切者，雖不知其理由云何，但所見實深相同也。

家事

振祥弟託余帶交衍輝、衍樂兩姪各一百元，余亦各給一百元，於到京後即交銘祥弟，銘弟云今日往車站送玉弟婦赴滬，因遷居者眾，未能上車，明日當再往，余主不必如此迫切，不聽，並謂玉弟之內兄數函催往，余即未再言其他。

12月4日　星期六　晴

師友

上午，到財政部訪李參事青選，持同各行處報告書及文件請其先行核閱，然後提董事會，董事會則訂於後日召開，但李氏因忙於在部內開會，明日又謂將整理其過去數年之稿件，以備必要時遷移，實無空餘時間可用，故未照收，但謂希望馮經理先行準備一議程，以清理路，至涉及將來行務問題，李氏知余不願負全般之責任，故謂曾與崔唯吾先生談及，雖希望余出面擔任，但亦不願太過勉強，使余為難，至於行務應如何處理，董會討論不過為一形式，仍望余將來受託全權辦理，又省政府主席問題，前數日總統召見秦德純氏，囑出任，秦氏未允，請總統再加考慮，總統謂不必再行考慮，即行退出，數日來又無信息，想或又成拖延之局云，余即表示此刻省銀行過渡期間之維持，應由全體董事為之，故必將種種善後辦法研究明白，交何人執行均無關係，如能速有省政府正式出面負責更好，否則能有財政部為之後盾，亦庶乎較有力量，李氏認為財政部已不能再問省行事，因主管方面曾表示省銀交回省府以民選董事方式自辦一案，業已通行經年，此刻部方已不能再有派董事長或總經理之事，故此刻行務維持，則全由董監會為之矣云，談有頃辭出。在財政部晤及陳覺民參事，渠甫由漢口金融管理局局長任內交卸來部，對金融管理局之存在方式與根據根本發生懷疑云。到中央銀行訪崔唯吾先生，詳談省銀行善後問題，余表示一年來行務之紊亂，帳目之不清，有非外間所能想像者，而人事複雜，內外債權債務套搭不清，根本無從下手，余非愛惜羽毛，但一種不能下手之事，雖接受名義，亦無能為力，故絕對不願出而負責也，現在新省府正在醞釀成立之中，如能等候省府辦理，實為上策，否則由董事會決定如何過渡，最多推一董事執行決議，來則不接，去時不交，此為中策，如照此刻之擬議辦法，仍推總經理，法理上無財部與省府可秉承，事實上亦不能有所作為，徒然喪失威信，實為下策云，崔氏亦然余言，並允開會時支持余之意見，中午到崔寓用飯後辭出。下午到堂子街九十三號訪楊綿仲氏，渠對余出而挽救省行，外人亦知非爭權奪利，故非不可行云，此意與昨日馮經理所談相反，因其見余到京，或恐余沮喪也，余解釋無意於此，楊氏亦首肯，彼正準備回湘，昨日因車站擁擠，未能成行云。下午，林建五兄來訪，談亦即準備遷居之中。

12月5日　星期日　雨

職務

今日天雨，終日未能外出，由馮有辰經理與宋天韶專員會同擬定明日董監聯席會之議事日程，此項議程共列出十餘項，但每項應尚有若干細目，將另行列出，交主席為討論時之依據或參考，因省府臨時辦事處之不能多所過問，且其壽命有限，省府主席或不久可以發表，而財政部對省行事已表示不能多所過問，故余意此項會議無論能有若干決議，實際上不能多所作為，況此任董監會乃財政部所派，董事長、總經理之任用，當時亦屬之財部，現在民選董監全因省府延宕不辦遲未成立，設以舊董監會產生董事長、總經理，雖屬本於滿腔熱情，但將來有人研究法律問題時，不免飽受指摘也；今日列議程時，宋天韶與馮有辰兩君對於尹文敬在京滬及濟南滋生種種笑話與可惡之行為道出不少，於以知此人已不理於眾口，甚至山東財政廳全體職員亦無人不起反感，又謂田叔璠之主持山東省銀行竟完全為尹文敬傀儡，余認為此係山東人之恥辱，彼見余礙其財路，去之為快，而余經過兩月運用，最後仍不能不辭職，彼欲以一無用之輩繼主此行，此人果即出現，彼之一切安排皆秉承主席王耀武者，以上諸人，皆山東人也，而一任尹某之播弄，竟無術以去此慶父，余真為山東人悲哀也。

師友

晨，余繼祖君來訪，談來京已廿餘天，因欲回四川而無船，且其母進院割症已癒，故決定不去，仍將回青復職云。丘參謀來訪，送來畢圃仙等信件託在立法院辦領款手續。

家事

衍訓由蘇州來京，謂縣中已不上課，學生多疏散，但仍將提前考試，余囑仍須與考，以便將來有轉學憑證，設將來轉學以赴湘為宜云，又謂玉祥弟將奉派至野戰醫院服務云。

12月6日 星期一 晴

職務

下午三時，在山東省銀行京行樓上舉行董監聯席會議，實際到者皆係董事，計有李毓萬、崔唯吾、王仲裕、張敦鏞、徐軼千、趙季勳及余，又有未在京者劉健夫、靳鶴聲係託人代理，按全體董事為十三人，四人陷入共區，故今日所到實為大多數，議程係日昨編列，按照進行，首係概要報告各行處陳報之文件，其中有總行代表人一件，由來京之宋天韶專員再作口頭說明，並提出書面報告以外之需要檢舉的事項若干，多為光怪陸離，不堪入耳，現濟南淪陷，實際可辦之事極少，亦不過聊供談資而已。繼即開始討論，因所擬案件甚多，今日只討論業務與機構二點，業務方面列先，頗有董事主張先研究機構與人事者，其意蓋在於推定總經理人選後即可全權付託，換言之亦即可以不再多費腦筋，獨崔唯吾氏洞鑒此議程之先後次序的真義所在，認為如不知業務如何經營，則機構如何配備，勢將無所依據，故仍應先研究業務也。此時王仲裕氏發言，於辭氣之間即認為余之來京係準備負起省銀行之責任來者，余即趁機詳細說明余之基本態度，謂此次開會，余為避免責任，本擬不來，又恐將來無以對今日在場之諸位熱心董事，余對行務之基本見解，為在此省府尚未成立以前之階段，上層無所秉承，決不能有所作為，故等待省府成立，實為上策，如董事會必須維持此一過渡期間，人事方面只能推一董事負責執行，若推定總經理一席，則本會尚係部派時期所產生，根本無此權限，且亦無此必要，又總行機構應簡單，只作管理之用，類似總管理處，只維持過渡期間，主持之董事不辦接收，亦不辦交代，只於正式總行成立時解除責任，結束開支而已，又業務方面是否可為尚須看省庫能否恢復，因存款無法吸收，資力即無來源也。至是各董事仍多敦促余應為總經理以加強職權者，亦有主張仍照部派時期之辦法請財政部派任者，經余之反對及崔唯吾氏之附和遂決定余仍為以常董資格主持行務，不辦業務，地點設於青島，以下各案明日討論，並推張景文、趙季勳審查數專案，明日提出決定，晚間即先作準備，由宋、馮兩君為之。

師友

石光鉅兄來訪，談及家屬尚未疏散，僅將小孩三人交其岳家在太平縣撫養，又詢濟南陷落後共軍情形，余就所知詳告，彼大感興味，認為現在之逃難為值得重新檢討之事。高希正兄談中農行與中央合作金庫因疏散人員，怪象百出，裁員復無標準，公私緩急，亦無分別，為之嗟嘆。

12 月 7 日　星期二　晴

職務

上午，到鼓樓四條巷八號史寄秋公館訪譚嶽泉董事，交換對公私事務之意見，並面遞畢天德總經理託帶之信件，譚兄已定於明日回武昌，準備將眷屬安頓於湘潭或衡陽，衡陽為粵漢路局所在地，譚兄為該路顧問，暫將卜居於此也，因余到京，且有若干事務，明日或不走，但電話詢問機票業已購妥，將來恐無機會，故仍決定明日成行，渠因最近是否召開一次常務董事會事，大費周章，因畢信係主張開會，事實上開會雖無濟於事，但形式不能謂無其必要也，渠近來在京所進行者為與聯勤總部訂約擴充設備增製五噸卡車用胎事，此計畫如告成功，則可以增加五十萬至九十萬美金之資力，用以增加設備與充實生產，但因中間種種問題未能解決，故遲未訂約，而公司負責人畢天德及陳國瑲等人則均有畏懼與人接觸之態度，故彼亦不願再管，讓彼等自行料理。談頃同到中央財委會訪朱國材兄，不遇，訪姚大海委員亦不遇，遇虞克裕兄，余等對公司內部之既不能以人事加以控制，亦無制度加以管理，此種危險一年來不加防止改善，殊為失策，至於今日財委會本身之對外環境日趨複雜，中央秘書處監委會及青年團正窺伺於側，覓取可乘之機，會方對所屬公司乃有意無意加以粉飾遮掩甚至不敢正視現實狀況，於是主持公司之宵小之輩更可因應時勢，暢所欲為，長此以往，非至崩毀不止，鑑於以前有人密告齊魯高級人員遷眷等類之事，中央秘書處根本不肯移至財委會即可參詳此中消息之一二矣。又余見在財委會有甫由青島報來之呈文一件，陳述公司疏散情形，大表其功，最後請示如何應變，謂公司董事會現時無人在青負責，故逕行呈報云云，一若向來彼等遇事均係經過董事會者，此舉殊為陰毒，其意在對譚兄及余而發，其實乃對曾養甫氏而發也，譚在青所代者為曾氏之董事長，但已面向曾氏聲明不負責任，余則不過為一常務董事與畢天德所兼之常董並無不同，余非董事會之負責人，何得余先日來京次日即來文如許，故實為無的放矢也，然譚兄因此大費參詳，因曾氏已赴廣州，最近不可能再回上海，而公司董會有由譚代為主持之決議，並未撤銷，且曾氏不能過問，彼亦趨避唯恐不及，深覺有負曾氏過去之知遇，但如此刻赴青開會，實際亦不過徒有形式，無論如何決議或執行，畢等不過留一卸責地步，功則歸己，過則歸人，如此開會，殊無意義，最近財委會又有通電責成各公司董事長全權為應變之措置，並將計劃及執行情形隨時呈報，此亦當為重要議題，但如貿然討論議決，亦必無何成就，又譚兄以前曾向曾氏表示雖不願在青代理董事長，但如開會仍將回青一行，曾氏無何回話，故斟酌結果仍決定明日成行，渠預定計劃為赴武昌轉衡陽，尚須赴粵一行，則可以順便先向曾氏商討再行決定，此意即由余轉達畢天德總經理云。旋同到華僑招待所吃飯，飯間譚兄對於畢天德、黎超海等陷曾氏於不義之事實，提出數點，認為無可原諒，其中之一為競選立法委員時由公司出錢，畢自謂係造假報銷，譚兄認為不當，已另為曾氏籌款準備歸還，結果為彼等中傷為曾在公司用款竟受譚之干涉，引起不歡，又一為此次曾氏赴粵為包機一架，費用九萬元，種種現象均足以證明曾氏已成彼等之工具，矇蔽脅制，無所不用其極，故譚兄認為齊魯公司已經絕望，決無改善之可能，曾氏自染病後即作風非復往昔，渠曾本愛人以德之旨勸其求去，而惜乎不能生效也云。下午，繼續舉行省銀行董事會，出席者與昨日相同，首先討論昨日推張景文董事審查之在青儲信部物資及款項收支案，均照昨晚所擬分別決議，審查程序不作記錄，仍作為全體董事之決議，繼討論人事安排，決定總行設三個科，由余即席指定譚慶儒代理總務科長，宋天韶代理會計科長，崔藩五代理稽核科長，員額十名，青行裁成十六名，由張經理擬定報核，滬處裁成四名，京行裁成四名，並以雙方之副理、副主任陸小松、于錫川對調，煙行、徐處均撤銷，截至本日止總行撤出在各行處報到之員生而未離去者及未他就者，一律連十二月份待遇發給二個月（照十一月份標準）遣散，至十一月份之待遇規定薪俸部分完全照公教人員規定辦理，即按原支薪級折扣加成均按中央分區標準辦理，米貼則照數年來實行之分級數量按發放日之市價折現發給，京滬照大米算，青島照小米算，至董監事之車馬費由李代董事長提出停支，表示董監事完全係盡義務，余亦特別聲明，主持過渡期之行務，亦決不支待遇，又上海所存之呢絨除發給各行員及董監事外，餘數變賣，總行印信自行依式刊刻報府部備案，並加刻總行之章以備常務董事用（董事長大官章，總經理有而不用），又加推王仲裕、崔唯吾為常務董事，總行存在各地之帳內帳外資產由原經手人關係人負責清理交出，至遣散費之來源，經過詳細檢討，認為只能由業務上自行經營設法，最重要者為設法將省庫經費早日領出，俾有存款，以作短期之運用，又總分行處人員之留用亦須一律另行填送保證書，晚飯後即全部竣事。

12月8日　星期三　晴

師友

上午，到四象橋訪湖南省銀行楚湘匯經理，問候，並託代匯南嶽市匯款，該行係電匯直接通匯，只收電費，匯水承不收，又談該行現在有八十餘單位，該省內未有特別情況也，約半小時與辭。

家事

德芳自南嶽來電，囑衍訓赴南嶽，諒係聞京滬蘇一帶有疏散情形之故，余因其在縣立中學尚有大考，似乎仍以待考畢再行決定為宜，以免轉學而無成績單可用，衍訓數日來在京係等待大衣改製，今日始行完成，余囑其明晨即行回蘇。銘祥弟由滬回京，已將玉祥弟婦送滬，住於其大伯翟香圃家，地在南郊甚遠，又聞姑丈姜仁山先生已與姑母及慧光表妹相率去香港，然則慧光在省銀行之職務已決計不能維持矣，其婚事情形則未知云。

娛樂

晚應高希正兄之約到介壽堂觀京劇，首齣為張美娟之泗洲城，踩蹻打武，甚緊湊，次為沈松麗之春秋配，扮相身段毛病極多，有嗓不圓無味，末為李萬春、李桐春、李慶春、毛慶來等之林冲夜奔及火拼王倫，李萬春之武把及唱工均臻上乘，可謂無懈可擊，觀眾均聚精會神，完全隨台上之動作為移轉，余於李伶為初次觀賞，較昔年所看藍月香尚高一籌。

12月9日　星期四　晴

師友

晚，張思林與衛成章兩君來訪余與高希正兄，張、衛皆安徽人，在皖曾相識，張現任職京市財政局主任秘書，衛為第二科科長，此前均任職於江蘇省政府，因省府改組而離職，據談省府自王懋功不任主席後，新班底極為軟弱，不滿省內人士之望，又談及安徽現局，張君認為數年來省政腐敗，李品仙乃為最大之罪人，其去職係因與綏靖區司令官夏威職權衝突，無法調和，乃將省政亦交之於夏，一時尚無改善之象，省銀行馮達璋在位數月，已於省政府改組時離去，省行現在為民選董事，人位複雜，且均願兼分支行經理，故政府如不對董事資格有法定限制，對兼職亦無取締，將來省行前途實堪憂慮，此問題固非僅安徽一省為然，因各省均採民選方式也。

交際

中午，同高希正兄到國民大戲院觀看電影，片係中電出品「深閨疑雲」，由陳燕燕、謝添、朱莎等主演，以抗戰八年夫妻離別重逢，夫疑妻有不貞之事為描寫對象，情節多不與事實相侔，而描寫技巧則有若干輕鬆之處，此片之效果亦不過令觀眾發笑而已。

12月10日　星期五　陰

職務

上午，齊魯公司姚常駐監察人大海及譚常務董事嶽泉來訪，對於最近是否舉行常務董事會議一節，研究甚詳，譚兄謂畢天德總經理前日又來電催赴青一行，已復函對當前公司方針須請示曾養甫董事長後始能討論，渠赴漢轉粵之計劃並不變更，並將於此期間向財委會辭卸常務董事之職，蓋公司全盤癥結均在曾氏一人，彼決不能代行其職權，曾氏已受畢等之供養愚弄，彼在任一天，公司之情形即無從改善一天，故譚兄主張曾氏愛惜名節，擺脫此項責任也，姚氏謂此刻因財委會無適當環境可以有所更張，故仍當維持現狀，但將來恐必不免採取此項途徑，譚兄並將畢等利用曾氏濫報開支等情形向姚氏一一說明，姚氏謂渠觀察形勢知必有此，果然不出所料也，又譚兄在此協助進行與聯勤總部接洽訂約擴充橡膠廠設備事，畢天德由青來電至上海辦事處，主張第一批款必須有美金五十萬，又利息只允負擔年息六釐，其所派之負責接洽人陳國瑲去滬不返，畢本人曾來一次，除與陳二人請客一次外，並未進行實際工作即行離京，主其事者如此，彼亦不煩著為此事稽延赴漢行期矣，總之公司情形如彼，不開會固不可，開會亦無益，吾等不去青，畢等必將責為不負責任，如去青將無一事可供彼等採納，而中央為投鼠忌器，近期又決不能有改善之望，故譚兄絕對消極，姚氏望與余兩人之一席談，對公司情形已有更清楚之瞭解，並勸譚兄暫時勿萌消極，以免再誤云。

交際

午，應姚委員大海之約在林森路梁園酒家吃飯，在座尚有譚嶽泉董事，席間有第二女中學生來募慰勞傷兵款，謂今日全市學生出動，但明日即行上課，因時局關係下週即大考云。

師友

上午，來訪者計有王冠洲局長及張景文會計長，王兄刻在省府辦事處辦公，住地政部宿舍內。到中央日報社訪周天固兄，不遇，留片。晚，張經宇君來訪，張君為立法院科長，初次相識，此來係代畢圃仙兄託余回青時帶衣物，張君遼北省人，據謂在魯數年，故山東友人亦特別多云。

娛樂

下午，到新都大戲院看「威爾遜總統傳」，此片演二小時半，全部五彩，由威氏為普林士敦大學校長起，至大戰後一九二〇年交卸總統止，取材動人，背景壯麗，允為巨片，惜因片長關係，其第一次大戰前威氏政績無所表揚，似嫌簡略。晚，同高希正兄等看李萬春演「忠義千秋」於介壽堂，由奪徐州戰下邳起至白馬坡斬顏良止，飾全部關公，架子、唱做、臉譜等均為一般所不及。

12月11日　星期六　晴曇

師友

上午，前安徽地方銀行同人柏大權君來訪，渠在西安中央合作金庫服務，因照料眷屬請假回合肥，尚未回陝，值合庫裁員，請假者在被裁之列，彼亦未免，現在希望合庫能再分發至其他地方按規定支六折薪水，此事業已申請，但如不成，希望能隨余服務云，余告以青島地處前方，此刻非可前往之地，待以後有機在其他方面設法，柏君又談西安合作金庫人士情形複雜，許餞儂兄為經理，但不能指揮其所屬，於是與副理壽某及其黨羽互相抗衡而互相分肥，凡隨許兄前往服務之諸人皆有意求去，而合作金庫人員全憑關係，高極多於低級，現在金庫大裁員，將有能力而無關係之人員，多數被裁，前途恐更不堪設想矣云。上午，李蔭堂高參因事到省行接洽，漫談大局，彼謂非至明年三月軍事方面不能有新生力量，故在此期間尚須苦撐，彼對於當前最大之癥結認為係行政不能配合軍事，此與政府方面人員之看法相反，蓋各有立場也，李君對於京中人士逃難之看法亦相當有道理，彼謂如有決心外遷，須有決心吃苦，雖討飯在所不惜，決不能將固有財產變賣至香港或台灣坐吃山空，將來進退失據云。下午，同高希正兄到安徽省銀行訪金戒塵經理，閒談安徽情形，旋又同出到四川省銀行招待室訪吳先培兄，渠甫由重慶來京，對於南京情形之紊亂深致驚訝，又談其在四川競選省銀行董事經過，謂四川係按每一專員區產生一名額為標準，彼與其中央合作金庫四川分庫副理各屬一區而後各各當選，可謂獲得全勝，其後董事長一席因彼懼鋒芒太露引起反政校同學之打擊作用，故將票集中後轉讓其副理云，談竟食廣柑二枚辭出。

交際

晚，京行于錫川副理在小巴黎請客，在座者尚有高希正、宋天韶、馮星北等，于君與其新婚之夫人出面招待，其夫人余初次相識，談吐及應對尚稱大方，飯後同到貢院街其住所訪問，居室布置亦井然有序，閒談移時，高兄堅約至中華茶廳看戲，余固辭不獲，但到達時見已客滿，余俟高、宋兩君勉強入座後，即行回行，但後高君亦因不耐久坐而提前回行矣。

12月12日　星期日　雨

交際

中午，安徽省銀行金戒塵經理來接至太平路曲園酒家吃飯，在座尚有陳覺民參事及高希正、吳先培、馮有辰兄等，金兄談其太夫人已於今晨赴屯溪居住，其弟一民正活動為休寧辦事處主任，以便就近奉養，其本人及眷屬則仍住於青石街，必要時或赴滬暫避云。

游覽

下午，同高希正、吳先培兩兄游陵園及譚墓、明孝陵各地，吳兄係在渝工作，近日即回，謂大局如此，何日能再來一行，殊無把握，今日游人甚稀，煙雲淒迷，蓋使人不能不興黯然之感也。

師友

下午，同希正、先培兩兄到黃鸝新村訪石光鉅兄，家有麻將牌兩桌，略談即辭出，渠對於搬家事尚無決策，蓋房屋落成未久，有不能割捨之痛也。到該新村訪胡次威先生，胡氏縱談大勢，謂袞袞諸公多數主張遷都，甚至以粵、台為目標，彼絕對反對，因此刻言遷，前方鬥志必失，共軍可不費力而渡長江，否則江防嚴守，尚可恃天塹而苟安，又粵、台無食無兵，可遷之地，四川近漢中，且無退路，故只有洞庭之南，可以海軍之力為屏障，陸路控制西南，可圖再舉，但今日武官無鬥志，文官有辭心，豪門為保障已得利益而懼戰，恐無論進退均不足有為也。

12 月 13 日　星期一　晴

師友

上午，余繼祖君來訪，託為一同學陳君之在青島合作金庫者請調至四川合作金庫服務，余告以四川分庫經理吳邦護君刻在南京，可往接洽，乃備函交其持往，晚余君又來談及已晤見吳君將前次於在青島所備一函交其收閱，其事即介紹余君至四川庫工作，余君因合庫正大裁員中，經即作罷，今見吳君來此乃姑往一試，結果因時期不恰當，吳君表示模稜云。余君又談，接齊魯公司同事來信，謂總公司正準備裁員，其本人已逾假甚久，決定不再回去，如無適當工作，即在京中其親戚家中暫住，再作計議云。下午，到健康路省政府辦事處訪處長佟錦標及省府委員楊鵬飛，均不遇，又訪王文甲兄，據談日前許揆一君由徐州二次突圍來京，談及前方情況，部隊情緒極劣，戰術亦不能勝人，現各兵團均已各個被人包圍，共軍亦多在我方包圍之中，如此次會戰能造成相平之局，南京可以維持三個月，如此次會戰失利，則最多一月而已，故認為戰局前途極不樂觀。在省府辦事處訪王秘書克矯，據談該處工作已失常軌，門前人山人海皆登記等候救濟者，其實登記核定後亦不過發金圓券百元，而冒充者亦大有人在云。

12 月 14 日　星期二　晴

師友

上午，高注東兄來訪，彼係昨日由蘇州來京，將以戡亂委員身分請領疏散費，聞其數為五千元云，此項委員會共有國大代表一千六、七百人，總數可觀，若謂國家財政逼上通貨膨脹之路，此會即為一十分浪費之例，又高兄謂領款後即赴蘇州，決定將來逃難目標為台灣，雖物價極高而絕不畏懼，據謂其逃難本錢為黃金八兩云，余託其回蘇時帶書一包交衍訓，彼堅持不肯，但再三為衍訓說項，希望赴湘旅費須充分，此項現款可以帶蘇云。晚，劉鏡洲兄來訪，談一部分國大代表領得疏散費後即將換購金塊，而又不願排隊，託渠接洽用何方式，彼明日又將赴機場送何仙槎氏赴平，實無暇晷，又轉託余先行一詢，須採何手續云。劉鏡洲兄又談及，前數日有人向其探詢余之情形，查其語氣似為謀於秦德純氏接山東省主席後為山東省銀行總經理職之承繼人，劉兄詢余是否有意舊調重彈，余意趣毫無，據實告之，但認為活動者是否相當為地方著想，必須注意，詢其誰何，謂只須余不幹，彼即不問，未知究係何情。

娛樂

晚，到國民大戲院看林默予、呂玉堃演之電影「人海妖魔」，暴露人之獸性，全無意義。

12月15日　星期三　晴

見聞

存兌金銀經辦行已加入東鄰之中國銀行，晨四、五時即聞街外一片喧嚷，而此事使省銀行亦受影響者，又有以下數事：省行地位接近，不受戒嚴影響，乃有公務員請於夜間借宿者，以便凌晨排隊，九時可以兌到，一也；又有因各機關造冊請兌，以五兩為限，實際乃有此現鈔者不多，於是前來接洽借款者又日必數起，實際無以為應，二也；高注東兄因洽領戡亂委員疏散費五千元，須有本市身分證件與戶口，其本人實居蘇州，今日來接洽連夜趕報戶口，經馮經理表示多有窒礙，乃不果行，三也。諸如此類，層出不窮。今日金價黑市為二千三、四，晚又漲至三千以外，聞因頗多公務員晨間賣出以便再兌，洎晚又有政府改訂兌金辦法暫行停兌之說，於是一日間求利者有啼笑皆非之感，實際此刻兌金政策已決不足以盡收縮通貨之功能，徒然為黃牛黨及少數特殊階級牟利而已。張景文兄來談，自山東無省府主席後，由數委員在京領款救濟，但各機關有類分肥，數個主管人又任意借用，酒食徵逐，揮金如土，完全一種大出喪作風，為之慨嘆，彼有意行使會計長職權，但恐隻手難挽狂瀾，反成眾矢之的，故又不願多事云。綜合一日間見聞，無一非末日景象，令人不勝其喟嘆也。

12 月 16 日　星期四　晴

師友

上午，到鼓樓四條巷八號訪譚嶽泉董事，閽者云已於十二日成行，諒係照原計劃回漢口矣。到華僑招待所訪裴鳴宇議長，不遇，又在該所探詢本公司橡膠廠陳國琯廠長消息，據謂二次來京後已於昨日回滬。到中央黨部訪姚大海監察人，不遇。到財委會訪虞克裕兄不遇，據另一會內人告今日可由蕪湖回京，橡膠廠問題昨日陳國瑲曾來請示，又外間控告公司橡膠廠生產減退及重要人員撤離一案，已由總裁批回交會查；晚間虞克裕兄來談亦云然，並謂兩週前公司來呈請示應變辦法，奉徐堪副主委批青島美軍無撤離情事，何必張皇至此，此間人對此等公文印象殊為不佳，至於該呈謂現時董事會無人負責，並未引起反響云。到馬台街十一號訪明少華林毓芳夫婦，不遇。訪崔唯吾先生並留午飯，據談有意謀接青島中央銀行，就商於余，余以為可看平津大局對於青島之影響如何而定，如能控制萬一時之撤退工具為美艦及中國海軍等，極可前往，崔氏又謂產生方式將透過殷君采兄之關係由地方當局劉安祺司令官發動，比較自然云，又談此次殷君采兄出任青島市黨部主委，日內即可發表，連日對青市及山東有關事項曾交換意見，認為青島之濟魯公司乃山東血汗而成，劉司令官應發起清查，又齊魯公司所在地為青島，內容腐敗，雖非地方主管，但可建議中央改善，惟劉氏本人不可要錢，否則必將墜入彀中，余意此項理想極佳，惜乎未必能生若何效果也，又崔氏對省銀行將來主持人選一事，亦認為當與注意，余謂余本人固不願幹，但站在地方人立場對此人選亦不容忽視，日昨有人相告曾有人露謀此事之意，據揣拿為曾在北平市銀行任職之張雪賓，多認為並非適選，崔氏亦認為極不相當，又謂現在主席屬誰，尚不知之，因聞秦德純氏曾經總統授意，渠極不願出，有改推鹿鍾麟之意，此外其他傳說尚多，恐仍有夜長夢多之勢云。到大樹根二百七十號訪殷君采兄，不遇留字，曾聞崔唯吾先生云，殷對余曾有誤會，余與彼為老同事，在濟相見竟不相認，但余對此事毫無印象，只記約卅四年隨何仙槎氏回濟過西安時殷君在宴會席間對余極其冷淡，余亦未曾注意，此後即未相見云。到百子亭十號拜謁陳雪南氏，不遇，留片而返。

娛樂

晚，應宋天韶之約同行內同人到介壽堂觀劇，李萬春演落馬湖，由李佩坐寨起，經問樵、酒樓、攻山至義釋公堂止，凡二小時，甚佳，此全本者余尚為初次獲觀也。

12月17日　星期五　晴

交際

中午，劉鏡洲兄來談及今午有國大代表數人在小巴黎公請前魯主席何仙槎氏，余乃臨時前往參加，席間全體對王耀武斷送山東罪過之重，幾於眾口一辭，其中有楊慕青、孫伯棠兩人為公推之代表，以對於王在魯營商搜刮等劣迹開始調查證據，準備予以清算，余謂此事宜早不宜遲，即如青島濟魯公司之存貨與帳目，即恐已不能保持原狀矣。何氏謂此次共軍核准王派其經濟首領鄭希冉由青州至京滬一帶活動，聞共方勒索金條四千根，在香港交接，鄭即係出而籌款者，然則共方對於王之財產必有調查也，何氏又談及省銀行，謂在渠任內無向省行提款之事，余唯唯，亦未言其他，蓋何氏在任時曾誤解余把持省行，不予便利，其居心亦不單純，特未及有所動作，即已交卸省政而已，飯後劉鏡洲兄並單獨與余談及，主張欲清算王耀武即不必放棄續主省行之機會，以便於蒐羅資料，余謂資料全在濟南，無法可以取得，連日和謠雖盛，山東縱在和局已成之時，亦無吾人參與工作之望，因無論和戰，山東固已為共軍所得也云。

師友

下午，殷君采委員來訪，數年未晤，互道契闊，據云俟中央常會提出通過後，即行赴青主持市黨部，此去非一己所願，乃出於劉安祺司令官之固邀，又談及廿年前余等在泰安共事時之精神，余等至今均未喪其所守，但政風腐敗，達於今日，遂成不了之局，真有不堪回首之痛。又談青島大局，當務之急為各方之切實合作，渠此去對此點必有貢獻，蓋劉司令官非不欲作好，只因山東人太過複雜，渠以一軍人，不免目迷五色，善加配合，必起好作用也，又談渠數年來均在交通界服務，但亦只能勉強餬口，經濟狀況不裕，此言並非標榜，因余告以由滬乘船赴青之途徑，彼謂將乘房艙，顯非虛飾之詞也，渠談及浙贛路有熟人，余乃託備一函致運輸處長楊劍輝君，介紹衍訓兒經過杭州時為其設法購票赴株州，談兩小時始辭去，雙方以二十年之友誼，均不覺熱情之洋溢也。上午，董成器兄來訪，據談其所服務之中國農民銀行總管理處大部分人已移至杭州，次則上海，此地已僅餘數十人，其本人則將來俟董事會決定後即行赴杭主辦會計。晚，與高希正兄閒談，涉及余主持山東省行時由陸籌備青島分行事，此人在青放款幾於公開索賄，且不以為恥，辭職照准帶去金條十根，復振振有詞，認為其功績全被埋沒，言之似乎無愧，而友人中持此等作風以為得計者日見其多，可見今日風氣之不可收拾也。

12 月 18 日　星期六　晴

師友

上午，到介壽堂訪劉明順太太致慰，不遇，留片。到財政部訪李參事青選，據談董事會報部文件希望速即報出，誠因此項公文為將來董事會行使職權之實際根據，應速送呈以便取得財政部之指覆也。余告以此點最扼要，但總行應辦之事多有迫不及待者，故不及等待財部備案覆文，即已先後辦出矣（最要者為自刊印信與指定主持行務人員兩者），又告以遣散員工應有經費，現在省府分文無存，只好等至十二月份經費領到，再與省府交涉，屆時並望李氏能有表示云。到中央合作金庫訪汪茂慶兄，為柏大權進行免於疏散事，查明業已疏散，無法可想矣。到相府營訪劉振東先生，不遇，知已遷居，路過肚帶營余與德芳婚後卜居之處，頗多感觸。

交際

午，中央合作金庫楊子位經理約到小巴黎便飯，在座皆為該庫經、副理及各處正、副處長等。

娛樂

在中央看新影片「風月恩仇」，袁美雲、嚴俊及陳娟娟合演，寫一遇人不淑之婦女被逼為娼後又從良，而又因誤會入救濟院之故事，甚曲折，而無何意義。到國民看電影「人盡可夫」，白光、石揮、韓飛、張伐主演，攝製極佳，故事亦動人，但與片名取義幾乎無關，蓋生意眼也。

12月19日　星期日　陰

師友

晨，汪沛然副總經理約在大富貴早點，余受高希正兄之託，詢其在赴廣西後充分庫副理事，據答前已向壽總經理商量及此，因黃鍾岳經理性情不同，只好先疏散該庫辦事，俟有情感時再議云。

游覽

上午，同汪沛然兄游陵園，先在靈谷寺照相三張，一在譚墓坊下，一在碑下，一在享堂前，旋即謁墓，復登車至藏經樓，此地因路僻，余從未到過，其樓屋駐衛隊，並有中山文教館掛牌，後屏有石碑137 方，刻全部三民主義，惜多傾圮散失，字為葉恭綽等十餘家所書，由此經廖仲愷墓返。

12 月 20 日　星期一　雨

師友

上午到成賢街五十號國大代表招待所與劉鏡洲兄等談存兌黃金事，旋即辭返，該處住人極多。

交際

晚在小巴黎請高希正、馮有辰及于錫川夫婦吃飯，因高兄與于君日內即行赴滬，為祖餞之意。

職務

午，到財政部與李青選參事研討日昨馮有辰經理與國庫署主管科所洽由本行以收回省府墊款為理由，向財部具呈請將省庫補助費撥歸本行具領一百廿五萬事，此事主管科可為有利本行之核簽，只須部長不駁，或逕准更好，李氏將呈稿核閱後，允俟謄正後面呈徐部長。

12 月 21 日　星期二　陰

師友

上午，劉鏡洲兄隨何仙槎氏來行晤談，據云不日即行赴北平，因該處物價高昂，銀元須六、七十元，此間較低，乃託在此代買若干，經即飭役到健康路買回劉兄一百元，何氏預定為四十元，但買到時已只有三十四元，彼因不耐久候，即先他往。張少鶚君來談關於存兌黃金事，申請書尚未領到。

交際

晚，馮有辰經理在行內請客，乃為高希正兄及于錫川副理餞行赴滬，在座尚有汪沛然副總經理及宋天韶科長，此外即為京行數同仁，聞有被裁者三人未赴約，係有意見云。

12月22日　星期三　雨

師友

上午，劉如浩兄來接洽存款事，京行代為收存，利息月底結算，其所存為現鈔，將來支取時仍須用現鈔，此點比較困難，只好隨時設法耳。上午，林鳴九兄來談畢圃仙兄之款已經領到並交三茅宮費君兌往青島，林兄俟月底立法院休會後即行赴台灣，其眷屬已先由林建五兄送台云。下午到中央合作金庫訪尹合三兄，託其轉託該庫赴衡陽人員帶奶粉至衡留交德芳，已承慨允。

娛樂

晚，張景文兄約到介壽堂觀劇，第一齣為吳鳴申武文華，武功尚可，嗓子太差，第二齣為沈松麗春秋配，此為第二次觀，較之第一次似乎略好，沈扮相身段均不佳，嗓子欠韻味，僅有若干句靜聽尚過得去者，最後為李萬春、李桐春、李慶春、宋遇春等合演林冲夜奔火拼王倫，亦為第二次觀，此劇為李伶成名之作，唱做確均有獨到之處，配角亦均能相稱云。

12月23日 星期四 雨

職務

自董事會議決維持行務辦法後，公文甫經發出，反響立即為應，今日連生數事，省行之慘象畢呈，回憶余三年前開創時之興旺氣象，曾幾何時，竟有不堪回首之痛矣。今日被遣散人員上海辦事處四人將總行公文退回，呈請收回成命，此四人半為尹文敬之戚誼，平時只係假公濟私者，京行三人則與馮經理爭福利成果，私將木炭移出數簍，其內容或有不可告人處，余即未加問聞，徐州辦事處已議決准照所請自行遣散，今又逃出兩人，一再聲請救濟，費盡唇舌始說明白，而又有總行一人逃津另就他事，今亦在京出現，謂所就乃臨時職務，亦要求發給遣散費，此亦與議決案不符者，以上種種余皆置之不理，而馮經理有辰與宋科長天韶則往請示李毓萬代董事長，並無結果，只謂可開一常務董事會，余意開會不能解決，因常董會不能推翻董會之議決案也。前數日中央財委會虞克裕兄傳來電話，謂齊魯公司畢天德等催余回青，余未向虞兄探詢，亦未向青島方面有所表示，蓋此等人極可惡，此舉一在表示彼等身處危境，十分艱苦，二在表示除彼等外餘皆不肯負責，用心不正，不揣而知，與余甫抵京後即見彼來呈財委會謂現時董事會在青負責無人一節作用完全相同，不知其所報疏散物資等事辦理時，余正在青，其辦理情形余固絲毫不知，然則催余回青復為何哉！財委會覆電已由青抄來，仍係致董事會，囑轉飭不必張皇，是表功者反碰壁矣，此項覆電余加批條為應轉飭遵照，並飭將原呈各節具報，至所稱董事會負責無人一節，本會工作從未中斷，所指當係董事長（其餘常務董事或董事在閉會期間原無特殊權責），應抄送董事長及譚常務董事核示云云，此蓋以子之矛攻子之盾也，此項經過余另函譚嶽泉兄請早日到粵與曾董事長籌一決策，以免此輩長此齗齗。

12月24日　星期五　雨

師友

上午，到中國農民銀行總管理處訪董成器兄，據談其所主管之會計處完全遷移杭州塘棲一絲廠舊址內，彼本人亦將於下週前往云。在農行訪趙葆全兄，因趙兄為齊魯公司常務董事之一，故詳談公司現狀，目前照理應舉行一常務董事會，但人數不夠，而董事長又在廣州，故無法進行，代理董事長譚嶽泉曾向曾董事長辭過，但董會並無議決案，故公司之畢、黎等人仍於需要負責之時對譚並不放鬆，最近彼等電財委會謂董事會無人負責，即是此意，在此等情形下，公司只好付之天命，況現在主持財委會之徐可亭氏與陳主任委員之間並非完全一致，此刻實際情形反映上去，在效果上有不堪想像之處，更只好聽其自然而已矣。

看書

讀穆超著「西洋禮俗」，全書分社會風尚、家庭生活、社交禮儀、旅行及留學等章，而於社交禮儀一章為獨詳，其他則似為陪襯。此章計分為禮節、一般禮儀、訪問、宴會、飲食禮貌、賓主禮儀、茶會及其他各會、服裝、婚喪禮節、書信等節，其中有若干為平素已知而行之者，若干在國內社會並不通行者，例如所述各種服裝，在國內恐除外交場合外，甚鮮備用，而飲食禮貌在國內未能盡符規定者則更多，如在宴會中拘泥於西俗，有時且嫌太過嚴重，又宴會主人將男女賓分配成為若干對宴伴，依次入席，按其所劃席次，連主人均為單數，如何分配，未經詳細說明，讀後存疑，此書為少年入世以前作準備，實甚有價值也。

12 月 25 日　星期六　陰

交際

中午，崔唯吾先生在寓約宴，到者尚有秦紹文、陳雪南、劉子班、王仲裕、殷君采、范予遂、劉志平諸氏，席間所談關於當前和戰問題並無具體跡象可循，但有種種醞釀，則係事實，又在座有謂此次王耀武受共軍勒逼派鄭希冉外出籌款數為金條五千根，當時曾有立委劉石同函國防部何部長密報，何據報令扣鄭，但經總統左右俞濟時說項又不果行，此俞濟時者即王之護符而經常得其報效者也，可見我政府之體系已腐敗透頂，枝節補救甚屬不易也云。

師友

下午，到中央日報訪周天固兄，據稱夏間丁外艱，對余來信未覆，但余未知其時，聞訃聞係由青島李市長轉，為收發所誤矣，周兄之眷屬已赴台北，該報將於南京危機迫切時改在台出云。

職務

由濟逃出不來報到赴津他就因津市情況緊急又復來京之山東省行行員王熙華來要求疏散費，余因董會決議此等情形不發，余無權變更，彼情急於今晨又約集其同鄉同學鄭立民、林正名、顧時鴻前來商懇，余大費口舌始使彼等明瞭，然此等聚眾要挾之舉殊可惡也。

娛樂

晚，看新片「大團圓」，黃宗江編，寫抗戰後因內亂一家更難歡聚，技巧意識均極可取。

12 月 26 日　星期日　雪

職務

省銀行之無法善後，果不出余所料，除昨日所記以及數日來所發生種種問題外，滬處又再度將總行致該處遣散人員之公函退回，且有私函致馮經理，對於董會認為措施不當，大事小事一概批評，並將總行在滬頭寸所獲之盈餘認係該處所得，種種皆謬論調，不一而足，青行則認為董會所定練習生待遇太低，已經提高函報備案，煙行則謂庫存已只有二千餘元，如何遣散，亦請核示，種種現象，完全為破落戶子孫不顧廉恥爭奪遺產之行徑，董會既無省府為後盾，強制執行未必可通，徒失威信而已。

看書

讀日人式場「四十歲後無病生活法」之中文譯本，內容涉及範圍頗廣，舉凡保健與醫療、生理與精神、男性與女性，皆能採擇多家之學說，扼要說明，確屬中年人極有價值之讀物。

家事

上午，玉祥弟來閒談，渠係前數日由滬來京，係學校派來參加臨時救療工作者，謂以三星期為工作期間，期滿後回校如時局不好恐將提前畢業，但希望實習時能有良好醫院云。

交際

晚，到六華春參加李青選四女公子友畫與臧美徒之結婚禮，事先未發喜柬，故來賓不多，入席時僅有五桌，李氏不欲鋪張，故場面不大，較之夏間孔士諤嫁女於青島，有天淵之別。

12月27日　星期一　雪

職務

以前發動以省行曾為省府墊款為理由請財政部撥給一百廿五萬元將來由省府補助費內扣還一案，呈文經財政部長交署科核，現已證明此事恐無希望，因為經過省府證明之故，今日馮星北經理與財部關係方面研究補救辦法，國庫署、地方財政司均有主管人允予協助，其事將由省行具呈省府辦事處轉行政院核撥，但關係部門較多，故數額較大，經手方面而且已表示需要借款以為酬庸云，又聞山東團隊經費一千七百餘萬已改發給湯恩伯三百餘萬，不知根據何在，大約政府事亦唯力是視云。

12月28日　星期二　晴曇

職務

上午，到財務委員會訪虞克裕兄，並晤總會計兼總稽核胡希汾兄，承告廿一日齊魯公司畢天德總經理電以董事會各常董除畢一人外餘均不在青，望派大員蒞青主持，以便遇事有所秉承，財委會正辦稿指覆，謂公司應變辦法已規定由董事長處理，望秉承辦理，同時電在粵之曾董事長知照，虞、胡兩君對於畢此舉均印象不佳，蓋彼等明白曾氏在粵，既受知遇即應負責，此等公事，除賣弄而外，無何意義也，財委會已大裁員，全會僅餘七人，一秘書，一總會計，分兩組各兩職員，故情形殊為冷落云，旋約至北平真味吃飯，胡君量宏極豪於飲焉。晚，上海辦事處主任程度由滬來京報告該處頭寸情形及遣散行員糾紛，因被遣散者有尹文敬戚誼兩人，尹妻在申大發牢騷謂太不顧交情，彼等之頭腦中根本無公私之區別也，余告以董會議決案除董會本身外無人可以推翻，望各員應知進退，徒鬧無益也。

娛樂

晚，在南京大戲院觀劇，為陶素娟寶蓮燈，尚可，趙松樵鐵龍山，打武確有根底，大軸為白玉豔大劈棺，白伶乃一老伶工，雖嗓音不佳，但無論做工蹻工身段扮相均在水準以上，尚可觀。

12月29日　星期三　陰

職務

上午，張景文會計長來談省府不久可以有款不致立刻用完，同時余與談省行請還在濟墊款之公文，遂與馮有辰兄同至省府辦事處訪楊展雲委員，將事先所備之呈行政院文繕清立請批交用印，即日送財部轉院，並約同至萬全酒館午飯，在座尚有徐軼千、佟錦標、王克矯等，至晚知省府秦紹文主席今日院會已通過，未知此款有無延擱可能，余對省行事過渡可滿，馮有辰兄託余為其活動副總經理云。

師友

晚，余繼祖君來訪，談回川之計劃已變更，因交通工具難覓也。前總務科長李琴軒由蘇來領遣散費。

12月30日　星期四　雨

師友

上午，到中央銀行訪崔唯吾先生，因昨日山東省府主席已經政院通過為秦紹文氏，目前余以常務董事資格維持過渡之行務自可告一段落，對今後行內事無論當局有無託付之意決計不再過問，請相機代為擺脫，崔氏則以為若秦氏自動有誠懇表示，亦不必決絕，余仍謂決不參加，因在當前時局中，殊屬毫無意義也。余又與談馮有辰兄有意謀副總經理，盼有以促其成，崔氏首肯，又渠意省行現行條例係採民選制，而本行現有董監尚為部派，在省境未復前恐只能維持過渡矣。

12月31日　星期五　陰

交際

中午，到安樂廳參加旅京立、監委及國大代表與留京同鄉聯誼會召集之歡迎新主席秦紹文氏宴會，到者在百人左右，被歡迎者尚有新任省黨部主委裴鳴宇、青市黨部主委殷君采及新由美回國之奉祀官孔德成，由陳雪南氏致歡迎詞，秦、裴、殷、孔各有致詞，秦氏揭櫫其出主魯政為同鄉公意，故用人行政唯公意是從，博得不少掌聲，繼諸氏之後演說者有張志安、趙庸夫、楊慕青、胡道遠諸人，其中有具體提議請秦氏兼青島市長及清算濟魯公司者，頗得一般同情云。

附錄

發信表

日期	人名	地址	事由
1/8	朱國材	南京	公司成立情形
1/8	陳果夫	南京	公司成立情形
1/8	趙季勳	濟南	選舉問題
1/8	振祥弟	南京	父親俟張氏離青後可來
1/8	父親	南京	父親俟張氏離青後可來，否則今後任何事不問
1/12	史紹周	煙台	請為昆弟謀省行事
1/14	褚保三	上海	索沈尹默字
1/14	孫家祺	上海	囑事已轉褚保三
1/14	陳冠裳	滄口	請為振弟謀事
1/14	張敏之	市政府	請為振弟謀事
1/18	振祥弟	青島	昆弟謀事中農行
1/18	杜元信	青島	請率昆弟謁戴經理
1/18	朱國材	南京	歡迎來濟
1/19	戴翹霖	青島	囑昆弟晉見
1/21	林鳳樓	南京	房屋處理與林萬秋黨籍
1/21	張志智	南京	託查林萬秋黨籍
1/21	永業公司	上海	託楊先瑩代表出席董會
1/22	褚保三	上海	請代送王仲裕喜儀
1/23	張敏之	青島	請詢青中學情形
1/25	高希正	南京	託查林萬秋黨團籍
2/7	振祥弟	青島	請催父親赴煙
2/7	柳紹伯	煙台滿庭芳	謝選舉協助
2/7	祝廷琳	北平市公用局	託為柳生謀轉學
2/7	于永之 劉作三	青島	謝選舉協助，牟款事
2/7	馮有辰	南京	青市主委殊無意
2/28	德芳	濟南	告抵青
2/28	朱國材	南京	在青無事可為
2/28	趙葆全	南京中農行	謝商果公調金融界
2/28	德芳	濟南	請查行李
2/28	衍訓 紹南	濟南	望勤學少費
2/28	張志智	南京	請再查林萬秋黨團籍
2/29	林毓祥	濟南	請為振弟謀事

日期	人名	地址	事由
2/29	劉健夫	濟南	請為振弟謀事
2/29	馬兆奎	南京	請為振弟謀事
2/29	馮秉坤	濟南空運大隊	託查行李
2/29	德芳	濟南	行李與振祥事
3/2	戴鍾衡	上海建新公司	興濟事經過，振弟謀事
3/2	玉祥弟	上海軍醫學校	告回青
3/2	匯吉叔	煙台	已託人代為謀事
3/2	史紹周	煙台	託代匯吉叔及李雲章謀事
3/2	朱興良	上海大中銀行	託為振弟謀事
3/2	孫家祺	上海朱興良兄轉	託為振弟謀事
3/2	楊卓剛	上海大中銀行	託為振弟謀事
3/2	楊一飛	南京省行轉	合庫事無力介紹
3/2	馮秉坤	濟南空運大隊	託查行李
3/3	楊綿仲	南京	告近況，請代便中注意金融界事
3/3	劉振東	南京央行轉	山君事已洽知
3/3	金戒塵	南京皖省行	阿膠濟貨買否？詢皖行消息
3/3	崔唯吾	南京央行	在濟未能晤丁基實
3/3	黃先進	上海永業公司	覆去年積信道歉
3/3	褚保三	上海齊魯公司	謝代求沈尹默字，託查衣物
3/3	呂明誠	上海大中工業社	通候
3/3	德芳	濟南	行李收到；匯往千萬元
3/9	玉祥弟	上海	轉學事屆時再接洽
3/9	鄧光烈	西安	通候
3/9	德芳	濟南	瑣事
3/11	程世傑	南京常府街 48	通候託轉信
3/11	陳果夫	南京常府街 48	請派總稽核協理，希望轉業金融
3/11	褚保三	上海哈同大樓	衣服不敢言賠
3/11	曾養甫	褚保三轉	希望開常董會
3/11	朱國材	南京中央財委會	望加強公司人事
3/11	馮有辰	南京魯省行	滬大衣不必責賠
3/12	德芳	濟南	物價；一月後或赴京
3/12	衍訓 紹南	濟南	囑寫倣
3/12	崔唯吾	南京	民生事望注意
3/12	崔藩五	濟南	託查民生在滬人員名單
3/13	高希正 隋玠夫	濟南	民生事望辨明
3/13	胡章甫	濟南高等法院	其小姐事已交公司設法
3/13	馮有辰	南京	請代撥郭培師捐款

日期	人名	地址	事由
3/17	德芳	濟南	詢濟市安定否
3/17	張志智 馬兆奎	南京	轉畢、黎啤酒事信
3/17	丁綍庭	煙台	介紹郭鎮梁經理
3/17	鄒鑑	煙台	介紹郭鎮梁經理
3/19	德光弟	濟南	慰時局之驚
3/19	張尉岑	濟南	沈炯齋氏奠敬事
3/19	德芳	南京	子女轉學後望來青
3/21	虞右民	南京	託玠夫帶去北鯤皮鞋
3/22	曾養甫	上海	報任用趙少文為秘書
3/24	褚保三	上海	已收到衣包及永業酬金
3/24	李俊杰	青市	張授勛事不能速成為歉
3/24	劉振東	南京相府營八號	山珠泉事已交公司
3/24	馮有辰	南京	衣包收到，眷到京謝照拂
3/24	德芳	馮有辰轉	衣包收到
3/24	汪國第	六安省行	已函催合庫謀事
3/24	汪茂慶	南京	催汪國第事
3/30	高希正	濟南	託查國代當選人
3/30	廖國庥	南京	介紹王憲忱、郭錫廉
3/31	德芳	南京	平定後可回濟
3/31	衍訓 紹南	南京	可往見韓學玉
4/2	崔唯吾	南京	立委選舉補救困難
4/9	德芳	南京	不必定待余赴京
4/9	孫家祺	上海	再託為振弟謀事
4/9	史紹周	煙台	託為昆弟謀事並出證明
4/9	崔唯吾	南京	補救選舉辦法兩項
4/11	德芳	南京	先回濟亦可，衍訓轉學問題
4/11	銘祥弟	南京	振祥已就事
4/11	馬兆奎	南京	詢赴津何事
4/12	宓汝祥	濟南	更正保證人地址
4/13	銘祥弟	南京	託買書
4/14	崔唯吾	南京	起訴事均主慎重
4/14	韓世元	唐山	郝硯章事甚困難
4/15	劉振東	南京	山珠泉事當量力為之
4/15	汪國第	六安	承代購茶望照辦
4/15	石鍊之	南京	方鯤事無能為力
4/15	德光弟	濟南	德芳如回濟請檢禮品
4/20	德芳	濟南	下月初赴京

日期	人名	地址	事由
4/20	衍訓 紹南	濟南	望將功課趕上
4/20	崔唯吾	南京	起訴事已交世忠辦
4/20	高希正	濟南	為人找事難
4/20	隋玠夫	南京	詢何時可返及將來出處
4/23	崔唯吾	南京	起訴不能受理
4/27	德芳	濟南	五弟等來青
4/29	孫家祺	上海	振弟不能赴申為歉
4/29	楊志榮 朱興良	上海	振弟不能赴申為歉
4/29	王憲忱	本市吳淞路	謀事尚無眉目
4/30	崔唯吾	南京	行政補救選舉辦理中
5/3	德芳	濟南	十日左右到濟轉京
5/5	德芳	濟南	匯去一千萬元，逃難準備
5/8	崔唯吾	南京	芳山已與行署談過
5/8	林毓芳	南京	謝告當選事
5/8	隋玠夫	南京	通候
5/12	汪國第	六安	謝代買茶
5/18	黃懋材	南京	託留介壽堂房間
5/25	德芳	濟南	到京晤弟等
5/25	振祥弟	青島	告到京
5/30	德芳	濟南	週後回濟
5/30	宋正軒	濟南	建築貸款情形
5/30	裴鳴宇	濟南	函已函陳果公
5/30	高希正	濟南	于誠德事已有眉目
5/30	玉祥弟	上海	轉齊魯事，容問美校事
6/3	德芳	濟南	匯去三千萬，緊張則去青
6/3	韓學玉	上海南通學院	子女轉學事
6/3	譚嶽泉	青島	本月十日左右返青
6/4	高希正	濟南	于誠德事候解決
6/8	高希正	濟南	于誠德事候解決
6/8	余繼祖	青島	囑事已轉汪茂慶
6/8	德芳	濟南	不日過滬回青
6/8	宋正軒	濟南	省行選舉事
6/9	褚保三	上海	附相片、牛痘證請買票飛青
6/9	玉祥弟	上海	十一日到滬
6/9	趙少文	青島	十三日回青
6/9	陳開泗	成都	通候並詢華西轉學
6/14	德芳	濟南	匯去款四千萬

日期	人名	地址	事由
6/16	玉祥弟	上海	望接衍訓
6/17	汪國第	六安	謝贈茶
6/18	玉祥弟	上海	衍訓改華聯行
6/24	德芳	濟南	衍訓已赴滬
6/25	姚智千	濟南	吳鴻年事容設法
6/28	鄧光烈 潘金壽	西安	謝來電關注
6/30	楊綿仲	南京	轉業事
6/30	德光弟	濟南	行款已還，索皮鞋油
6/30	劉健夫	濟南	謝照拂眷屬
7/2	逄化文	南京介壽堂	曾養甫氏在滬臥病
7/9	韓學玉	上海南通學院	請辦定衍訓轉學事
7/9	高希正	濟南	謝照拂眷屬
7/9	玉祥弟	上海	成都信未覆
7/9	高希正	濟南	楊子謙事
7/14	崔唯吾	南京	選訟可移京
7/14	馮有辰	南京	通候
7/20	韓學玉	蘇州	紹南不赴蘇，匯款二千萬
7/20	衍訓	韓學玉轉	帳子、匯去款、轉學證
7/20	玉祥弟	上海	轉學成都不必，上海可酌
7/25	德光弟	濟南	詢送眷來青否
7/27	高希正	濟南	徐家鈿事困難
7/27	崔唯吾	南京	容與芳山同訪行署
7/28	朱國材	南京	會計處長、總稽核請速派
7/28	隋玠夫	南京	詢尹合三長社局事
7/29	逄化文	南京	請赴申見曾
8/3	牟乃標	南京	乃弟事正籌謀中
8/3	汪國第	合肥	通候
8/13	崔唯吾	南京	訟事共同被告經過
8/17	劉健夫	濟南	田子謀工徒不易
8/17	畢鴻遇	濟南	司徒已回濟
8/17	張景文	濟南	箱五隻已代存
8/27	宋正軒	濟南	衣物帶去
8/29	玉祥弟	上海	望囑衍訓速回蘇
8/29	衍訓	上海	讀書事不可隨便
8/29	韓學玉	蘇州剪金橋 86	衍訓學費匯往 50 元
8/29	毛儀庭	濟南	索紹南成績單
8/29	周天固	南京	索種子秘方
9/2	玉祥弟	上海	託郭君帶去衣物

日期	人名	地址	事由
9/7	曲聲德	上海	望回濟
9/7	崔唯吾	南京	選訴駁回
9/7	陸嘉書	合肥	婉諷自反
9/7	趙敬齋	煙台	謀事不易
9/16	玉祥弟	上海	匯衍訓 50 到否
9/16	韓延爽	濟南	詢省行董事選舉事
9/17	宋正軒	濟南	詢省行董事選舉事
9/21	德芳	青島	到滬後情形
9/22	汪茂慶	南京	振祥已考畢望關照
9/22	衍訓	蘇州	詢學期預算，勿來申
9/28	逄化文	南京	曾信二件已轉交
9/28	崔唯吾	南京	寄青信已轉芳山
9/30	楊一飛	蘭州	謝慰問濟南失守
9/30	汪國第	合肥	皖省行易人說
10/30	崔唯吾	南京	省行現狀
10/30	馬兆奎	天津	通候
10/30	張中寧	紐約	通候
11/11	衍訓	蘇州	收支應有數
11/11	玉祥弟	上海	寄去衍訓衣及布
11/14	德芳	南嶽市	濟青近況，匯四百元
11/17	德芳	南嶽市	紹南本子已帶申付郵
11/17	玉祥弟	上海	兼致瑤祥弟
11/18	汪茂慶	南京	請調振弟至他庫
11/18	高希正	南京	請調振弟至他庫事請轉洽
11/18	高希正 馮星北	南京	（電）請調振弟至他庫事請轉洽
11/19	德芳	南嶽市	此間物價，附虫藥
11/19	曾養甫	上海	問逄化文事
11/19	譚嶽泉	南京	歡迎回青
11/19	姜慧光	上海	如無工作回青為宜
11/22	崔唯吾	南京	請促開省行董會
11/22	馮有辰	南京	請促開省行董會
11/22	德芳	南嶽	紹南學籍事
11/22	玉祥弟夫婦	上海	責銘祥之不當
11/24	高希正	南京	振弟事仍請接洽
11/24	張敏之	藍田	介紹瑤祥弟
11/24	瑤祥弟	藍田	望與敏之及嫂氏聯絡
11/26	汪國第	屯溪	通候
11/26	程少芹	上海	謝代轉匯款

日期	人名	地址	事由
11/27	德芳	南嶽市	昨匯五百元
11/27	馮有辰	南京	請準備到京住處
11/30	張中寧	美國	內眷已赴南嶽
12/3	振祥弟	青島	（電）被包緩運
12/4	德芳	南嶽	五百元係廿九日申電轉
12/4	振祥弟	青島	三弟婦赴申
12/8	高注東	蘇州駙馬府堂 79	謝照拂衍訓
12/8	楊天毅	青島	畢圃仙領款事
12/9	德芳	南嶽	昨匯款
12/13	振祥弟	青島	詢青市情形
12/13	汪國第	屯溪	謝問移眷情形
12/17	德芳	南嶽	轉匯九百元，衍訓赴嶽
12/17	韓學玉	蘇州	詢移居否
12/17	衍訓	蘇州	寄楊劍輝介紹信
12/21	楊子謙	蘇州	復職暫無可能
12/22	趙少文	青島	領薪後勿匯
12/22	畢圃仙	青島	款已由鳴九領匯
12/23	德芳	南嶽	奶粉今日託帶，又寄刊物十本
12/23	趙少文	青島	公文處理，書箱可運
12/23	譚嶽泉	衡陽	望速與曾養甫晤面
12/27	振祥弟	青島	兵役戶口事
12/27	蕭鴻順	青島	兵役戶口事
12/27	劉茂華	青島	陳廉夫事不能挽回
12/30	譚嶽泉	衡陽	畢請派大員事
12/31	德芳	南嶽	回青及日期待酌

收支一覽表

月日	收入要目	收入數額	月日	支出要目	支出數額
3/1	齊魯一月份待遇	16,382,100	3/1	印花	16,390
3/1	二月份待遇	23,954,000	3/1	去年俞建賓喜儀	350,000
3/12	永業夫馬費	600,000	3/1	去年在滬購物	5,000,000
3/16	三月份待遇半數	11,965,000	3/1	在青買木器尾數	4,000,000
3/19	去年永業公司酬勞	10,000,000	3/1	在青請選舉幫忙人	2,350,000
3/27	續收三月份待遇	2,000,000	3/5	濟南家用	10,000,000
			3/5	在青菜金	4,000,000
			3/5	麵粉二袋	2,350,000
			3/5	印花	23,960
			3/5	糖、毛巾、書報、帖、紙	1,800,000
			3/5	寄昆弟	2,000,000
			3/7	水果等	136,750
			3/8	十年來中國經濟	240,000
			3/8	葡萄乾	40,000
			3/9	請蕭繼宗等觀劇	400,000
			3/9	煙等	180,000
			3/11	療牙	400,000
			3/11	郵票	70,000
			3/11	水果	70,000
			3/13	郵票、花生	70,000
			3/14	銀行周報等	160,000
			3/16	麵	2,010,000
			3/16	草紙、花生米	80,000
			3/17	請隋玠夫、龔祖遂	3,000,000
			3/17	張光遠喜儀	1,000,000
			3/17	先志中學捐	1,000,000
			3/17	雜誌	170,000
			3/17	我怎樣恢復健康	150,000
			3/17	布兩段	690,000
			3/17	零用	15,000
			3/17	粉	450,000
			3/17	花生米	120,000
			3/17	牙刷	69,000
			3/20	理髮	120,000
			3/20	報紙、邂岐水	90,000
			3/22	晚飯、水果、戲票	460,000
			3/23	聖經	340,000

月日	收入要目	收入數額	月日	支出要目	支出數額
			3/24	菜金	500,000
			3/24	郭培師奠儀	500,000
			3/24	送宋老先生水果	780,000
			3/26	李仲璇碑	600,000
			3/26	紅藥水等	100,000
			3/28	菜金	1,000,000
			3/28	保甲攤派	280,000
			3/28	張猛龍碑、曹植碑	70,000
			3/30	小報	110,000
			3/30	葡萄乾	80,000
			3/30	花生米	70,000
				本月結存	17,390,000
	總計	64,901,100		總計	64,901,100

月日	收入要目	收入數額	月日	支出要目	支出數額
4/1	上月結存	17,390,000	4/1	曾養甫母壽儀	2,293,000
4/1	續收三月份待遇	9,977,000	4/1	印花	14,000
4/12	續收三月份待遇	9,744,000	4/1	文字學史	450,000
4/21	本月待遇半數	16,849,000	4/1	郵票	30,000
4/30	永業公司夫馬費	1,200,000	4/2	珊瑚網一部	220,000
			4/2	觀察一本	40,000
			4/2	糖果	20,000
			4/2	中國版本略說	50,000
			4/3	米麵、菜金	6,000,000
			4/3	理髮	100,000
			4/4	香南侄恩物	240,000
			4/4	夏承碑、石窟寺	200,000
			4/4	何氏語林	100,000
			4/4	小報	50,000
			4/5	觀察一本	40,000
			4/6	科學畫報	50,000
			4/6	寰宇訪碑錄	140,000
			4/6	陽春白雪	50,000
			4/9	郵票	80,000
			4/10	用電手冊	90,000
			4/11	觀察	45,000
			4/12	花生米	140,000

月日	收入要目	收入數額	月日	支出要目	支出數額
			4/12	頭水	100,000
			4/12	洗頭水	250,000
			4/12	印花	10,000
			4/12	捐商河路災民	826,000
			4/12	捐同鄉會基金	1,000,000
			4/12	還父親京用	2,000,000
			4/12	菜金	2,000,000
			4/13	洗澡	500,000
			4/13	刊物等	173,000
			4/13	郵票等	90,000
			4/15	白糖八斤	440,000
			4/16	報紙	80,000
			4/16	葡萄乾一斤	100,000
			4/20	刊物三種	130,000
			4/20	理髮	140,000
			4/20	癬藥水	100,000
			4/20	嘉書侄賀電	140,000
			4/21	線襪兩雙	280,000
			4/21	藍卡片紙等	160,000
			4/21	頭水	300,000
			4/21	信封 20 枚	40,000
			4/21	小報	90,000
			4/21	1-3 月所得稅、印花	969,000
			4/22	菜金	3,000,000
			4/22	撥五弟經用	3,000,000
			4/22	菜金	1,000,000
			4/22	觀察	40,000
			4/22	中國人學英文一本	180,000
			4/23	改造評論	20,000
			4/23	肥皂	180,000
			4/26	史晨碑	200,000
			4/26	憲法平議	140,000
			4/26	觀察、時與潮	110,000
			4/27	郵票	50,000
			4/28	襪子等	3,760,000
			4/30	瑤弟繳火食費	1,000,000

月日	收入要目	收入數額	月日	支出要目	支出數額
5/1	上月結存	22,120,000	5/1	米 30 斤	1,200,000
5/1	續收四月份待遇	25,530,000	5/1	佛化家庭	240,000
5/11	續收四月份待遇	11,497,500	5/1	永安，銀行周報	110,000
5/12	本月待遇半數	25,000,000	5/1	無線電原理	270,000
			5/1	家常巧作	210,000
			5/2	詩韻全璧	400,000
			5/4	唐詩三百首詳析	330,000
			5/4	國史要義	400,000
			5/5	濟南家用	10,000,000
			5/5	詩、詩詞概論	280,000
			5/6	理髮	130,000
			5/6	韓世元嫁妹喜儀	1,040,000
			5/8	洗衣	340,000
			5/8	童襪四雙	700,000
			5/8	客煙	60,000
			5/10	葡萄乾二斤	250,000
			5/10	小報	20,000
			5/11	看電影	70,000
			5/11	稅、印花	437,500
			5/11	領薪缺數	250,000
			5/12	書刊十一種	710,000
			5/12	約友觀劇	1,620,000
			5/12	小報	20,000
			5/12	還德芳京用	30,000,000
			5/14	買魚贈友	760,000
			5/15	伊墨卿墨迹等	250,000
			5/15	看電影	60,000
			5/15	還司徒	10,000,000
			5/15	畢天德嫁女喜儀	2,000,000
			5/15	餅乾、報	100,000
			5/17	家用	500,000
			5/17	看電影	160,000
			5/18	家用	520,000
			5/20	家用	2,000,000
			5/21	舊書十餘種	1,710,000
				本月結存	17,000,000
	總計	84,147,000		總計	84,147,000

月日	收入要目	收入數額	月日	支出要目	支出數額
6/1	上月餘存	17,000,000	6/3	濟家用	30,000,000
6/2	代表待遇	51,000,000	6/14	濟家用	40,000,000
6/14	上月待遇續收	1,930,000	6/14	青島菜金	10,000,000
6/14	上月待遇續收	26,210,000	6/14	飲料、眼藥	300,000
6/14	上月待遇續收	18,890,000	6/14	送小姑母點心	760,000
6/14	本月待遇半數	36,400,000	6/16	王伯平奠敬	2,000,000
6/14	本月房膳	4,000,000	6/17	合請趙葆全	4,100,000
6/21	借半月薪	36,370,000	6/18	衍訓船票	3,800,000
6/21	永業夫馬費	5,000,000	6/18	振弟寄煙	4,000,000
6/30	本月待遇次半數	35,090,000	6/18	麵粉	9,940,000
			6/18	鞋油	410,000
			6/21	機場飲料	640,000
			6/21	洗衣	420,000
			6/21	衍訓短褲	900,000
			6/22	理髮	250,000
			6/22	雜用	600,000
			6/23	麵包	600,000
			6/23	衍訓赴滬旅費	8,000,000
			6/25	背心	290,000
			6/26	元書紙一刀	800,000
			6/26	中學生、小報	120,000
			6/26	瓶花	50,000
			6/28	菜金	5,000,000
			6/29	顏魯公書字	290,000
			6/29	金融周報	30,000
			6/30	還省行借款	30,000,000
			6/30	家用	5,000,000
			6/30	雜用	110,000
				本月結存	73,480,000
	總計	231,890,000		總計	231,890,000

月日	收入要目	收入數額	月日	支出要目	支出數額
7/1	上月結存	73,480,000	7/1	午飯待客	5,000,000
7/1	續收上月待遇	70,190,000	7/3	白鞋油	200,000
7/1	本月待遇半數	71,460,000	7/3	晚飯宴客	11,000,000
7/24	本月待遇次半數	71,460,000	7/3	家用	15,000,000
			7/4	家用	10,000,000

月日	收入要目	收入數額	月日	支出要目	支出數額
			7/5	家用	19,000,000
			7/5	公請張淵揚	11,000,000
			7/6	理髮	450,000
			7/6	報	100,000
			7/13	郵票	200,000
			7/14	運書架	300,000
			7/15	木櫈四個	10,000,000
			7/15	昨午宴客	10,520,000
			7/15	家用	40,000,000
			7/16	真空管	9,000,000
			7/16	紹南浴衣一部	1,100,000
			7/16	洗帽	200,000
			7/16	番茄斤半	150,000
			7/16	永安一本	240,000
			7/19	瓶花	100,000
			7/23	刊物	260,000
			7/24	家用	70,000,000
				本月結存	72,770,000
	總計	286,590,000		總計	286,590,000

月日	收入要目	收入數額	月日	支出要目	支出數額
8/1	上月餘存	72,770,000	8/1	菜金	2,770,000
8/3	續收上月待遇	291,730,000	8/3	理髮	1,100,000
8/3	上月公費	90,000,000	8/3	聚餐	2,000,000
8/3	上月米貼	45,000,000	8/3	上月公司理髮	30,000
8/10	本月待遇半數	217,570,000	8/5	雜誌五種	900,000
8/10	本月公費	90,000,000	8/5	灰錳養二瓶	100,000
8/10	永業夫馬費	72,000,000	8/5	浴帽二只	2,400,000
8/25	續收本月待遇	150,000,000	8/5	報	120,000
			8/5	備用	260,000,000
			8/5	昨日宴客	50,000,000
			8/5	家用、宴客	80,000,000
			8/6	前日請願加付	10,000,000
			8/7	改襯衣領	1,000,000
			8/7	菜金	5,000,000
			8/7	菜金	5,000,000
			8/7	郵票	200,000
			8/10	扣子等	570,000

月日	收入要目	收入數額	月日	支出要目	支出數額
			8/10	菜金、麵粉	100,000,000
			8/10	瓶花	200,000
			8/12	實業金融、中建	660,000
			8/13	草紙兩捲	3,800,000
			8/13	白糖三斤	3,600,000
			8/17	上週公請李先良	10,000,000
			8/18	菜金	2,500,000
			8/18	報等	820,000
			8/22	菜金、雜用	2,500,000
			8/22	新聞天地	500,000
			8/22	報三份	700,000
			8/24	菜金	2,600,000
			8/26	請客劉健夫等	96,000,000
			8/26	菜金	54,000,000
				本月餘存	330,000,000
	總計	1,029,070,000		總計	1,029,070,000

月日	收入要目	收入數額	月日	支出要目	支出數額
9/1	上月餘存（三億三）	110.00	9/2	菜金	100.00
9/2	續收上月待遇	167.50	9/3	紹南學費	17.50
9/2	續收上月公費	30.00	9/3	紹南照相	0.55
9/11	本月待遇半數	135.00	9/3	衣架	0.40
9/11	本月膳費	20.00	9/3	肉鬆等	1.85
9/11	本月辦公費	60.00	9/3	前日請客	16.30
9/11	永業夫馬費	45.00	9/4	宴客	11.70
9/16	續收本月待遇	100.00	9/5	昆弟用	20.00
9/16	中秋加借	74.00	9/5	車資	0.40
9/25	續收本月待遇	135.00	9/6	密勒氏評論報	0.72
			9/6	新路周刊等	0.28
			9/6	草紙兩捲	0.80
			9/6	洗頭水	0.80
			9/7	紹南用	0.20
			9/9	橡膠廠同人捐	10.00
			9/11	稅	0.75
			9/11	退滬處誤匯款	2.35
			9/11	洋梨二斤	1.10

月日	收入要目	收入數額	月日	支出要目	支出數額
			9/11	同鄉會捐	10.00
			9/12	浴場用	1.20
			9/12	餅乾、肉鬆	3.00
			9/12	紹南襪子	1.40
			9/12	匯還濟南運費	3.00
			9/12	浴場用	0.20
			9/12	菜金	200.00
			9/14	零食等	2.00
			9/15	公役中秋賞	10.00
			9/15	理髮	0.50
			9/15	刊物等	1.50
			9/16	公宴李先良	5.00
			9/16	公請石鍾琇等	12.00
			9/16	請林鳴九等	16.90
			9/16	修箱子等	3.00
			9/18	零用	2.10
			9/25	菜金	135.00
			9/25	補本月菜金	200.00
				本月結存	84.00
	總計	876.50		總計	876.50

月日	收入要目	收入數額	月日	支出要目	支出數額
10/1	上月餘存	84.00	10/6	匯申買火腿	30.00
10/4	本月膳費	20.00	10/12	所得稅	3.50
10/4	永業夫馬費	50.00	10/12	麵粉	9.20
10/12	本月待遇半數扣開支 100 元	35.00	10/12	家用	150.00
10/12	本月公費	60.00	10/12	電影、刊物	1.20
10/12	補發四分之一	104.00	10/14	宴客	32.00
10/25	續收下月待遇	135.00	10/16	刊物十三種	6.00
10/27	補收膳費	30.00	10/16	雜用	1.00
			10/18	買菜、書刊	3.20
			10/20	水果	8.00
			10/20	電影	1.00
			10/20	栗子、報	3.80
			10/22	麵一袋	10.00
			10/22	吳竹銘侄喜儀	6.00
			10/25	觀影兩次	2.00

月日	收入要目	收入數額	月日	支出要目	支出數額
			10/25	書報	3.20
			10/25	菜金	100.00
			10/25	印花	0.30
			10/26	于文章喜儀	21.00
			10/27	修理皮鞋	2.50
			10/27	童帽	4.00
			10/27	觀劇	1.20
			10/27	栗子	1.00
			10/29	紹南襪子	5.00
			10/30	修理襯衫	2.00
			10/31	水果	13.00
			10/31	看電影	3.00
				本月結存	94.80
	總計	518.00		總計	518.00

月日	收入要目	收入數額	月日	支出要目	支出數額
11/1	上月餘存	94.80	11/2	書報	2.40
11/2	十月永業夫馬費	50.00	11/4	請高希正	41.00
11/2	本月膳費	50.00	11/4	洗澡	8.00
11/6	補收上月加五成	135.00	11/4	新聞天地	0.50
11/6	上月公費	30.00	11/5	糖五斤	12.00
11/6	上月膳費	25.00	11/5	書報	4.60
11/9	本月永業夫馬費	50.00	11/6	德芳赴湘用	150.00
11/9	本月待遇半數	337.50	11/8	菜金	20.00
11/9	本月公費	150.00	11/9	匯衍訓	100.00
11/15	本月補膳費	70.00	11/9	匯水	2.00
11/20	外幣變價	520.00	11/9	所得稅	3.50
11/25	續收本月薪	1,282.50	11/11	菜金	20.00
11/25	續收本月公費	210.00	11/11	香煙、郵票	9.00
11/27	續收永業夫馬費	200.00	11/12	理髮	5.00
11/29	省行旅費	1,500.00	11/12	蓖麻油一劑	3.00
11/29	買申匯收貼水	100.00	11/13	匯南嶽市家用	400.00
			11/15	郵票、電影	2.30
			11/16	菜金	20.00
			11/17	餅乾一斤	6.40
			11/17	刊物	1.40
			11/17	魚	3.00
			11/18	菜金	40.00

月日	收入要目	收入數額	月日	支出要目	支出數額
			11/18	洗澡	10.00
			11/18	煙濟難民捐	5.00
			11/18	郵票	2.60
			11/18	電報	9.00
			11/20	代德光匯華伯壎	100.00
			11/20	匯衍訓	400.00
			11/20	匯水	9.00
			11/20	郵票、報	1.50
			11/20	菜金	10.00
			11/24	菜金	10.00
			11/25	印花稅	1.60
			11/25	火油	60.60
			11/25	上月在滬製衣一部	300.00
			11/25	蘋果、桔子各二斤	20.00
			11/25	腐乳五方	5.00
			11/25	新路一本	4.00
			11/26	南嶽市家用	500.00
			11/26	電匯電費	8.00
			11/26	麵、小米、菜金	200.00
			11/28	黑白布各一疋	200.00
			11/30	菜金	31.20
				本月結存	2,063.70
	總計	4,804.80		總計	4,804.80

月日	收入要目	收入數額	月日	支出要目	支出數額
12/1	上月餘存	2,063.70	12/2	織補大衣	30.00
12/10	補收上月待遇	1,303.80	12/3	付衍輝、衍樂二侄	200.00
12/10	本月待遇一部	1,802.60	12/3	桔子斤半	8.00
12/16	收旅費（省行）	1,000.00	12/4	車錢	7.00
12/21	本月永業夫馬費	250.00	12/7	車錢	7.80
12/22	銀元變價	250.00	12/7	衍訓用	100.00
12/29	續收本月待遇	1,300.00	12/8	午飯、桔子、車錢	15.30
			12/8	匯南嶽家用	1,000.00
			12/8	電匯電費	60.00
			12/9	54、66、德芳襪	275.00
			12/9	觀電影	18.00
			12/9	郵票	3.20

月日	收入要目	收入數額	月日	支出要目	支出數額
			12/9	橘子	3.00
			12/9	刊物、車錢	5.00
			12/10	51 德芳襪二雙	140.00
			12/10	刊物	2.70
			12/10	車錢	6.00
			12/10	戲票	36.00
			12/10	傷兵捐	8.00
			12/10	電影	7.00
			12/10	桔子	3.00
			12/11	教科書、字帖	23.10
			12/11	刊物、車錢、郵票	6.60
			12/11	午飯	25.00
			12/13	習字範本四種	7.00
			12/13	新路一本	3.00
			12/13	車錢	2.80
			12/13	晚飯	25.00
			12/13	郵費	18.00
			12/14	晚飯	23.00
			12/14	洗衣織補	37.00
			12/14	桔子	2360
			12/14	中央銀行月報	2.00
			12/14	電影	4.00
			12/14	車錢	4.00
			12/14	午飯	27.00
			12/16	車錢	30.20
			12/17	公請何仙槎	25.00
			12/17	車錢、桔子	7.00
			12/17	衍訓赴湘旅費	600.00
			12/17	匯水	9.50
			12/17	轉匯南嶽電匯費	150.00
			12/17	郵票	0.80
			12/17	理髮	8.00
			12/17	觀察、新聞天地	7.00
			12/18	車錢	16.00
			12/18	電影	17.00
			12/18	晚飯、桔子	11.00
			12/20	花生	2.00
			12/20	宴客	190.00
			12/20	水果、車錢	33.00

月日	收入要目	收入數額	月日	支出要目	支出數額
			12/21	洗補衣	28.00
			12/21	郵費	20.00
			12/22	奶粉四罐	380.00
			12/22	糖、散裝奶粉	21.00
			12/24	車錢	5.00
			12/25	電影、桔子、車錢	15.00
			12/26	交玉弟用	200.00
			12/26	洗浴	10.00
			12/27	刊物	5.00
			12/27	車錢	5.00
			12/27	桔子	3.00
			12/27	阿墨林藥水	20.00
			12/28	請虞、胡午飯	100.00
			12/28	晚飯	20.00
			12/28	學生書	10.00
			12/28	觀劇	10.00
			12/28	水果	10.00
			12/28	觀劇	11.00
			12/28	車錢	14.00
			12/29	晚飯	40.00
			12/30	午飯	50.00
			12/30	水果	21.00
			12/31	送裴澤浩	200.00
			12/31	花生	2.00
			12/31	花雕四瓶	30.00
			12/31	郵票	1.00
				本月結存	3,488.00
	總計	7,970.10		總計	7,970.10

吳墉祥簡要年表

1909 年	出生於山東省棲霞縣吳家村。
1914-1924 年	入私塾、煙台模範高等小學（11 歲別家）、私立先志中學。
1924 年	加入中國國民黨。
1927 年	入南京中央黨務學校。
1929 年	入中央政治學校（國立政治大學前身）財政系。
1933 年	大學畢業，任大學助教講師。
1937 年	任職安徽地方銀行。
1945 年	任山東省銀行總經理。
1947 年	任山東齊魯公司常務董事兼董事會秘書長。 當選第一屆棲霞國民大會代表。
1949 年 7 月	乘飛機赴台，眷屬則乘秋瑾輪抵台。
1949 年 9 月	與友協力營救煙台聯中校長張敏之。
1956 年	任美國援華機構安全分署高級稽核。
1965 年	任台達化學工業公司財務長。
1976 年	退休。
2000 年	逝世於台北。

民國日記 24

吳墉祥戰後日記（1948）

The Post-War Diaries of Wu Yung-hsiang, 1948

原　　著　吳墉祥
主　　編　馬國安
總 編 輯　陳新林、呂芳上
執行編輯　林弘毅
文字編輯　李佳若
封面設計　陳新林
排　　版　溫心忻

出 版 者　開源書局出版有限公司
香港金鐘夏愨道 18 號海富中心
1 座 26 樓 06 室
TEL：+852-35860995

民國歷史文化學社
10646 台北市大安區羅斯福路三段
37 號 7 樓之 1
TEL：+886-2-2369-6912
FAX：+886-2-2369-6990

銷 售 處　源流成文化股份有限公司
10646 台北市大安區羅斯福路三段
37 號 7 樓之 1
TEL：+886-2-2369-6912
FAX：+886-2-2369-6990

初版一刷　2019 年 12 月 31 日
定　　價　新台幣 400 元
港　幣 105 元
美　元　15 元
I S B N　978-988-8637-38-6
印　　刷　長達印刷有限公司
台北市西園路二段 50 巷 4 弄 21 號
TEL：+886-2-2304-0488